THE FRONTIER OF INFORMATION AND COMMUNICATION TECHNOLOGY LAW

信息通信法律前沿

第一辑

张永忠·主　编
陈小龙·副主编

法律出版社
LAW PRESS·CHINA

序

当今世界，信息通信技术发展迅猛，对国际政治、经济、文化、社会、军事等领域的发展产生了重大影响，也深刻改变着人们的生产和生活方式。不管我们是否做足准备，我们都已经步入信息社会，进入互联网时代！

没有信息化，就没有现代化。信息化是引领未来发展的大战略，在国家现代化建设的新一轮发展中居于突出地位。我国进入国际互联网20年来，紧紧抓住新技术革命所带来的发展机遇，大力推进信息通信领域的创新，成果斐然。据中国互联网网络信息中心发布的报告，截止2013年年底，中国网民规模突破6亿人，其中通过手机上网的网民占80%，手机用户超过12亿人，国内域名总数1844万个，网站近400万家，全球十大互联网企业中我国有3家。2013年网络购物用户达到3亿人，全国信息消费整体规模达到2.2万亿人民币，同比增长超过28%，电子商务交易规模突破10万亿人民币。中国网民数量世界第一，我国已成为网络大国。

但是，我国的信息化建设也面临着许多突出的问题。就法治支撑而言，我国目前关于信息通信领域的法学理论研究严重滞后，在许多基本、重大的问题上还存在大量的学术分歧和认识误区，这直接导致我国的法治状况不能适应信息网络健康快速发展的客观要求。

在国际上，信息通信法早已成为一个重要的学术研究领域。国外许多大学和研究机构已创设信息通信法学专业课程与学术平台，推动人才培养和学术研究工作。伴随着信息通信革命的兴起和发展,人的行为方式、社会关系的结构、社会秩序的建构正面临着前所未有的改变,这也为法学研究带来了一个又一个崭新的课题。电子商务、信息安全、信息消费、互联网金融等新现象与新问题的出现,呼唤法学对信息技术革命的积极认知和主动回应。信息通信法进一步拓展了传统法学的研究领域,充分显示法的时代精神!由于信息通信法具有广阔的研究领域和美好的发展前景,有关信息通信法的理论和实践问题,自然为先知先觉的法学学者、法律工作者所广泛关注和深入思考。

为此,我们拟通过《信息通信法律前沿》这一开放性的学术平台,团结志同道合的法律人和实务工作者,并以之为载体充分开展学术研讨,合力攻坚克难。努力解决信息通信这一前沿法律领域中的理论与实践问题,推进我国信息通信法治的建设,提高我国利用和发展信息通信技术的治理能力和水平。

张永忠

2014 年 12 月 27 日

Contents

目录

基础研究

论传播权的生成与演进

张永忠*

一、传播权的生成路径

(一)人权运动的权利斗争

随着文明的进步和人的权利意识的觉醒,人权问题由观念进入实践,并演化为世界性的权利斗争运动。

人具有社会性,必须在社会交流中体现自我、发展自由。也就是说,争取信息交流传播的话语权是人存在和发展的重要人格因素。作为人权的传播权利是与传播权力相区别,并是在与传播权力的斗争中逐步确立起来的。

传播权力是国家的统治阶级、媒介控制者对传播媒介和传播功能的垄断和支配权力,是传播主体强使他人屈从或服从于自己传播意志的行为能力。其产生直接来自对社会信息资源占有和利用上的垄断和强制。传播权利是公民和公民组织从事传播活动进而在传播过程中提供、获取、接受、传递、沟通、评价、解释社会信息的行为可能性,表现为一定的传播行为主体作出或不作出某种传播行为的自由以及法律所给予的必要保障。传播权利意味着权利主体占有和利用社会信息资源的平等性和有效性,传播权利不是垄断和强制。一般来说,传播权力的主体是国家的统治者和媒体资源的控制

* 华南师范大学法学院教授,硕士研究生导师,华南师范大学知识产权发展研究中心常务副主任,法学博士。

者;传播权利的主体是社会的一般传播受众,他们缺乏必要的传播资源和工具,缺乏运用传播资源和工具的知识和能力。

1. 国内社会的传播权运动

在国家产生之后,统治者和被统治者之间的矛盾也体现在对言论等传播话语权利的争夺。1644年,英国政论家弥尔顿在国会发表关于言论出版自由的演说,第一次公开涉及传播领域的自由问题。随着欧美工业化革命进程的推进,对于传播自由的呼声越来越高:国家权力对公众传播的控制要建立在合法合理的基础上,对传播自由的限制意味着对真理的钳制;必须彻底废止中世纪的神权和王权所制定的一系列禁锢自由思想和科学传播的法令;人民的传播权利不能指望统治者赐予,必须去奋斗争取。1776年,美国《独立宣言》第一次在国家根本大法中规定了权利的不可侵犯性。1789年,法国《人权宣言》首次把言论自由、出版自由定义为基本的人权,这些自由和权利为传播权的确立奠定了国内法的基础。

2. 国际社会的传播权运动

争取传播权的斗争并没有停留在国内法层面,国际人权领域的斗争也为传播权的产生、确立提供了直接的规范依据。第二次世界大战之后到传播权概念产生之前,存在三种与传播权相关的人权主张,而相关信息传播的国际人权立法,实际上就是三种传播权主张交锋的结果。

第一种传播权模式是西方—美国的人权主张。该主张强调传播自由是政治民主化的驱动力,其实质是一套新闻自由制度以及重要的商业活动。这种模式之所以被称为西方模式是因为它是在推翻封建和君主政体,建立了民主代议制度的美国和欧洲社会中生成的,传播自由被认为思想交流和公共审查竞争性政治制度的工具。由于这些国家的市场经济发展比较快,传播资源已经演化为一种经济产业和市场活动。它们主张传播自由应当成为国际法律的传统要素。

第二种传播权模式是苏联的主张。主要反映苏联和一些东欧国家的传播实践。其不主张对于政党或政府之外的传播"声音"给予充分的法律保护,因为苏联共产党被认为能够完全代表人民的声音,党能够监督和协调人民的各种活动,包括大众传播方面。所以,在大众传播自由上必须采用公共秩序保护的严格审查制度。

第三种传播权模式是发展中国家(或第三世界国家)的主张。该主张强调传播是实现和维护民族认同和国家经济社会实力的基本方法,应当确保传播是为经济发展落后国家、新近脱离殖民统治实现完全独立国家的需要服务的。这些国家的经济结构比较脆弱,信息传播是经济建设的重要工具,有助于提升社会健康和文明水平,增强文化形象。发展中国家尤其关注通过传播维护文化的独立。

国际社会在《世界人权宣言》第19条和《公民权利和政治权利国际公约》第19条中所确立的与信息传播相关的基本人权规定实际上主要体现了西方—美国的人权主张。这些国家的法律和传统要求除了战争和其他的限制条件之外,应该确保新闻传播自由即新闻传播在一般情况下免受审查。此时,苏联强调共产主义政党掌控大众传媒的内容,实施内容审查的主张没有纳入上述人权文件中;而第三世界国家力量还没有形成更不足以参与立法。

20世纪60年代开始,发展中国家在大众媒体内容控制的世界论争上也开始提出自己的主张,并推动传播权理念的发展。尽管发展中国家各自的国情、文化传统、政党结构都不一样,而且传播权主张在内部也有不同的声音,例如,一些单一政党统治的非洲国家对传播权的审查限制比较多,[①]但是,第三世界国家的多数意见都是大众传播必须朝着实现民族自立、自决以及文化独立的目标发展。发展是第三世界国家的主题。它们需要引导和动员国家的全部力量促进政治、社会和经济文化的发展,而信息传播是实现发展的积极要素。传播应当服务发展,媒体应是传播公共健康知识,教育及动员国民参与公共项目建设和支持发展政策的重要工具。信息传播在今天扮演着强有力且极其重要的角色,通过传递新闻等重要事件中能够起到教育公众、促使公共意见形成和普及法制与基本人权的意义。[②] 也就是说,发展中国家逐渐地认同大众传媒作为公共事务教育者和引导者的传播理念。

在中国封建专制社会中,传播权力历来是统治者的个人特权和阶级特权,一切与王命相违背的信息资源都是被禁止传播的。几千年来,中国知识分子和平民百姓几乎没有传播权利,或是被扼制在极为狭窄的范围内。秦始皇焚书坑儒,汉朝时候独尊儒术,宋明时期禁小报,明清两朝大兴文字狱,国民党政府实行书报检查制度,等等,这些以专制暴力为依托的传播权力,禁锢着思想和科学的发展。专制的传播权力是中国历代统治者愚民政策的首要组成部分,也是造成中国落后的根本性原因。在社会信息公开、信息知情权等基本理念逐渐深入人心的社会背景下,在权利本位和法治理念至上的制度环境中,中国作为第三世界国

---

① International Commission of Jurists, Human Rights in a One-party State (1978).

② Id.

家有选择地汲取国外先进的人权理论与实践经验,积极参与国际社会,积极表达第三世界国家要求传播权利平等以维护民族自立和促进国家政治经济社会的发展。

三种传播权认识的差异导致传播权在国际上很难达成具有统一理念的国际协议或协定,其中西方—美国主张与苏联的主张最难以相融。传播权理念的差异在国际层面长期处于对峙、协调的局面之中。

随着苏联的解体,国际社会的传播权理念对立斗争的局面有所缓和,并逐步达成一些共识。例如,现在没有一个国家会拒绝大众传播媒体的有效参与。但是,如果要在世界范围上确立传播权,则必须依赖各国的共同努力,依赖各国就传播所应该充当的角色及其权利化进行持续的意见交流和磋商。只有这样,我们才有理由相信国际社会针对传播权的问题有可能达成一些有意义的国际协议。

(二)信息社会的秩序建构

1. 不结盟运动国家的传播新秩序主张

事实上,自从进入大众传播时代,西方发达国家就凭借其雄厚的经济实力和先进的传播技术主导着全球信息传播的话语权,控制着全世界的传播权力和“阀门”。它们发布信息的总量占全球信息总数的76%以上,它们的文化支配着发展中国家的文化,成为信息生态不均衡发展的主要因素。这种情况造成的结果就是第三世界国家越来越高度依赖西方的传播科技和文化产品,依赖它们提供的各种图书、杂志、新闻、电影、电视娱乐节目等。第三世界国家可谓深陷其中、不能自拔。许多第三世界国家指责西方四大通讯社不负责任,对第三世界国家的报道有偏颇,对这些国家抱有偏见。这与发达国家主张的自由、开放的传播是增进世界人民相互理解和促进自由、公平和文明、民主的政府建设的制度工具的传播政策直接相背离。美国等少数西方发达国家则强调新闻媒介有在任何地方自由搜集、传递和发表新闻的权利。1973 年,第 4 次不结盟国家首脑会议指出,绝大多数国家已沦落到少数几个中心播发的消息情报的消极接受者的境地。同年,不结盟运动国家阿尔及尔峰会宣布“帝国主义的活动并不局限于政治与经济领域,还存在于文化与社会领域”,号召不结盟运动国家在大众传播领域必须采取统一的行动。那时,在欧美的批判学者中,从“帝国主义”的框架来看待大众传播是一种很普遍的视角。就连当时的芬兰总统也用“资产阶级霸权”来描述国内的信息不平等,用“传播帝国主义”来描述当时的国际语境。

信息传播中存在的明显不均衡流动问题并不仅仅影响文化的传播。信息传播也是社会发展有用的资源和工具。发展中国家希望拥有充分、可持续的经济发展能力,但发达国家主宰着国际传播秩序使得信息传播不平衡的问题加大了发展中国家对西方国家的社会经济依赖。

为了打破由美国与西方发达国家及其全球媒介集团支配的全球传播秩序,进而建立一种更加民主的、公平的、均衡的与其他国家传播系统相互交流文化与信息的新的全球传播体系,20 世纪 70 年代第三世界国家提出了建立“世界信息传播新秩序”(New World Information and Communication Order, NWICO)的全球信息传播体系改革目标。这既是第三世界国家对现存的或传统的全球传播秩序造成的信息不平衡、文化侵略、文化帝国主义等现象的不满,对本国文化生存、信息生态可能造成伤害的担忧,也是对世界信息传播新秩序的呼吁和期盼。①

发展中国家希望在国际法中确立传播权,并要求实现其观点在国际上传播的公平竞争和机会。它们对于传播权的构想是通过国际协议等国际法实现通信传播技术和资源在全世界的公平配置的传播新秩序,使它们有权掌控信息进出其国家的权力。1976 年,不结盟国家举行传播问题讨论会,首次提出建立“世界新闻新秩序”。

同年,不结盟运动国家在印度新德里召开部长会议,通过了著名的《新德里宣言》。该宣言完整地体现了新秩序运动的精神,并明确指出:当前全球信息流通存在严重的不足与不平衡,信息传播工具集中于少数几个国家,绝大多数国家被迫消极地接收来自中心国家的信息,当前的信息发送主要掌握在少数发达国家的少数通讯社手中,世界上其他地方的人民不得不通过这些通讯社来获取信息和理解对方甚至自身的情况。信息传播工具掌握在少数国家的少数人手中。在这种条件下,信息自由只是这些人按自己的方式进行宣传的自由,剥夺了其他国家、其他人的权利。这种状况是殖民主义时期的依附与主导关系的延续。政治领域与经济领域的依附性是殖民主义的遗产。信息领域的依附性也是如此,这反过来就限制了发展中国家的政治与经济进步。不结盟运动国家尤其是这种状况的受害者。在集体与个体层面,他们追求世界和平正义、追求建立平等的国际经济秩序的努力要不就是被国际新闻媒介低调处理,要不就是被误读。他们的团结精神被破坏,他们追求政治经济独立与国家稳定的努力被任意诋毁。这个宣言从三个方面推翻了传统自由主义至上的媒介理论:第一,它认为自由市场

---

① 邵培仁:“信息公平论:追求建立世界信息传播新秩序”,载《浙江传媒学院学报》(哲学社会科学版)2008 年第 2 期。

会导致垄断,制造出新型的殖民主义依附性;第二,它指出空谈抽象的信息权利没有任何意义,重要的是要有足够物质手段保证信息权利的落实;第三,它为媒介信息设定了清楚的内容标准:客观与准确。不结盟运动国家的诉求获得东方社会主义国家的支持,并将联合国教科文组织变成了讨论新秩序的主要论坛。①

2. 联合国教科文组织关于"建立世界信息传播新秩序"的论争

联合国教科文组织作为联合国协调教育、科学、文化、信息和传播的专门机构,在"建立世界信息传播新秩序"的论争中发挥着非常重要的作用。教科文组织将发展中国家反对帝国主义理念和发达国家的自由、民主观念整合起来,通过世界信息传播新秩序的论战来推动传播权运动。

早在1970年联合国教科文组织第16届大会上,几个发展中国家就已经明确提出了传播媒介分布不平等的问题,要求重塑更加公平和均衡的国际信息传播体系。1978年教科文组织第20届大会通过了《大众传播媒介致力于加强和平和国际了解,促进人权和反对种族主义、种族隔离和战争煽动的基本原则宣言》。该宣言主张在信息传播方面建立新的平衡,推动更多交互流通,这既有利于维持基本的公正与持久的和平,也有利于增强发展中国家政治与经济发展的独立性,因此,有必要纠正发达国家与发展中国家之间以及发展中国家自身之间信息流通不平等的现象。同年,第33届联合国大会根据上述宣言通过33/115号决议,指出需要"在新闻自由流通及更广泛、更均衡地传播新闻的基础上,为实现和平和国际相互理解而建立新的更公正和更有效的世界新闻和传播新秩序"。

1976年,联合国教科文组织第19届大会设立了国际传播问题研究委员会,由爱尔兰人S. 麦克布莱德担任主席。该委员会于1980年提出题为《多种声音,一个世界》(Many voices, one world)的报告。该报告针对世界媒体传播秩序不公平、少数国家的主流媒体垄断信息权力的状况,再次强调建立世界信息与传播新秩序的重要性。认为在传播问题上各国根据不同的文化传统、社会经济和文化生活的格局以及需要和可能,采取不同的解决办法十分重要;把预先设想好的模式拿到所有地方普遍应用是行不通的;应当高度重视消除在传播及其他各种机构中、特别在信息情报传播中存在的不均衡和悬殊状态,各国应该根据自己的情况、需要和传统来发展自己的传播格局,从而实现统一、独立和自力更生。

---

① [芬]卡拉·诺顿斯登(Kaarle Nordenstreng):"世界信息与传播新秩序:浴火重生的主张",徐培喜译,载http://news.xinhuanet.com/newmedia/2011-09/14/c_122033716.htm。

此后,联合国教科文组织在20世纪80年代召开了一系列会议进行研讨,提出了一套旨在打破现存的世界信息传播不均衡格局的改革方案。尝试通过为发展中国家提供物质手段和信息产品来实现保护与促进其自身文化传统、文化产业与文化认同,改变信息与娱乐传播中的不平等状态,缩小信息富裕国家与信息匮乏国家之间的差距。

信息冲突和信息分化的恶性结果就是造成信息社会的失序,即信息不公平和信息不均衡现象的凸显。信息不公平和信息不均衡所造成的不仅是机会不均等的"社会状态",而且还产生了一系列很严重的"社会后果"和"社会问题"。在信息资源已经成为国家经济实力和国际竞争力的核心战略资源的今天,国家或地区之间会由于因特网基础设施建设和操作技术普及水平差异,造成信息资源获取能力的巨大差距(包括信息接收、生产、传递与利用等方面差距),进而影响弱势国家的经济实力与国际竞争力;不同人群之间因为收入、受教育水平、所处地域及种族等方面的差异而造成的对因特网技术掌握和运用的差异,进而导致了不同群体在社会中面临的机遇、待遇的不平等,出现"信息落差"、"信息失衡"、"知识鸿沟"和"贫富分化"等问题。①

联合国曾在2003年、2005年分两阶段召开了信息社会世界首脑会议(World Summit on Information Society, WSIS),该会议关注国家之间和国家内部的数字巨大差别产生的严重危险,相信公平获得信息是可持续发展的必要因素,是社会发展和信息生态均衡发展的重要影响因素。会议的主要目的是缩小全球贫富国家之间的"数字鸿沟",从而形成包括所有人在内的真正意义上的信息公平和信息均衡的信息社会。在信息社会世界首脑会议上,与会者表达出对信息社会法制的美好愿望:所有人都能通过各种媒体自由地创造、接收、共享并利用各种信息和知识;以人为中心,以居民和社区为核心,将信息运用于经济、社会、文化及政治的发展各方面;人们可以平等、无差别地以标准接入方式和有效通信手段获得信息,更好地促进经济和社会的持续发展,改善生活质量,消除贫困和饥饿。会议成果之一的《建设信息社会:新千年的全球性挑战》的原则宣言宣告"建设一个以人为本、具有包容性和面向发展的信息社会",并指出"在这样一个社会中,人人可以创造、获取、使用和分享信息和知识,使个人、社区和各

① 邵培仁、张健康:"关于中国跨越数字鸿沟的瓶颈与对策",载《浙江大学学报》(社会科学版)2003年第1期。

国人民均能充分发挥各自的潜力，促进实现可持续发展并提高生活质量”。①

总之，国际社会在20世纪70年代起格外关注信息自由传播以及传播不平衡所造成的各种问题。最初由不结盟国家、联合国教科文组织开展“世界信息传播新秩序”的讨论、倡导和并推动各项工作的进程，在他们的努力下通过了数份关于传播权的共识文件。联合国大会进一步对信息社会所面临的数字落差提出解决的设想，分两个阶段在2003年及2005年分别举办信息社会世界首脑会议。在第二阶段信息社会世界首脑会议将结束前，联合国即宣布自2006年起连续五年召开因特网治理论坛（Internet Governance Forum，IGF）。这些关注及所产生的努力都是在面对信息自由流动过程中所产生的数字贫富落差后的省思和应对，也就是在现今信息社会中如何实现以人为本、自由、公平、包容的秩序建构、将传播媒体市场之运作导向公共利益方向发展，并纳入民主治理与规范架构。

（三）传播关系的构造变动

过去针对单方面、线性的信息传播行为所产生的以言论自由为核心及其他相关权利，而现今以卫星通信科技及因特网科技所建构出的视听媒体传播环境，其传播态样从线性发展至非线性方式，也就是现今之传播行为具高度双向的互动性质。今天我们所说的传播不仅包括表达与传述，更需要从现今之传播环境接受、搜集、获取所需的信息。因此，基于现今传播行为所说的内涵与性质已完全与过去不同，加上传播科技的不均衡发展，言论自由及相关权利对新传播形态的保障不足已经十分显著。进一步地说，由于传统对言论自由的保障，国家所负义务为消极义务，但因为通信传播科技资源的不足在意见表达或信息传播过程中所产生的限制或障碍，国家在此义务下的行为已经无法对因传播资源失衡对个人或特定弱势族群在传播过程中自由被限制或被剥夺的窘境提供任何纠正和补强。因此，传播权的提出具有在通信科技时代的需要性与迫切性。

1. 传播过程的双向性：从信息单向传递到双向互动的权利保障

通信传播技术的革新带来了传播关系的构造变动。在每一种传播活动中，都包含了传播者与阅听者之间的两造关系。人类传播行为的最初形态，是以口语或文字的方式，单方面的、线性地传递，信息从发出到接受就完成了一个单向传播。“传播的意义就是把信息从一个地方传到另一个地方。”②传播是某个人

---

① 参见文件《建设信息社会：新千年的全球性挑战的原则宣言》2003年12月12日。

② George A. Miller, *Language and Communication*, Mc-Graw-Hill, 1951, p.6.

(传播者)传递刺激(通常是语言的)从而影响另一些人(受传者)行为的过程。①从早期的大众传播技术(如印刷出版技术)的运用到无线、有线、卫星通信技术的推广,信息传播从来都缺乏反馈或互动机制,只是信源发出的信息,经过传播渠道而抵达信宿的单向(one-way)过程。在单向传播中,传播者与阅听者只是单方面的"给予"和"接受"关系,传播者居于主动、主导地位,而阅听者只是被动的受众。与此相应,为保障传播功能的实现,即自由的思想、独立的人格与民主政治的参与,所以才有了强调"发声"的言论自由及以其为核心的其他相关权利。

现今是以光纤通信科技及因特网科技所形成的视听媒体传播环境,其传播态样从线性发展至非线性的方式,并具有高度双向的互动参与特性。传播主体不仅可以表达与传述各种信息,更需要从各种传播环境和渠道主动接受、搜集、获取所需要的信息。这时,传统的传播自由和权利的弊端就显现出来:以信息的发出为中心的,过于强调传播者的表达需要,简单地将传播视为从传到收的单向过程,忽视了信息接受者的信息权益,无法满足受众主动寻求、接受及反馈信息的需要。实际上,传播是人与人之间、人与社会之间,通过有意义的符号进行信息传递以及信息接受或信息反馈活动的总称,它不只是单向的表达、传递信息,也包括寻求和获取信息——传播这一概念,应当包含人与人之间相互影响的全部过程!1980 年提出的《多种声音,一个世界》将传播定义为"个人之间和集体之间交换新闻、事实、意见和信息的过程"。传播是通过信息进行的社会互动,在频繁的非线性传播过程中,所谓的传播关系的传者与受众具有角色的互换性,并且每一主体都具有自身的传播利益以及追求传播利益的积极性和主动性,信息的有效传播绝不能忽略对任何一方权益的保障。

可见,现今传播行为之内涵与性质已完全与过去不同,再加上传播科技的不均衡发展,强调"发声"的言论自由及相关权利对新传播关系保障的不足已经十分显著。对此,国际社会的相关法律文件已经确认人在信息传播中所享有的表达、传递、接受和获取信息的权益,如《世界人权宣言》第 19 条规定:"人人有权享有主张和发表意见的自由;此项权利包括持有主张而不受干涉的自由,和通过任何媒介和不论国界寻求、接受和传递消息和思想的自由。"联合国国际传播问题研究委员会在《多种声音,一个世界》报告中强调传播的互动参与性,明确公民有包括获得与传递信息的传播权(right to communicate),确立了传播权在信

---

① 夏晓鸣、马卉编著:《传播法概论》,武汉大学出版社 2006 年版,第 1 页。

息表达与获取上的利益内容。①

2. 传播媒介的多元化与技术性:近用权利的扩展保护

随着传播科技的发展,在信息社会的传播类型中,借用媒介技术的大众传播比起"口口相传"的人际传播的影响越来越显著。大众传播与其他传播现象的根本区别在于:在传者与大量的受传者之间插入了一种或多种联系两者的传播工具。因此,大众传播被称为通过传播工具的传播。早期的印刷媒介和出版物是最主要的甚至是唯一的传播渠道,为保护表达、言论自由,各国宪法确立了出版自由。但是,随着今天科技的发展,通信、数字技术的运用,出版自由已经不能涵盖现代科技下一切传播媒介的近用(access),如广播、互联网的应用,亟须增加新的权利内容以给予扩展保护。

由于国家、市场和个人等多方面的原因,不能近用传播媒介技术进而影响信息、知识的获取,在科技高速发展的今天已经成为不可回避的问题。在传统的社会形态中对生产资料占有量的不平等曾经导致了生产关系的失调,引发了为求得社会平衡而开展的不同形式的改良与革命。在目前的信息社会中,对信息传播的主要生产资料——信息占有量的不平等将以什么方式才能得到稳妥的处理,是目前社会发展中的新问题。② 如何减少甚至消除人民因地理区域、资金、技术、知识、能力等方面的限制所带来的"数字落差"、"信息落差",促使社会中的贫困、弱势群体能够获得对信息以及信息媒介的最低限度的近用,公平分享信息社会所带来的好处,也是大众传播时代提出的新的法律要求。传播领域过去曾担心政府过度干预出版和新闻自由,今天则面临未能普及使用媒介或未能公平合理近用问题。这意味着对待传播的态度需要突破传统的自由的观念,树立近用的公平性。

3. 传播效果的公开性与公共性:权利的规范化约束

传播主要包括人际传播和大众传播两种。人际传播是指个人与个人之间直接的信息传播活动,它是一种具有基础性的社会传播活动,也是人与人社会关系的直接体现。而大众传播则是借助出版、电视、网络等媒介在传受主体之间建立信息交流关系的社会活动。建立在传统点对点的通信技术条件下的人际传播产生了对通信自由与秘密给予法律保护的需求,而今天的大众传播已经出现点对

---

① UNESCO, *Many Voices, One World: Report of the International Commission for the Study of Communications Problems*, UNESCO, 1980.

② 段京肃:"社会关系的变化与信息传播权利的转移",载 http://academic.mediachina.net/article.php? id = 4366。

面或面对面的广泛、公开传播的影响与效果。

例如,新媒体时代是以数字技术为本质,以互联网为代表,以海量信息、即时互动、多中心等为特征的媒体时代,新媒体使个人可以便利地成为信息发布者和传播者,从而形成"所有人对所有人的传播"的新媒体时代。在这种情况下,大众传播是带有社会性、共同性的人类信息交流的行为和活动。信息的传播关系到不确定的、分散的广大传播主体与利益相关人的利益,关系社会价值规范的建构,关系文化传承与社会多方面的健康运作,具有公共性意义。特别是通过广播电视、互联网等各种电子通信传播媒体所进行的大众传播活动,凭借着它迅捷、广泛触及一般民众日常生活,对社会公共生活和当代民主政治的影响非常深,也最受各国立法所关注。

任何权利和自由都不是绝对的,传播权更是如此。传播的公共性并不等于无序化,相反,传播互动与共同体的建构,以及对政治经济文化结构的正面塑造,将促使传播权的规范化。

从传播的字根与起源来看,communication 源自于拉丁文 communi,所指的意思是共同,因此,人们的传播乃是为了建立共同性(commonnes),也就是设法共同享有一则消息(information)、一个观念(idea)或者一种态度(attitude)。传播(communication)和共同体(community)有着共同的字根,如果没有传播就不会有共同体,因此传播是社会得以形成的基本过程。既然传播是一种"分享",是为了建立"共同性",那么如何分享?共同性如何建立?也就成为传播过程中不可忽略的要素。简单地说,既然是分享,那么分享的双方便应站在对等的角度与立场,从对方的角度思考,并遵守共同都认可的规则来进行互动,这样所建立的共同性才不会只有单面向观点的呈现,才有形成共同体(community)的可能。

因此,传播权利的行使必须遵循公共利益的原则。鉴于传播权滥用导致的恶劣影响的广泛性以及其难以消除、纠正的特点,传播权从确立之日起就必须受到法律的制约,权利的行使需要在社会整体利益的考量上纳入规范化的轨道,严守权利不得滥用!不得借用传播权侵害他人的合法权益,如隐私权,也不能利用传播权破坏公序良俗。因此,传播权之概念,可说是对传媒市场运作规范架构寻求过程中所被提出的最重要的规范构想。①

"任何技术都逐渐创造出一种全新的人的环境,环境并非消极的包装用品,

① 徐挥彦:"联合国教科文组织《保障及促进文化表现多样性公约》对文化权及传播权之影响",载《新闻学研究》2009 年第 1 期。

而是积极的作用过程。”[①]信息科学技术的变革是通过控制和改变人类活动的范围和方式来引起了社会关系及其利益结构的变化,在人类进入大众传播时代、进入信息社会阶段,信息的传播从内容到形式,再到规范化运作,都迫切地需要法律给予更全面的回应,因此,传播权的理念与立法实践应运而生。

综观历史,信息与传播是权力的基本来源。[②] 信息秩序、人权和传播技术紧密相连,因此传播权问题在信息社会中的建构过程具有根本性。研究传播权的产生和演进规律遵循上述三种路径方为“正道”。

二、传播权的历史演进

(一)权利争取阶段:1948 年至 20 世纪末

1948 年通过的《世界人权宣言》为传播权的产生提供了国际人权法上的依据,其第 19 条规定:“人人有权享有主张和发表意见的自由;此项权利包括持有主张而不受干涉的自由,和通过任何媒介和不论国界寻求、接受和传递消息和思想的自由。”传播权中自由传播的理念直接源于《世界人权宣言》的上述规定。

法国学者达西(Jean D' Arcy, 1913 ~ 1982 年)是最早提出了传播权的概念的人。1969 年,他在一篇题为“电视转播卫星与传播权利”的文章中指出:“总有一天人们将会承认一种比《世界人权宣言》中阐述的基本人权更重要、更全面的权利概念,那就是传播权(right to communicate)。”[③]达西之所以会提出传播权是因为当时通信科技蓬勃发达,对传统的传播模式带来根本冲击,而传统的人权项目,不论是新闻自由、言论自由或是出版自由皆无法对传播技术革命下的新传播关系提供全方位的调整,所以需要针对新形态的传播问题提出新的权利主张以资保障。达西试图将传播权作为法律概念提出来,从而引起国际社会的广泛重视,但却没有对传播权进行明确界定,这反而使传播权成为世界性的争论议题。[④]

---

① [加]马歇尔·麦克卢汉著:《理解媒介——论人的延伸》,何道宽译,商务印书馆 2000 年版,第 25 页。

② Castells, M. Communication, Power and Counter-power in the Network Society, *International Journal of Communication*, 2007, 1, 238 - 266.

③ D' Arcy, J., Direct broadcast satellites and right to communicate, in L. S. Harms, J. Richstad & K. A. Kie (Eds.), *Right to communicate: Collected papers*. University of Hawaii at Manoa, 1977, p. 1.

④ Lauren B. Movius, Global Debates on the Right to Communicate, *Global Media Journal*, Volume 7, Issue 13, Fall 2008.

实际上，从20世纪60年代开始，国际社会就已经开始关注为不享有和不能掌握大众传媒的个人和社群的传播权创设问题。1968年，在南斯拉夫的卢布尔雅那召开的“大众传播媒介和国际了解”讨论会上，一些专家学者提出了发达国家和发展中国家间多数存在着新闻和信息传播不均衡和不平等的问题，会议讨论了从根本上改变这种状况的必要性。传播作为一项非常重要的民主政治的制度工具和人格自我实现的制度，必须要倡导和实现社会大众享有传播权利。因此，国际社会不能仅是保护行政垄断者或商业垄断者的传播权力。为权利而斗争的“传播权运动”(the movement for a right to communicate)由此兴起。

在接下来的数年里，联合国教科文组织针对传播权展开热烈的讨论，并将作为一种“思想和理想”的传播权确认为一项国际人权和国际法秩序而努力。

1977年11月，联合国教科文组织成立由16个国家的传播领域方面的专家代表组成的国际传播问题研究委员会。该委员会在1980年发布的《多种声音，一个世界》是系统阐发传播权思想的重要文件，大大推动了传播权的发展。该委员会建议：民主社会的传播需求必须通过扩展知情权(the right to be informed)、公共传播参与权(the right to participate in public communication)等权利，并将它们整合为新的权利——传播权的要素。① 该委员会认为大众传播必须纠正原来的从权威向消极受众单向传播的状态，改变传播的“独白”特征，从而使传播权能够发挥积极作用，在已经确立的自由权利的基础上进一步满足信息双向流动、自由交流、近用参与的需求。②

联合国教科文组织关注发掘新的人权——传播权，希望能够授权发展中国家借此缓解发展问题。法，本身就是基于历史沿革所形成的，因此体现出历史发展中各种利益的博弈，具有确定的价值判断。但是这种价值判断必然不是单向度的，它本身包含了各种力量强弱对于利益的分配。③ 尽管联合国教科文组织尝试要低调处理有关世界信息与传播新秩序的问题，但是20世纪七八十年代东方与西方国家、发达国家与发展中国家的对抗性意识形态在争取传播权的运动中相互攻击，不结盟运动与世界信息传播新秩序的斗争更是促使传播权斗争政治化。在冷战的时代背景下，联合国教科文组织在传播权问题上没有达到想要的目的，不能争取到发达国家与发展中国家利益的调和。发展中国家认为西方

① Macbride Commission, Many Voices, One World, n. 17 (1980), 265.

② Macbride Commission, Many Voices, One World(1980), 172.

③ 陈炜：“传播法概念之界定——一种法理学的视角”，载《兰州学刊》2007年第3期。

主张传播权是为了打开它们的国门,是为了扩张西方媒体的市场份额;发达国家则认为发展中国家是想要借助传播权来控制其市场的扩张。于是,双方之间在传播权上的对立状态日益加剧。最终,美国于1984年年底宣布退出联合国教科文组织,英国撒切尔政府也随之退出,国际社会争取确立传播权的进程陷入了僵局。

20世纪90年代,关于新秩序的辩论从联合国各个论坛中都销声匿迹了。从1989年到1998年,尽管麦克布莱德圆桌会议坚持召开了十次,在学界与业界中继续维持对新秩序的辩论。但在1998年,最后一次麦克布莱德圆桌会议在约旦首都安曼召开后便退出了历史舞台。苏东剧变使得原先的两极争霸世界不复存在。南斯拉夫解体导致不结盟运动元气大伤。在这个阶段,美国总统布什建立了一个版本完全不同的世界秩序来配合实行后冷战时代尤其是海湾战争时期的美国战略。美国公然提倡的世界秩序包括CNN主导的信息秩序。实际上,这是一种由跨国公司创立的信息秩序。原先不结盟国家提倡的新秩序不仅完全失败了,而且还被新兴商业利益反噬。全球化代替传播权成为媒介辩论的主导概念。

在此阶段,传播权仅是一种"思想",这是因为传播权还没有成为现实的权利,仍是一种观念性的法律概念。但它更是一种"理想",因为无数的支持者正在绘制传播权的蓝图并为将传播权界定和确认为基本的人权而努力奋斗。①

(二)权利落实阶段:20世纪末至今

1996年传播与媒体领域的一些非政府组织成立"传播权平台",积极宣传传播权的理念。它们认为,传播权是普遍适用的人权,是为奠定所有其他人权基础并为其他人权提供服务的。信息社会的出现必须确保该权利的自然延伸,同时必须强化该权利是为了谋求所有人的福祉。该平台在2001年开展"信息社会传播权运动"(Communication Rights in the Information Society),旨在倡导传播结构、制度和过程的民主化以及推动世界各国承认传播权作为社会民主化的基础。"信息社会传播权运动"积极地寻求在信息社会构建的国际议题中倡导和落实传播权,并试图借助联合国高峰会的形式促使世界认知传播权的重要性,增强传播权诉求的正当性和国际性,并推动国际社会和主权国家内部传播权的实现状况。

① Desmond Fisher, The Right to Communicate: A Status Report, UNESCO, Reports and Papers on Mass Communication, 1994, p. 5.

根据联合国在2001年12月的56－183号决议，联合国教科文组织与国际电信联盟共同举办2003年与2005年两阶段的信息社会世界（首脑或）高峰会议（World Summit on the Information Society，WSIS），全球共有67个国家首脑、82个国家的部长参加会议。该会议的主题是“如何使信息社会惠及全人类，消除数字落差”，目标是使全人类自由接受、分享信息与知识，建立以人为本、公开包容的信息社会。2003年12月在日内瓦召开的信息社会世界高峰会议第一阶段会议通过了日内瓦《建设信息社会：新千年的全球性挑战》的原则宣言及其行动计划，该宣言具体阐述了信息社会与传播权的关系，“作为信息社会的根基，并如《世界人权宣言》第19条所述，人人有权享有主张和发表意见的自由；此项权利包括持有主张而不受干涉的自由，和通过任何媒介和不论国界寻求、接受和传递信息和思想的自由。交流（传播）是一种基本的社会过程，是人类的基本需要，而且也是所有社会组织的基础。它是信息社会的核心所在。每个人，无论身在何处，均应有机会参与信息社会，任何人都不得被排除在信息社会所带来的福祉之外”。[①] 2005年11月在突尼斯召开的信息社会世界高峰会议第二阶段会议通过了《突尼斯承诺》、《信息社会突尼斯议程》。重申日内瓦《建设信息社会：新千年的全球性挑战》的原则宣言的第4段、第5段和第55段内容，强调言论自由及信息、思想和知识的自由传播对于信息社会至关重要且有益于发展。

在信息社会世界高峰会议召开之前，亚洲许多国家的非政府组织于2002年11月22日至24日在泰国曼谷召开会议，提出对传播权议题的回应宣言。该宣言起始部分的“远景”揭示了信息社会与传播权的关系，“我们对于信息社会的远景，是一个以正义、公平与人权为基础的社会。而传播权则是增益人们政治、经济、社会和文化生活的基础。因此，我们这个愿景也是植根于对差异和多元的尊重。这是一个以人为本的社会，同时可以预见我们将进入一个真正传播通畅、舒适与祥和的会议”。同时，这些亚洲的非政府组织在宣言“原则”部分继续表达对信息社会与传播权关系的意见，认为：传播权是民主和人权发展的重要基础，且已列入各种国际性公约，像是《世界人权宣言》第19条。信息社会则提供新的机会以增强、进一步深入且普遍性地认同这些权利。最后，该宣言强调“所有高峰会决议通过的行动计划或宣言，必须遵循这些原则”。

参与信息社会传播权运动的各国非政府组织为争取传播权在信息社会世界高峰会议第一阶段会议期间受到重视，它们在2003年12月11日专门召开传播

① 参见文件《建设信息社会：新千年的全球性挑战》的原则宣言，2003年12月12日。

权世界论坛(World Forum on Communication Rights, WFCR)。该论坛的目标为:第一,宣示并载明传播权在信息社会对公众和社会群体的重要性。第二,致力于凝聚整个世界认可的传播权概念以达成共识。第三,形成合作组织以倡导此概念,认同并实现传播权相关权利。会议期间除了针对传播权与人权、知识产权、战争报道与世界和平、弱势族群传播权等议题提出讨论外,同时也致力于《传播权宪章》(Charter on Communication Rights)的起草与宣传。《传播权宪章》共18条,规定了尊重权、自由权、近用权、独立权、政策参与权、消费权、文化认同权、儿童权等许多传播权利。其中比较重要的有:第2条"自由权"规定"所有人民均有使用传播管道,且免予政府和商业的控制";第3条"近用权"规定"为行使人们的权利,人民应享有公平且有能力足以近用地方和全球性资源与设施的权利,不论这些传播渠道是既有的或先进的;通过人们经常使用并相互了解的语言,来接收观点、信息与想法;接受具有多种文化品味和旨趣的产物;并容易取得媒介所有权和资料来源的事实真相。近用权的限制必须基于某些善意和节制性原因,像是国际人权的公认标准、民主社会必要性的保护与其他人基本权利的维护"。

在传播权问题上达成共识已经是很困难的事,在达成共识之后实践传播权更是难上加难。即使国际社会对传播权的进一步磋商会促使各国规定和接受近用和参与上的传播权,但现实中传播权的实现仍旧存在着各种障碍与困难,而这些困难和障碍因国家的国情而各有不同。例如,一些国家主要是政治与法律上的障碍妨碍媒体的近用,一些国家则主要是经济和社会的问题,譬如,缺少地方报纸和广播电台等公共媒体,缺少对公共近用或使用媒体的教育培训,等等。

同时,由于传播权本身拥有多重的权利价值,世界各国、各地区、各社群的传播权倡导者和实践者对传播权也必然有不同的经验体会,这又进一步影响国际社会对传播权共识的进一步达成,同时也极大阻碍了传播权的发展。为了寻求传播权在全球、地区、国家、社区内的共识,2003年12月,"传播权的构造"的研讨会在日内瓦召开。与会成员除了对传播权展开国际比较外,也尝试着重新发掘传播权的概念并加以系统阐述。2004年2月"信息社会传播权运动"发起了"全球治理与传播权"(Global Governance and Communication Rights)研究计划。通过公开选拔,五支研究团队到巴西、哥伦比亚、肯尼亚、菲律宾和欧盟展开传播权的调研。2005年9月,在"信息社会传播权运动"组织的协调下,五支研究团队经过研讨,形成阶段性的研究成果——《传播权评估指南》(Assessing Communication Rights: A Handbook Rights)。随后,研究团体又联合推出《倡导传播权的实用手册》(Communication Advocacy Toolkit),作为支持各个领域的传播权活动家、倡导者和其他相关人员的实用工具和资料。这两个阶段性成果合称为《传播权的评估框架与工具》(Communication Rights Assessment Framework and Toolkit)。①

由于传播与文化有着紧密的关系,2005年联合国教科文组织会员国大会通过《保障与促进文化表现形式多样性公约》(2007年生效),首次在国际法律文件中确立了传播权概念。其第2条的第1项规定:"唯有在传播权等基本人权被确保以及在个人选择文化表现之能力被确保的情况下,文化多样性才能被保障与促进。"

总之,在这一个阶段,传播权的倡导工作已经从上面一个阶段完全由政府和政府间组织身上转移出来,主要由非政府组织承担。由于非政府组织不是国际法的缔造者,所以它推动传播权的发展思路也相应发生转变,也由争取立法确认转为强调现有的国际法存在传播权的相关规范,并通过人权保护、信息社会建构以及传播过程民主治理的各种具体实践,使这些规范得以实施,将传播权从纸上的法变为现实的法,并进一步地总结了传播权的内容体系和价值规范,增强国际社会对于传播权共识。

传播权发展两个阶段的特点鲜明地体现在不同阶段对于传播权的措辞上。第一阶段采用"right to communicate"的措辞强烈地表达了争取在国际法上确立传播权的诉求,第二阶段采用"communication rights"的措辞则恰当地表达了接受已有的传播自由和权利,并通过实践实现传播自由体系化的要求。

综上所述,传播权在人权运动、信息社会建构和传播科技的路径演进过程中正慢慢成为国际社会和主权国家内部的一项权利观念和法治实践。国际社会有关于传播权的磋商、讨论甚至是针锋相对的斗争,推动着传播权理念的生成与发展。传播权的实施实践又显示出国际社会、各个国家增进个人和社群享有参与传播过程的各项自由和权利的美好愿望。实践证明,如果要实现这个愿望,传播权的权利主张必须清晰明确,必须将空泛的传播权理念解构为各项具体的自由和权利,并且以能够向责任主体主张的可强制执行的方式确立下来。更重要的是,要关注传播权实施中的现实问题和障碍,不能只停留在宣示权利,而不切实解决传播权目标在现实中实现的具体方式、方法问题。

---

① CRIS Campaign, Assessing Communication Rights: A Handbook, http://centre for communication rights. org/component/content/article/40 - tools/125. html? layout = citation.

三、传播权的演进规律

(一)从权利建构向权利落实的演进

传播权的演进既要关注和提出权利主张,实现权利确认和建构,又要尊重、承认以及有效落实既有的各项传播自由、权利。传播权是传播主体享有的各种传播自由、权利的"集合",传播权必须明确其权利构造,因此传播权的确认是权利建构与解构的统一过程。

传播权在英文文献中有两种表达"传播权"(right to communicate)和"传播权"(communication rights)。它们是密切相关的,但在产生的起源和用法上却并不完全一致。前者与建立新世界信息传播秩序的相关辩论有着很大关联,强调了需要正式的立法去承认这样的一种传播权利,以便形成一个很完整的权利框架,并更有效地实现。也就是说,从立法确认的制度建构角度来看,传播权是尚处于"思想和理想"意义层面的一项基本人权,需要"为权利而斗争"!后者则强调传播领域已经存在一系列国际法上的传播自由和权利,它们已为传播权的实施提供了理论支撑与制度依据,但更多时候,实在法上的许多传播自由和权利往往都被忽略,在国际社会和一些国家内部,传播权利的推行面临着许多障碍与困难,需要积极主张、坚持和运用。

"传播权"(right to communicate)和"传播权"(communication rights)没有冲突,都在信息社会秩序建构的过程中却以略微有差异的方式互补的使用。在建立世界信息传播新秩序的国际进程中,传播权(right to communicate)为各国政府、特定非政府组织、群体以及个人为争取以人为本、自由、包容有序的传播自由和权利所使用。在信息社会世界峰会上,仍然有人称传播权(right to communicate)仅仅是蒙着面纱的世界信息传播新秩序的复兴与重振。① 在建立世界信息传播新秩序的辩论中,许多与传播权相关的问题并没有解决,因此该观点也有一定的正确性。但是,反对建立世界信息传播新秩序的发达国家却认为世界信息传播新秩序是(发展中国家和不发达国家)致力于剥夺言论自由和增强政府控制,因此,发达国家对传播权(right to communicate)是非常敏感。为避免传播权的建构重蹈覆辙,国际社会提出新的传播权(communication rights)的表述以区别原有的传播权概念,以避免因与新世界信息传播秩序直接关联受到

---

① 世界出版自由委员会(The World Press Freedom Committee)明确主张该观点,载 http://www.wpfc.org/site/docs/pdf/Publications/Working%20Papers-Conf%20Booklet.pdf。

批评。这有利于在国际社会凝聚共识,是值得肯定的。

在政治方面,世界信息传播新秩序的斗争在一开始就有创设传播权(right to communicate)作为国际法上的新权利的呼声。在现有传播自由与权利的国际法律框架上,增设传播权作为全人类清晰和明确的新型权利并不会削弱该法律框架。这种做法实质是承认传播权的许多构成要素作为现有的人权形式已经存在。但明确宣示传播权不仅强化现有的自由、权利,而且能够提供更好的整合框架确保传播作为一项权利在已有的各项孤立的、具体的自由权利的基础上得以实现传播权(communication rights)。

另外,使用术语“传播权”(communication rights),因为它是采用复数形式,隐约间指向现有的与传播相关的所有人权,而不是致力于促进一个新的正式的国际法上的单数传播权(right to communicate),其重心巧妙地转移到实现现有的传播权(communication rights),而不是创设国际法上的一个新的权利。

在“信息社会传播权运动”和那些与其有关系的国际活动中,国际社会已将行动策略聚焦在传播权独立存在的基础上,关注对之前被忽略的而已经存在的传播自由、权利如何寻求有效实施的办法。这包括促进和宣传传播权概念,积极倡导,关注权利滥用,评估国内立法与执行的充足性。

针对已经存在的传播自由、权利实施的障碍与困难,传播权(communication rights)也有为权利而斗争的内容。不断探索并详细阐述传播权(right to communicate)是上述实践的一部分,但是创建一个传播权国际法律制度并不是即时、迫切的战略需求。传播权(right to communicate)的法律承认应当是一个终极和必要的目标。

每个人都有传播权利,不论它是否被明确地确立在国际法律之中,它作为理念同样是强大的。呼吁传播权并不必然意味着需要即刻将其确立为一项国际制度。信息社会世界峰会的某些重要参与者只是强调传播是一项基础的社会过程,是基本的人类需要和所有社会组织的基础,但并没有在最终会议文体中达成确立传播权的一致意见。而国际社会已经在很多地方表达对传播权价值的强烈赞同。前联合国秘书长科菲·安南2003年指出:在最贫穷国家数以百万计的人仍然未能享有传播权,而这日益被视为一项基本人权。以及欧洲联盟委员会2002年指出:这次首脑会议应加强传播和获取信息和知识的权利。

总之,呼吁传播权和重申每个人都应拥有或者应该现实享有传播权是完全互补。争取性质的传播权可以作为一个非正式的战斗宣传口号,达成共识和感知人们在传播领域的各种需求和受到的挫折;也可以用在正式的法律意义上,应该与其他基本人类权利一起被记载到国际法中。实现性的传播权也是一个有用的术语,与一系列许多人并不现实享有但法律已经确立的人权密切相关,有利于直面现实的障碍以实现权利。

(二)从第一代人权向第三代人权的演进

社会不断进步,人权理念也将不断发展。法国学者瓦萨克(Karel Vasak)于1977年提出三代人权之说。

第一代人权是17世纪和18世纪资产阶级崛起及革命的结果所产生的公民权利和政治权利。当时的资产阶级开始意识到强大的国家体制可能会侵害他们的权益,于是推动公民权利和政治权利的确立。这一代权利依据的是"自由"的思想,所倡导的权利是"消极权利",也就是强调保护公民的自由免遭国家不当干涉,以个人自由权对抗公权力,要求国家要克制自己的行为,通常国家的不作为就可以带来权利的满足,主要包括生命权、人身自由权、安全权、私有财产权、选举权与被选举权以及言论、出版、集会、结社自由和宗教自由等。

第二代人权是经济、社会和文化权利。在19世纪末20世纪初,资产阶级的个人自由权利已经发展到了一个剥削劳动阶级的地步,甚至出现广泛的殖民主义。因此,在社会主义思潮和社会主义实践的共同作用下产生,又受到西方"福利国家"概念的影响,产生了体现"平等"思想的,包括工作权、劳动条件权、同工同酬权、社会保障权、物质帮助权、受教育权、健康权等内容的第二代人权。与第一代人权的限制政府不当干涉相比较,第二代人权要求政府采取积极措施和步骤来保证人们能够真正获得实质性的社会、经济和文化利益,因此,第二代人权又被称为"积极权利"。人权的内容已从传统的防止和反对国家暴政,愈益地转向要求国家提供福利,即从消极的、静态的人权观念转为积极的、动态的人权观念。

相对于第一代自由权与第二代社会权主要都是把基础建立在个人人权,瓦萨克提出的第三代人权被认为是"集体人权"。瓦萨克列举了发展权、和平权、环境权、人类共同遗产受益权以及传播权五类新的权利。① 这一代权利兴起于20世纪50年代,随着民族解放运动的蓬勃发展,民族国家要求自主决定发展道路并寻求同样的发展机遇,要求必须克服实现前两代权利的国际不平等性,要求新型的国际合作,接着呼吁发展集体人权。公民权利与政治权利是"享有……的权利",而经济、社会与文化权利则是"从事……权利"。因此第一代人权对政

① Vasak, Karel, Human rights: A thirty-year struggle, *UNESCO Courier*, Nov., 1977.

府提出了“节制行为”的要求，即政府必须有效地避免干涉个人享有属于他们的权利与自由。在履行第二代人权方面，政府必须为公民取得经济、社会与文化上的成就而提供便利。第三代人权则超越了个人权利的层面，逐渐发展为社群权利、民族权利乃至全球公民权利，其中包括和平的权利、健康环境的权利与发展的权利，多以国际法的形式受到保护。

用三代人权的概念来理解人权内容的演变，并不就意味着各代人权观是互相取代甚至互相排斥的，而是强调人权具有一种演化、动态的特质。我们尤其应该要重视人权演进的连续性、累积性与扩展性和超越性，这样才能全面理解传播权及其制度。

人权的演进是具有累积性，作为第三代人权的传播权，拥有第一代人权的消极权利（自由权）和第二代人权的积极权利（平等权）的权利内容。传播权吸收了第一代人权的权利内容，要求政府避免对个人言论表达自由信息权利的过多干涉。在西方国家，言论自由、出版自由、信息自由等早已在某种程度上享受法律与政治的保护，国内法如法国《人权宣言》与美国《宪法第一修正案》、《信息自由法》、《阳光法》等，国际法如《世界人权宣言》第 19 条和《公民权利和政治权利国际公约》。传播权吸收第二代人权的权利内容，也要求政府必须为个人能够平等地享受此种权利制定法规、提供便利，如美国联邦通信委员会关于有线电视网络“必须传输”地方电视台信号的规定，欧洲国家的社区“开放频道”等。①

但是，如果要充分说明传播权的重要性，这种基于个人权利之上的认识论传统必须被超越。② 1973 年，联合国教科文组织在芬兰举行研讨会，主题为“国际新闻自由或平衡流通”（Free Flow or Balanced Flow of Information），会议指出，联合国 1948 年的《世界人权宣言》，是 19 世纪亚当·斯密个人主义与放任主义的产物，其结果是导致发达国家垄断国际新闻，意见自由市场的消失，新闻报道的单向传播，不负责任的歪曲与偏见。在国家内部，传播权首先是一项个人人权，其诉求指向的是国家。但在国际社会中，传播权则是表现为每个国家、民族的集体权利，实现这种权利就需要依靠国际社会的共同努力，特别是建立国际新秩序，消除妨碍发展的各种障碍。

海斯本德认为必须重新阐释公民传播权，将它从过去通常被理解为个人权

---

① 叶欣、丁苗苗：“‘第三代传播权’理论与实践述评”，载《新闻与传播研究》2011 年第 3 期。

② Husband, C. (1996), The Right to be Understood: Conceiving the Multi-ethnic Public Sphere, *The European Journal of Social Sciences*, 9(2): 205–215.

利即个人言论自由的窠臼中解脱出来,通过注入"被理解权"这一新的内涵使之发展成为一种服务于社会整合与种族平等的人民权利或社群权利。① 也就是说,国际社会的传播权必须要超越个人人权的旧范式。

个人的存在的确是有着一定价值,但是这些价值的构成的很大成分来自于集体社群。个人是社会产物,自我价值并不是先天存在,而是由社群的历史文化所形成,因此不能假定人能独立于社会之外而完全自足,个人主义的立论会造成人与人之间感情淡漠、公民欠缺责任与义务意识等令人担忧的现象,结果就是社会"碎片化"(fragmentation)。

换言之,个人与社群以及国家之间的关系并不如西方文明所设想的一般是冲突且对立的,个人认同与身份植根于社群之中,而个人的思想、行为、尊严与价值应当属于一个更高层次的集体社群价值体系之下。

社群的集合权利的重要之处,就在于个体身份的社会建构根植于其所处的社群,如果个体所属社群的尊严、完整、平等与自由等价值无法得到尊重,导致的结果是个体的权利也无法得到充分享受或者赋予。这样,个人权利的享有就不可能脱离义务的负担而存在,有时甚至需要负担对社群的公共义务必须先于其享有的权利。个人幸福有赖于社群生活的完善,而在发展国家能力以及资源有限的前提下,个人的自主与相伴的"公民政治权利"乃被排除它的优先性,并且取而代之以强调平等的个人之"经济社会权利"的保障。第三世界国家是强调个人对于集体社群的归属感,因此个人权利的意义并不是在于西方式的个人主义之上,而是由传统的风俗习惯、信仰以及规范来形塑个人权利的内容以及范围。

同时,个人也必须根据互惠原则承认与其所属社群迥然不同的其他社群存在与完整的合法性。可以这么说,第三代传播权模式包含了"被理解权"的主张,承载了重大的社会责任,使传播权从单向权利变为双向权利,进而成为"碎片化"社会的黏合剂和整合器。正是由于对美国《宪法第一修正案》承诺的第一代传播权,以及垄断资本主义体制下的第二代传播权的失望,第三代传播权作为积极的、寻求理解的、集合的自由权利应运而生。②

总之,个人的生存与集体社群的发展是休戚相关并且不可分割的,个人权利

---

① Husband, C. (1996), The Right to be Understood: Conceiving the Multi-ethnic Public Sphere, *The European Journal of Social Sciences*, 9(2): 205 – 215.

② 叶欣、丁苗苗:"'第三代传播权'理论与实践述评",载《新闻与传播研究》2011 年第 3 期。

与集体权利应齐头并进。当代的社群主义可以为传播权提供新的权利理论基础,从而使传播权成为一项新兴的基本人权。既然传播是个体的基础构成之一,也是一种人类的基本需要与社会组织的基础,传播内涵与媒体的发展也应该以人为本,使人人都有权享受参与传播的机会,借以满足其信息与文化等需求,进而促成个人与社会得以借由传播而迈向更良善的境界。① 此外,自由权本位的人权目的是造就自由的政治制度;但它却忽略了人与人事实上的不平等,不平等的人权使人权体系难以和谐。② 而传播权的基础是社群主义的超越,通过弥补个人与个人、社群与社群、国家与国家之间的信息鸿沟,增进相互的理解和尊重,更加显示出"和谐权"的内涵。

(三)以人权保障为核心兼向多元目标演进

传播权的演进存在于两个不同的纬度。

首先,传播权被当作尊重、维护和实现个人和群体参与各自的社会传播活动的法律主张的人权制度。传播权将创设权利抵制政府以及某些私人机构的对个人传播自由的干涉。1982年2月,联合国教科文组织在罗马尼亚首都布加勒斯特举办的"传播权:法律视角"研讨会。该研讨会上形成的最终报告指出,积极参与传播的过程被视为传播权的核心,一般公众应该有权通过适当的传播渠道使得意见为人所知。③

其次,传播权与许多发展中国家所支持的"世界信息新秩序"的一些更广泛的概念有着密切联系。传播权直指国际信息传播资源不公平配置状态,传播弱国在他们的信息主权得不到保障的情况下,不仅在政治上受到压制,在经济领域处于不利的地位,甚至连维持一个国家和民族生存和发展的前提条件——文化的整体性和统合性也面临着严重的威胁和挑战,传播权被认为在越来越受到技术均质化影响的世界里能够保护文化的多样性。发展中国家非常迫切希望摆脱这种不公平状态,从而建立新的信息传播秩序。④ 联合国教科文组织关于"传播权与世界信息传播新秩序"的讨论会上得出了结论:推行传播权的前提是传播工具的可获得性和他们在各社会内部和社会之间的公平分配。而传播权则是增

① 赖祥蔚:"从言论自由迈向传播权",载《台湾政治学刊》2005年第9卷第1期。

② 徐显明:"和谐权:第四代人权",载《人权》2006年第2期。

③ UNESCO, Right to Communicate: Legal Aspects, final report, 1982, available at http://unesdoc.unesco.org/images/0013/001397/139704eb.pdf.

④ Macbride Commission, Many Voices, One World (1980),268.

益人们政治、经济、社会和文化生活的基础。[1] 因此,传播权的演进与政治与公民权利、经济、社会、文化权利和发展权等权利相互有着联系,传播权成为实现联合国"千年发展目标",消除贫困,促进文化多样性等计划和行动的有机构成部分。例如,在1998年最后一次麦克布莱德圆桌会议的主题就是"文化与传播:全球信息社会"。

在传播权的演进中,实现传播过程的人权目标具有根本性。传播权不仅是个人人格体现与自我完善的要求,也是人类的社会性人格的体现,人类赖以生存发展的动力。传播权的演进过程始终以"作为人权的传播权应当成为每一个社会成员的基本权利"为目标。人的存在与发展是任何社会存在与发展的最终目标。个人为促成自我人格的独立与发展,拥有从外界获取充分的信息,从而形成自身独立的信念和意见,并将该信念和意见表达传播出去的自由,所以传播权的创设的终极目的在于塑造传播主体的主体性并促进其个人的自我实现,传播权的存在意义在于实践传播主体的人权价值。自我实现的人权价值正是传播权的本质要素和核心价值。

传播权首先是一项具有普遍性的人权,但该人权又与政治、社会经济文化的发展紧紧地联系在一起,具有多维度的权利价值属性。由于传播科技近用的失衡及落差、传播市场的集中控制、政府干预等多方面原因,造成个人和群体在互动性传播过程中之表达或信息传递的限制与剥夺。此剥夺与限制将会造成个人与群体的自我实现的障碍,对人性尊严、独立之实现形成限制;此剥夺与限制影响人的主体性的发挥,也将会进一步影响对政府的监督,对民主政治生活的参与;此剥夺与限制同时也会对社会进步、文化表现多样性造成减损。社会传播的过程蕴含着政治、社会、经济文化的权利价值,并最终归聚为人的基本人权,呈现出伞形的权利价值形态。因此,理解传播权必须以人权为核心,确保传播过程中主体的政治、经济、社会、文化权利等方面的落实。

鉴于信息传播的重要性,传播权不能隐含或归于某一种权利类型之中,而必须超脱出来,不局限于某一权利类型,并在各权利的支持之下有效发挥传播权的功能。正如联合国信息社会世界高峰会提出的《传播权宣言》(Statement on Communication Right)所指出的"传播在全球社会的政治、经济及文化层面上都

---

① UNESCO, The Relationship Between the Right to Communicate and a New World Information and Communication Order, Report of a consultation organized by the International Institute of Communications and UNESCO, Strasbourg Sept. 3, 1981, available at http://unesdoc.unesco.org/images/0004/000487/048789eo.pdf.

扮演了核心的角色,要借由信息以及传播科技才能共同落实政治上的传播权,并能够提供政治互动、社经发展及文化永续的崭新机会,这意味着,如果要达成上述目的,必须普及近用所有传播信息工具及近用世界上多样的媒介”。①

只有将传播权作为一个以人权为核心的综合性的权利框架,从整体给予上观察、评估各方面的权利状态,才能避免忽视或遮蔽传播权的某些权利构成部分。与此相应,国际社会围绕在互动传播过程中实现人权的需要,努力构筑各个领域、各种层次的传播自由与权利的体系框架。② 该框架整合了包含公民言论、出版、科学研究自由,公民的隐私与信息权利、各种通信与媒介资源的近用权利等方面具体的传播自由与权利,具有综合性与包含性。而且,传播权的框架体系具有开放性的特征,一方面将确认已经具有的相关传播自由与权利,另一方面将随着科技的发展、社会的进步,不断地扩展与丰富新的权利体系内容。③

传播权的生成和演进的历史显示:为权利而斗争始终是法制史上的主旋律。传播权法制图景的建构绝对不是一蹴而就的,需要克服各种困难与障碍。观念先行,传播权的确立、世界信息传播新秩序的建构必须先回答以下一些基本问题。首先,传播权对国家和人权的发展有何意义?其次,什么是传播权?最后,传播权的存在状况以及如何接受和实施传播权?

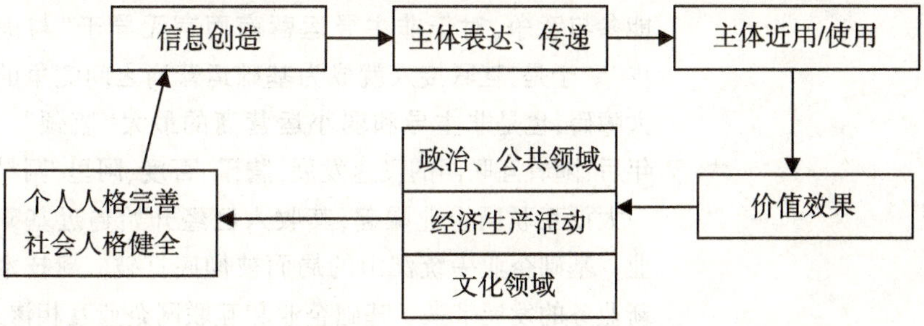

① 参见信息社会世界首脑会议官网。

② Harms, L. S., Some Essential of the Right to Communicate, 2002, available at http://www.right to communicate.org/collections.html.

③ 应该同时看到传播权也是一个阶级的、历史的、具体的概念。传播者本人无法超越历史和现实环境去追求超阶级的“理想的传播权”。参见段京肃、刘树田:“传播权的自由行使与社会控制”,载《兰州大学学报》(社会科学版)1993年第2期。

电信网互联接入法律问题研究

陈小龙*

10年前,中国电信业还是电信、移动、联通三家基础企业一统天下的局面。其中,中国电信作为国内最大的固网运营商,拥有无可比拟的基础网络设施,毫无悬念地成为国内的主导运营商。在打破垄断、鼓励竞争的国家大政方针下,基础运营商之间的竞争出现白热化的趋势。拥有主要基础网络设施的中国电信占据竞争的优势地位。非主导运营商需要借助主导运营商的网络才能参与竞争,对于非主导运营商而言无异于"与虎谋皮"。于是,互联接入就成为基础运营商之间竞争的最大障碍,也是非主导和弱小运营商的最大"瓶颈"。10年后,随着互联网的飞速发展,腾讯、百度、阿里、网易等一大批互联网企业崛起,其收入已经开始逼近基础企业。基础企业一统江山的局面被彻底打破。新技术和新业务的发展带来了基础企业和互联网企业互相渗透。但基础企业拥有主要的基础电信网络设施的事实仍未改变。互联网企业需要接入基础企业的网络设施才能实现业务的飞速发展。于是,互联网的蓬勃发展与基础网络设施接入之间的矛盾就逐渐凸显。前两年发改委对中国电信和中国联通展开的垄断调查就是这一矛盾的典型例子。那么,什么是互联接入?互联接入的法理基础是什么?如何科学界定主导运营商?如何确保

* 广东省通信管理局处长,法学博士。

非网络拥有方参与平等竞争？违反互联接入原则应受何种法律规制？这些是本文研究并试图回答的问题。

一、互联接入的内涵与外延

(一)接入的定义

传统电信法上的“接入”概念,仅指电信运营商之间接入对方的电信网络,而不包括最终用户的接入,即电信网络设施的占有者根据规定的条件,在非歧视的基础上向其他运营商提供电信设施和业务服务,包括光缆、电缆、杆路、信令等网络元素和建筑物、管道、铁塔等通信设施的接入。① 显然,互联接入是发生在电信运营商之间的概念。互联接入是通过互联协议来实现的。单纯从法律的角度看,电信运营商之间通过互联协议实现互联接入,完全是平等民事主体之间的民事行为。但由于互联接入能确保电信网络资源的充分利用避免资源浪费、促进弱小运营商利用主导运营商的网络资源参与市场竞争的重要作用,世界各国纷纷立法对互联接入的行为进行法律规制,使得运营商之间的互联接入行为除了遵循合同法在内的基本民事法律制度之外,还应遵守互联接入方面的特殊法律规范。诸如强制要求主导运营商对非主导运营商实现互联接入、主导运营商必须平等无歧视地给其他运营商提供互联接入等,便是法律在互联接入上对运营商的特殊要求。当然,互联接入的概念不包括用户接入运营商的内容,皆因用户与电信运营商的接入内容可以通过他们之间的电信服务合同进行调整,而无须国家立法进行干预。

(二)接入与互联互通之间的关系

所谓电信接入是指一个服务提供者(接入提供者)根据具体条件,将其网络设施或者网络服务提供给另一个服务提供者(接入申请者),以使接入申请者能够提供相关的电信服务。电信接入属于电信服务的范畴,是电信业务经营者之间互相提供、互为享有的一种特殊的电信服务类型。其强调的是“相互性”,即电信业务经营者之间互有接入的权利和义务。而互联互通强调的是主导运营商的互联义务。法律给予的是占主导地位的电信业务经营者负有提供互联接入的法定义务,接入双方在法律地位上是不平等的。从欧盟的法律规定看,电信接入的概念是非常广泛的,主要包括:交换设备连接等网络元素及其电信附属设施的

---

① [加]Hank Intven 等著:《电信规制手册》,管云翔译,梁雄健校,北京邮电大学出版社 2001 年版,第 74 页。

接入;管道、杆路、铁塔等的物理设施的接入;运营支撑系统、码号编译系统等软件系统的接入;国际漫游等的固定网与移动网的接入。① 很明显,电信接入更多地涉及业务层面,包含了几乎所有电信运营商之间互相提供的业务互享。从前文的分析可知,互联互通包括电信网络层面的接入和业务层面的接入。有了网络层面的接入才能实现业务层面的互通和互享。因此,从感念的外延上看,互联互通显然比电信接入的感念要小很多。事实上,互联互通可以看作一种特殊的电信接入。互联互通的核心内容是网络接入服务,因此,互联接入是互联互通的主要内容和关键所在。互联接入的法律问题是互联互通最主要的实体法问题。

互联,也叫互联互通或网间互联,是在公共运营商之间实施的一种特定的接入权,是不同运营商之间通信网络的物理和逻辑连接,以使不同运营商之间的用户进行通信交流。② 所有接入他人网络提供服务的行为都是一种接入,包括终端用户的接入。互联主要是运营商之间网络的物理和逻辑连接,不包括终端用户的接入。举个简单例子,一家没有网络只有用户的企业接入另一家企业的网络提供服务,这就是接入行为;一家拥有网络的企业与另一家有网络的企业进行连接提供服务的行为,就属于互联。因此,我们可以说,互联是一种范围更窄的特殊的接入服务。无线通信领域的手机漫游就是国际电信服务贸易中互联的一个典型例证。出国后,国内运营商的电信网络无法覆盖国外,需要接入当地国家运营商的网络才能实现通信服务,于是运营商之间就需要签订国际漫游的互联协议。③

(三)互联的单项接入和双向接入问题

随着"三网融合"在世界各国的普遍盛行,原先各自独立的电信网、广播电视和互联网之间也开始了相互进入和相互竞争,比如,IPTV 和 VOIP 业务就提供了电信行业和广电行业互相进入的机会。为避免不同行业之间竞争所带来的无序和资源浪费,从最大限度节约社会资源、为公众提供负担得起的(affordability)、可得到的(availability)和可接近的(accessibility)普遍接入(universal access)目标,各国及地区也在原来只基于电信网间互联的基础上开始

---

① 参见欧洲议会和欧洲理事会《电子通信网络及其附属设施接入与互联互通指令》(Directive 2002/19/EC)第2条。

② [加]因特温等著:《电信规制手册》,管云翔译,梁雄健校,北京邮电大学出版社2001年版,第74页。

③ [英]Ian Lloyd 等著:《通信法》,曾剑秋译,北京邮电大学出版社2006年版,第203页。

逐步强调上述三网之间的互联互通。①

香港《电讯条例》第36A条规定:互联是指在系统或业务服务之间进行连接,以传递信号或讯息,可以包括系统与系统之间的连接、服务于服务之间的连接和系统与服务之间的连接。从该定义可以看出,服务内容的互联是包括在其互联的应有定义之内的。因此,互联接入包括运营商之间网络和业务的互联互通。

二、互联接入的强制义务

互联接入的重要法律问题主要是针对主导运营商的强制接入而言。在国际电信服务贸易中,大多数国家的法律都规定了主导运营商有强制提供互联接入的法定义务。

(一)国际电信服务贸易中的互联接入

在国际电信服务贸易中,网络设施的互联接入是确保运营商参与国际竞争的基本前提。没有网络设施的互联接入,境外运营商无法参与东道国电信市场竞争,国际电信服务贸易也只能是纸上谈兵。因此,在国际电信服务贸易的谈判进程中,开放本国电信市场、为国际电信运营商提供网络设施的互联接入一直都是谈判的焦点,也是市场发达国家极力主张的吁求。

按照《电信附件》第5条的规定,各成员应保证任何其他成员的任何服务提供者按合理和非歧视的规定和条件进入和使用其公共电信传输网络和服务。②对于境外运营商而言,其参与竞争的网络设施可以是自建的,也可以是租用东道国运营商的。无论是哪种情况,东道国运营商都必须为国外运营商的网络设施提供接入服务,这是WTO对成员国在国际电信服务贸易中的强制要求。同时,《电信附件》还要求成员国将租用或拥有的电信线路与公共电信传输线路进行互联。③ 网络接入是境外运营商进入东道国电信市场的基本要求,但接入后的互联则显得尤为重要。因为只有真正实现了互联,境外运营商才能利用东道国的电信设施开展业务,实现竞争,网络接入才变得有意义。

---

① Jennifer A., *Manner: Achieving the Goal of Universal Access to Telecommunications Services Globally*, The Catholic University of America Common Law Conspectus, 2004.

② 公共电信传输网是指允许在规定的网络终点之间传输电信公共电信基础设施,参见《电信附件》第3条第(d)款。

③ 参见《电信附件》第5条第(b)款第(ii)项。

(二)强制接入义务

强制接入义务是法律给予运营商的法定义务,意在维护公平的市场竞争环境,着眼于公共利益。但运营商毕竟是经济体,追求经济利益乃其天性。因此,法律制度在设计时同样给予了接入运营商经济利益。这就是互联接入费用,即运营商在提供互联接入时可以收取一定的接入费用。纯粹从经济利益上看,"不同的电信企业间存在竞争关系和经济利益冲突,在网络互联互通的过程中表现为利益的分配和成本的分摊这两个方面的矛盾"。① 因此,互联接入费用可以从一定程度上弥补接入运营商的经济利益。但这种互联接入费用并不能由运营商决定,否则对于接入需求方来说就会受制于接入方从而失去议价的能力。因此,电信监管机构一般会对互联接入价格进行管制,通过对接入价格的管制,约束主导运营商不能因其主导地位而漫天要价。"接入价格既是调节互联双方网络增值不平衡的经济手段,也是补偿互联双方互联成本的保证。"②

互联接入的核心就是强制接入。有关如何确定强制接入范围的问题,美国1996年《电信法》第251(d)条第2款给出了认定方法,管制机构在决定必须提供网络元素接入时应重点考虑两个因素:一是此类网络元素的接入是否是必需的;二是在不能提供此类网络元素接入的前提下是否会接入需求方的利益和业务能力。③ 根据上述认定,后进入的运营商(也是有接入需求的运营商)应该能够从已在的运营商处获得其经营所需的交换、传输、码号资源等相关设施,以实现其网络和业务的互联。④ 因此,要求主导运营商给非主导运营商提供平等接入义务就非常重要了。

(三)平等接入义务

1. 平等接入的原则

互联接入本身是个技术概念,从技术上实现运营商之间的互联接入并非难事,关键是如何在法律制度设计上保证互联接入的顺利实施,这是世界各国所共同面临的监管难题。对于主导运营商而言,尽管给其他非主导运营商提供互联接入也能获取一定的经济利益,但与其垄断市场所带来的垄断利益相比,互联接入的所带来的直接经济利益显然微不足道,因此,主导运营商对于互联接入的不

---

① 李楠:"电信业互联互通接入定价的模型构建",载《统计与决策》2009年第7期。

② 同上。

③ See The Telecommunication Act of 1996, Article 251(d).

④ [美]罗伯特·W.克兰德尔著:《竞争与混沌——1996年电信法出台以来的美国电信业》,匡斌译,北京邮电大学出版社2006年版,第9页。

积极态度也就容易理解了。于是,需要法律对主导运营商的接入问题进行规范,以确保非主导运营商能平等地享受到主导运营商的接入服务,从而保证非主导运营商能公平地参与电信市场竞争。

关于平等接入问题,2001年发生在我国四川的“泰龙接入模式”案例具有非常重要的研究价值。① 由于电信公司在固网宽带领域占据垄断地位,为了争夺宽带市场,联通公司与当地一家名为泰龙的公司进行合作,欲与电信公司抗衡。泰龙模式最大的特点是泰龙公司可以对当时联通、铁通、网通、电信等运营商提供平等接入,一旦该模式成功,其将瓜分主导运营商宽带市场很大的份额。因此,当地电信公司以泰龙公司无相关经营权为由迅速进行了还击。最后,该模式也没能冲破主导运营商的利益围城而慢慢消失。

平等接入从外延上看有三个层面:一是接入机会要均等,即主导运营商对所有需要接入的运营商应提供平等的接入机会。这主要是通过互联协议来解决。

二是接入方式要公平,即互联双方必须公平地履行接入中所负担的义务。主导运营商向非主导运营商提供互联接入服务时,双方必须同时协商采取一定的技术手段,以使非主导运营商的用户无须使用任何接入码(access code),就可自动、平等地接通其所选择的其他电信业务经营者所提供的电信业务,从而确保非主导运营商的用户的自主选择权不受任何不合理的非歧视待遇,也确保非主导运营商的市场竞争能力不致因此而受到任何影响。②

---

① 2001年年底,成都联通想进军成都的固话市场,但是既要建设城域网,又要发展终端用户,所需投资十分巨大,为了节约建设成本,联通将终端的用户驻地网建设交给一家叫泰龙的公司,由泰龙公司为其在最后一公里(即规划红线内的小区等)建设驻地网并代为发展固话用户。泰龙公司的回报是可以分享月租费、初装费和通信费用。这种合作模式减少了本地网新进入通信运营商的投资,却迅速扩大了他们的用户争夺能力。于是很快铁通、网通也加入了与泰龙的合作队伍。泰龙模式发展出的这样一种市场合作安排,可以大大加快本地网市场上非主导运营商的成长,而更重要的是,泰龙模式在它所建设的所有小区驻地网里,都能对小区用户提供自由选择运营商的权利。这对于保护终端用户的平等接入权提供了一个很好的实践例子。为了实现对联通、铁通、网通以及中国电信的平等接入,泰龙公司建设了中心机房,引入了程控交换机,同时还拥有自己的城域网通道。另外,在业务接入上,多采取话费分流的方式。成都电信是成都的主导运营商,泰龙模式的成功推广极大地威胁了其主导地位。于是,成都电信认为泰龙公司拥有程控交换机、城域网通道、话音市场的网络元素以及话费分成,违反了《电信条例》关于基础语言业务许可的规定。作为一家无相关语音业务经营资格的泰龙公司,不该拥有这些元素,属于无证经营,要求监管机构对其经营行为予以制止。最后,泰龙公司被成都市政府勒令“停止一切涉及固定电话网建设等超范围经营的夜晚活动”。泰龙模式最终也没能成为保证平等接入的电信市场竞争的成功案例。案例来源:郭玉闪:“泰龙模式的政策命运”,载 http://www.gotoread.com/mag/12757sarticle_22393.html。

② 娄耀雄主编:《电信法》,对外经济贸易大学出版社2010年版,第57页。

三是接入待遇要遵循非歧视原则，主要表现在接入费率和服务质量两个方面，即主导运营商在提供接入时，在接入费率和服务质量方面所给予的待遇不得低于其提供给自己的同类服务或其所属的分公司或其他子公司的待遇。

对于用户来说，平等接入最直观的感受表现在业务层面，即用户是否能感知到运营商的平等接入完全取决于其所使用的不同运营商之间的业务能否畅通。换言之，运营商的平等接入对于用户使用业务而言必须是平等的。提供平等接入的方法通常有一次性运营商选择(call-by-call carrier selection)和运营商预先选择(carrier pre-selection, CPS)两种。前者是指用户在每次通话之前，要想选择其他运营商的服务，必须首先要拨打该运营商的业务接入码来选择运营商，即用户每次必须通过拨打接入码的方式来选择运营商。后者是指用户使用其他运营商的业务时，可以通过事先申请固定选择一运营商的网络，在每次拨打电话时无须加拨该公司的业务接入码，该用户所有的呼叫都将直接默认接向其选择的运营商的网络。[①] 前一种方式很麻烦，但选择的范围比较多；后一种方式很方便，但由于固定了运营商而失去了随时选择运营商的机会。当然，无论哪种方式，运营商都必须提供平等的接入服务。

2. 平等接入的内涵与外延

平等接入既是互联接入的核心内容，也是实现互联接入的基本原则之一。互联接入本身仅表达了物理上的连接的概念，并不包含具体的内容。只有实现平等接入，互联接入才有实际意义。按照美国1934年《电信法》第251条关于网间互联互通的规定，本地交换运营商在其提供有线电话业务(wireless service)的范围内，应当按照法定平等接入(the same equal access)、非歧视性网间互联的要求和义务(nondiscriminatory interconnection restriction and obligations)，为长途电信业务经营者(interexchange carriers)和信息服务提供商提供电信交换接入、信息接入和电信交换业务。[②]

根据德国1996年《电信法》第33条的规定，任何为公众提供电信服务并具有市场主导地位的电信运营商，必须按照无歧视的原则向其他运营商提供网络和业务的接入服务。向其他运营商提供平等的、非歧视的接入服务是法律给予主导运营商的义务，没有合理的法定理由，主导运营商不得违反这一强制性规定。如果主导运营商不开放其网络或者有正当理由对其他运营商进行合理限制

① 仲伟雁、吕廷杰："德国的互联互通管制政策研究"，载《通讯世界》2002年第10期。

② See the Telecommunication Act of 1934, Article 251.

接入,必须存在法定理由,经管制机构准许后,可以实施,但主导运营商必须将这些客观情况向社会公布,让所有运营商都能获悉。

德国1996年《电信法》第35条还规定,为公众提供公共电信服务并具有主导地位的电信运营商应允许其他运营商的用户接入自己的部分或全部电信网络。接入方式可以是普遍性的,即以同一方式供所有用户接入,也可以是特殊性的,即只对某部分或特殊用户提供接入。德国这种关于接入的对等性以及限制接入法定条件的规定,可以说在内容上虽然没有采用美国1934年《电信法》的"对等接入"(the parity of access)概念,但是的确具有"对等接入"的内容。

(四)不对称管制与平等接入

不对称管制的法理学基础源于罗尔斯的正义论。罗尔斯认为公平和正义一样重要,应该成为我们一切行为的目标。[①] 公平也是法律永远追求的价值目标。"公平是正义的核心"。[②] 当然,法律所追求的公平并非形式上的公平,而是实质公平。实质公平是在承认主体差异前提下的结果公平。"如果平等的目标是让那些目标群体获得平等的结果而不只是形式上的平等,那么法律应该允许某些形式的区别对待。"[③]就电信行业的不对称管制而言,其终极目标就是为不同的市场主体设定不同的法律义务,最大限度地限制拥有市场支配地位的企业,从而扶持弱小运营商。尤其要注重实质的公平,防止形式公平取代了实质公平。从管制的角度看,要维护公平就要确保市场上竞争主体之间的有效有序竞争,要扶持实力弱小的企业同时要抑制实力强大的企业,只有这样才能保证市场上竞争主体之间真正的公平竞争。[④] 这就是为什么有些国家会限制某些运营商市场份额的原因。如果某个业务运营商的市场份额过大,其他运营商就势必无法生存。表面上看,为不同的市场经营主体设定不同的法律义务是不公平的。但这种形式上的不公平是为了保证弱小运营商能公平地参与市场竞争这种实质上的公平。为了确保有效竞争,欧盟1997年《通过开放网络设备原则的实施来确保普遍服务和互操作性的电信互联指令》(97/33/EC,以下简称《互联指令》)规定,接入方必须以透明的方式发布网络接入的客观标准,并保证平等、非歧视的

---

① 孙国华主编:《法理学教程》,中国人民大学出版社1994年版,第106页。

② 张文显著:《二十世纪西方法哲学思潮研究》,法律出版社1996年版,第602页。

③ 李薇薇、Lisa Stearns主编:《禁止就业歧视:国际标准和国内实践》,法律出版社2006年版,第10页。

④ 游钰:"反垄断法价值论",载《法制与社会发展》1998年第6期。

接入。[①]

在电信市场竞争中,拥有关键的基础网络设施的主导运营商受到更多限制,而非主导运营商受到更多照顾,这便是不对称管制政策所追求的目标,也是反垄断法在电信市场竞争中所追求的实质公平。不对称管制政策体现在立法上便是反垄断法。反垄断法的立法宗旨就是避免市场竞争中地位极度不平衡的市场主体可能造成的不公平,这样的立法思想是从国家的整体利益考量。有学者将反垄断立法区分为“结构主义”和“行为主义”。前者主要是针对企业的市场支配地位的限制,其规制的对象主要是企业的身份;后者则是对企业的行为限制,法律禁止的是企业的垄断行为,而非其拥有垄断地位的身份。而不对称管制的法律思想是对具有主导地位的电信企业的一种限制,无论其是否采取了具体的垄断行为,均应承担更重的法律责任。因此,主导运营商的互联接入要求就是法律给予其特殊的义务。只要市场上存在拥有关键的基础电信设施网络,存在市场竞争不充分的因素,法律就应该对这种状况做出调整。正如欧共体在2002年《关于电子通信网及业务的共同管制框架》(2002/21/EC,以下简称《框架指令》)中要求成员国的:如果市场存在有效竞争,就应该去除不对称管制;如果市场竞争不充分,就应建立或加强不对称管制。[②] 电信业非对称管制措施是电信业竞争法律规制的重要措施之一,在市场刚引入竞争的初期,仅靠市场机制的作用,只会导致“强者更强,弱者更弱”的结果。面对市场引入竞争初期的紧迫性,政府实施非对称管制措施可以及时、有效地建立市场良性竞争格局,并逐渐实现市场有效竞争。[③]

但是,不对称管制原则并非包治百病的灵丹妙药,很多时候由于其存在一定程度的不公平性而遭到诟病。例如,斯佩勒尔和卡尔迪利就认为,对原有厂商和新进入厂商实行不同的管制政策,从而使新的竞争进入者积聚竞争实力的效用被不当地夸大了,不对称管制并不适合所有市场状况。[④] 只有在市场主体严重失衡时才需要不对称管制。因此,不对称管制政策要因时而异、因地制宜。比如,美国议会和联邦通信委员会(Federal Commission of Communication, FCC)

---

① See Art. 3 and Recital 2 Directive 97/33/EC.

② See Directive 2002/21/EC (Framework Directive) Article 16, Section 3.

③ 张素娟:“我国电信业竞争法律规制研究”,首都经济贸易大学2009年硕士学位论文,第6页。

④ P. T Spiller and C. Q Cardilli, The Frontier of Telecommunication Deregulation: Small Countries Leading the Pack, *Journal of Economical Perspective*, 11, 1997.

就有权颁布不对称管制措施,而欧共体成员国有关互联互通的不对称管制措施如果超过了欧盟指令中规定的种类,必须由国内通信监管机构报委员会批准方可执行。① 可见,欧盟在非对称管制措施制定和实施方面比市场更自由的美国要严格很多。中国的电信改革也是不对称管制不断调整的过程。从中国电信一家独大到现在的电信、移动、联通三家市场份额差距不大的局面,不对称管制政策也是一直在调整。

三、主导运营商的接入义务

如前所述,法定的强制接入义务主要是针对主导运营商②而言的。因此,主导运营商的界定就非常重要和关键。只有科学界定了主导运营商,才能确定接入义务的实施主体并确保被接入方的法定权利。科学界定主导运营商之后,就是如何通过法律制度确保主导运营商接入义务的实施和落实了。

(一)主导运营商的界定

1. 主导运营商与 SMP 企业有着本质区别

电信行业里主导运营商的概念与垄断企业并非同义语。主导运营商是拥有主要电信基础网络设施的企业,不一定是垄断企业。从行为主义的立法模式出发,具有垄断地位的企业不一定受法律的规制,只有当该垄断企业从事具体的垄断行为时才受法律的约束。但主导运营商却因为其主导地位,而须承担强制的法律义务,即强制给予非主导运营商互联接入的义务,无论其是否实施了垄断行为。

主导运营商的界定对于解决互联互通问题是关键。无论是互联接入还是互联协议都与主导运营商的界定密切相关。因为互联互通的强制实施义务一般都是针对主导运营商设定的。要清晰地界定主导运营商的概念,不得不提到的是具有显著市场力量(significant market power,SMP)企业的概念。两者既有区别又有联系。或者可以说主导运营商的概念肇始于 SMP。

---

① Directive 2002/19/EC (Access Directive) Article 8, Sector 3, "In exceptional circumstances, when a national regulatory authority intends to impose on operators with significant market power other obligations for access or interconnection than those set out in Article 9 to 13 in this Directive it shall submit this request to the Commission. The Commission, acting in accordance with Article 14(2), shall take a decision authorizing or preventing the national regulatory authority from taking such measures."

② 主导运营商是指控制必要的基础电信设施并且在电信业务市场中占有较大份额,能够对其他电信业务经营者进入电信业务市场构成实质性影响的经营者。

欧盟关于主导运营商的定义源于SMP。欧盟分别在《互联指令》和《框架指令》中对SMP有所定义。对于在一定区域内占有一定市场份额在25%以上的企业,《互联指令》将认定为具有显著市场力量的企业。在欧盟2002年的《框架指令》认定具有以下任一条件的企业是拥有显著市场力量的企业:第一,某企业独自占据市场主导地位,其经济实力可以完全独立于其他竞争企业;第二,与任何其他企业联合后占据市场主导地位,且联合后的经济整体实力明显强于其他竞争对手,并能对其他竞争对手和消费者产生实质性影响。当某个企业被认为在一个特定市场上拥有显著市场力量时,如果该企业在这个特定市场的力量足以对另一个市场产生实质性影响,那么,这个企业也可能被认为在另一个密切相关的市场上拥有显著市场力量。

从《互联指令》和《框架指令》关于SMP的定义可以看出,欧盟认定SMP企业应该是在特定或者一定市场上拥有支配地位其对其他竞争对手产生实质性影响的企业。即只要在某个市场领域,运营商拥有重要的市场影响力量,就可以被认定为SMP企业。同样,在电信领域,随着业务市场的细分就会出现不同的力量悬殊的企业,即不同的业务市场就可能出现不同的显著市场力量企业。也就是说,主导运营商并非只有一家,其主导地位也不是一成不变的。正如欧盟在其《竞争规则对电信行业接入协议适用的通知》(98/C265/02,以下简称《接入协议通知》)第1条关于"竞争规则和行业特定的管制"提到的:"就关于《欧共体条约》86条,大多数情况下都假设只有一个电信经营者占据主导地位。但是在大多数国家实际情况都不是这样的:例如,新进入者的实力发展很快,以致达到和国家网络同等的地位和覆盖面。这时对于网络接入中的联合垄断行为就需要引起注意了。"①因此,主导运营商的主导地位是在不断发展变化的。不同时期、不同业务领域都有可能产生不同的主导运营商。

很明显,SMP企业不一定是主导运营商,但主导运营商必定是SMP企业。按照英国的有关规定,主导电信运营商是指在相关电信市场上占有一定的市场份额,有实力采取影响竞争对手或者消费者而产生妨碍竞争的行为。这样的定义仍然只是概括性的,与SMP企业的定义仍无法作出非常清晰的区别。

---

① European Commission, Notice on the application of the competition rules to access agreements in the telecommunications sector (Framework Relevant Markets and Principles) (98/C265/02), *Official Journal of the European Communities*, 22. 8. 98, pp. 2 – 28

关于主导运营商的界定,在著名的墨美电信案中,①专家组在认定 Telmex 公司是主导运营商时,指出由于 Telmex 公司有能力可以实质影响从美国打到墨西哥境内电话的价格,以致其可以利用其市场的特殊地位,对从美国呼入的电话实施统一定价(set a uniform price)。② 实际上,专家组认定的主要依据是 Telmex 公司利用了其市场的特殊地位,对其竞争对手实施了统一定价行为。这在反不正当竞争中属于典型的滥用市场支配地位的行为,理应受到反垄断法的规制。

2. 界定主导运营商必须坚持的三个标准

界定主导运营商必须坚持的三个标准:一是引入具有可操作性的量化标准。这一点,在我国对主导电信运营商的定义中作出了尝试,在原信息产业部 2001 年颁布的规章《公用电信网间互联管理规定》的第 5 条中明确将主导运营商界定在经营固定电话业务的市场份额占 50% 以上。虽然该规章对主导运营商的定义有失偏颇,但其市场份额的划定,却是对主导运营商界定的一种比较好的量化指标。根据欧洲法院的判例,占有某个电信业务市场一半以上份额的就被认为是主导电信运营商。③

二是防止 SMP 企业和主导运营商之间的认定出现冲突。如果电信监管机构按照行业标准认定了主导运营商并对其实行不对称管制,对主导运营商规定了一些额外的义务。而在主导运营商的垄断行为发生后,反垄断监管机构又根据反垄断法认定该企业不具备市场支配地位。由于两个管制部门得出了两个截然不同的认定结果。这必然导致被认定为主导运营商的企业会怀疑其已经承担的电信监管机构给予的不对称管制义务是否具有合法性。虽然法院可以按照反垄断法律的规定进行直接裁判而无须理会行业监管政策的规定,但这样各施其法的现象会给市场带来不稳定因素,在无形中增加了法律的不确定性,给企业造成无所适从的压力。当然,如果将对主导运营商的判断标准写入电信法律中,则上述的冲突就呈现为竞争法和电信法之间的冲突了。④

主导运营商与 SMP 企业的定义发生冲突的原因主要是源于不同主管部门

① 争端解决机构(Dispute Settlement Body)在 2004 年 6 月 1 日的会议上通过了专家组(Panel)关于"墨西哥影响电信服务措施"案[Mexico-Measures Affecting Telecommunications Services (WT/DS204/R),以下简称墨西哥案]的报告。See WT/DS204/8, 9TH June 2004.

② See Para. 7. 159 of the Report of the Panel, Mexico-Measures Affecting Telecommunications Services, WT/DS204/R, 2 April 2004.

③ 白永忠著:《电信业热点法律问题透析》,法律出版社 2003 年版,第 182 页。

④ 王瑾:"论电信管制中的法律问题",中国政法大学 2007 年博士学位论文,第 127 ~ 128 页。

的管制方式。行业主管部分对主导运营商的界定及其管制,主要基于一种事前管理,即首先对运营商的市场力量进行事先评估,符合法定的条件的,即可界定为主导运营商,从而给予其超出非主导运营商的法定义务,如强制实施互联互通的义务。SMP 企业的界定则主要是竞争管制机构从该企业的已经发生的经营行为进行判断,是基于一种事后管理。更为重要的一点是,主导运营商一旦被认定,便必须承担特殊的法定义务。而 SMP 企业本身并不违法,只有在其滥用了市场支配力量时,才须受到法律制裁。事实上,二者的管制目标是不一样的。电信监管机构事前对主导运营商必须强加一定的法定义务是为了实现不对称管制的目标,反垄断法机构对 SMP 企业的管制仅针对其是否滥用了其垄断地位而实行了垄断行为。① 前者关注的身份的管理,只要该企业具有这样的市场地位就必须额外承担相应的法律义务;后者注重的是行为,即拥有什么样的市场地位不违法,但利用其市场地位而实施了垄断行为则要受到法律的制裁。

三是借用反垄断法中的“相关市场”概念。在电信领域的相关市场均可划定“主导运营商”。换言之,主导运营商不应局限于某个固定的运营商,而是根据相关市场的具体情况进行划分。具体而言,应该根据不同的电信业务进行划分,如移动电话市场、固定电话市场、宽带市场等。

在确定相关市场的主导运营商时,可以考虑以下具体的因素:第一,市场占有率;第二,企业的规模与发展潜力;第三,该业务的潜在市场竞争;第四,是否存在联合垄断。

(二)主导运营商的接入义务

20 世纪 80 年代,对于新进入英国电信市场的莫克瑞电信公司(Mercury Communication, MC,也有称水星公司)来说,与英国电信公司(British Telecom, BT)实现电信网互联互通,是完成其与 BT 进行长途通信业务竞争战略的必然选择。因为 BT 几乎垄断了英国市内基础通信网络,如果不能有效利用这种区域性通信网络,MC 的长途通信网络就变得毫无意义,其与 BT 竞争的战略就会彻底崩溃。对于 BT 来说,实现与 MC 的互联互通,就意味着自己将亲手培养一个竞争对手,这与 BT 追求的独占利益显然背道而驰。因此,能否让两个公司的网络实现互联互通,就成了英国电信管制办公室(The Office of Telecommunications, OFTEL)的一个难题。按照法律规定,BT 是一家在英国获得经营许可证的合法电信运营商,由于其具有主导运营商的地位,因此法律要求其必须与任何

---

① 王璀:“论电信管制中的法律问题”,中国政法大学 2007 年博士学位论文,第 129 ~ 130 页。

其他合法运营商达成互联协议,实施互联互通。如果在一定的期限内企业之间不能达成互联协议,OFTEL 有权决定按照法律规定的条件强制要求双方签订互联协议。事实上,由于双方就互联协议的相关条款无法达成一致意见,导致 MC 和 BT 之间的互联协议无法签订。最后,OFTEL 依法制定了强制互联条件,并依据该条件强制要求两家公司实现了互联。①

BT 与 MC 互联成功的案例至少有两点启示:一是电信网互联是保护新兴电信运营商的必要条件。MC 作为弱小的新兴电信运营商,虽然其也拥有自身的网络,但作为新兴运营商,MC 网络上搭载的电信用户是从零开始,如果不能利用作为主导运营商 BT 的强大的电信网络,则其无法在电信市场上生存。因为小网的用户如不能与大网用户实现互联,其通信需要将受到巨大限制,最终结果只会使小网用户纷纷转向大网。因此,实现电信网互联,是新兴运营商参与市场竞争的首要条件。二是不能由市场上的主导运营商来决定是否实现互联,而应纳入政府管制范畴,由管制机构依法实施。主导运营商由于占据了市场上的巨大份额,必然具有排斥其他运营商进入市场参与竞争的天性。虽然与其他运营商实现互联,也会因收取互联费用而带来一定的经济利益,但与其垄断市场所带来的垄断利益相比,显然具有天壤之别,因此,如果是否实现互联的主动权掌握在主导运营商手中,结果只会是不予互联。此时,就需要电信管制机构进行互联协调,协调不成,必须进行裁决,强制实现互联。这样才能保证市场上多家运营商共存的局面,市场竞争也才能真正发展起来。

四、互联接入的关键设施原则

关键设施原则是互联接入的法理基础。互联接入的强制法律义务也是源于关键设施原则。通过司法实践形成和发展起来的关键设施原则对电信业实现互联接入意义重大。

要剖析互联接入背后的法理依据须得从关键设施原则入手。

(一)关键设施原则的源起

电信业的网络特性决定了网络在电信服务中的重要作用。拥有主要网络的电信运营商具有天然的竞争优势。后进入市场的新兴运营商或小运营商必须依附主导运营商的网络才能发展和生存。电信网的互联接入的法理基础,可以追

---

① 王俊豪著:《政府管制经济学导论——基本理论及其在政府管制实践中的应用》,商务印书馆 2006 年版,第 213 ~ 215 页。

溯到美国和欧盟在司法实践中发展起来的关键设施原则。关键设施原则也可称为必要设施理论,源于1912年的“美国政府诉圣路易斯市铁路协会”案。该案的关键在于,控制了铁路网络主要设施的经营者是否有义务为其他经过其地域而必须使用其设施的经营者提供服务。经过审理,法院认为:被告占据了圣路易斯市的所有车站系统的有关设施,如果其不给其他经过此地的经营者提供相关服务,那么其他经营者就无法完成对消费者的最终服务。这样,由于占据了主要设施的经营者拒绝为其他经营者开放其设施,就无法形成市场的有效竞争,也无法为最终消费者提供有效服务。据此,如果没有正当理由,占据主要设施的经营者必须为其他经营者开放其设施并提供相关的服务。[①] 该案的判决价值在于,铁路网络设施的拥有方不得拒绝向其他竞争方提供网络联通服务,否则涉嫌构成垄断。在另一个关于电力网络设施的案例中,[②]法院的判决确立了绝对网络拥有方必须为其他竞争方提供网络互联的义务,这就是关键设施原则的基本内涵。[③] 虽然上述两个案例是关于电力和铁路网络设施的,但铁路、电力和电信三者之间的网络特性,决定了这一原则的普遍适用性。电信服务同样是依托于电信网络实施才能得以实现。因此,源自解决电力网络设施和铁路网络设施的关键设施原则从法理上说应该也能适用于电信服务。那么,关键设施原则的主要内容是什么?其是如何在电信服务中适用的呢?

(二)关键设施原则的主要内容

关于关键设施原则在电信服务中的适用问题,我们可以从20世纪发生在美国的两家通信公司之间的诉讼案例中探究一二。20世纪70年代之前,美国国内的电信市场基本由AT&T公司所垄断。MCI公司则是一家可以经营长途电话业务的公司。但MCI公司经营的长途电话业务必须使用AT&T公司的市内交换系统,即必须与AT&T公司实施互联互通。但后者拒绝为MCI公司提供固定电话业务所需的交换系统和传输线路等电信设施。MCI公司以AT&T公司违反了反垄断法为由,于1974年3月6日向联邦第一法院提起了诉讼,指控后者有拒绝连网等实施独占及试图独占的行为。一审败诉后,AT&T公司于1980年8月25日上诉至联邦上诉法院。联邦上诉法院认为,美国国内的电信市场基本由AT&T公司垄断,其控制了国内市话的关键设施,如果AT&T公司拒绝为其他运

---

① 沈四宝、刘彤著:《美国反垄断法原理与典型案例研究》,法律出版社2006年版,第16页。

② See Association Press v. US, 326 u. s. 1 (1945).

③ 谢红慧:“欧盟竞争法中的‘必要设施原则’”,载《北京政法职业学院学报》2005年第2期。

营商开放其控制的关键设施,不仅意味着其他运营商无法进入该市场,而且其市场的绝对影响力将会使其垄断力量不断扩大,最终影响整个电信市场的竞争。因此,反垄断法对于控制关键设施的企业,应当给予一定的强制义务,即必须对其他运营商开放其控制的关键设施。①

联邦上诉法院进一步认为,AT&T 公司完全控制 MCI 公司所需的通信设施,开放其设施并与 MCI 公司实现互联对于 MCI 公司提供的长途电话服务而言是基本前提和关键条件。MCI 公司不可能也没必要另外搭建一套通信传输系统,否则就是一种极大的浪费。AT&T 公司有能力为 MCI 公司开放其设施为其提供相关互联服务,但却因为维护自己的垄断利益拒绝了。据此,联邦上诉法院认定 AT&T 公司拒绝为 MCI 公司提供电话传输系统等关键设施,从而拒绝为其提供互联的行为已经构成实施独占的行为,违反了《谢尔曼法》第 2 条的规定,应当受到反垄断法的处罚。② 很显然,关键设施原则至少可以概括为:拥有或控制关键设施的经营者,拒绝为其他竞争者提供该关键设施服务,以达到独占市场的目的,从而构成了反竞争行为。

"MCI 诉 AT&T"案为关键设施原则适用于电信服务打开了方便之门,也为我们理解电信网强制实行互联互通提供了充分的法理基础。该案给我们最大的启示有两点:第一,关键设施原则在电信网适用必须具备哪几个必备条件?第二,违反关键设施原则应受何种法律规制?

(三)电信服务关键设施原则的必备条件

根据关键设施原则,企业履行强制提供设施义务需要具备三个条件:第一,必须控制关键设施;第二,其他经营者需要利用该关机设施但其无法拥有该设施;第三,关键设施控制者可以开放但拒绝对外开放其设施。③

结合"MCI 诉 AT&T"案中确立的关键设施原则在电信服务中的适用,我们可以推导出符合电信网关键设施原则的必备条件:

一是控制关键电信设施;二是其他运营商需要利用该电信设施但又无法拥有相关电信设施;三是关键电信设施控制者可以对外开放其关键设施但拒绝对外开放。

在上述三个必备条件中,有两个问题是很关键的,也是需要深入分析的。第

① MCI Communications Corp. v. AT&T Co., 708 F.2d 1081 (7th Cir. 1983).

② Id.

③ Id.

一,关键电信设施的界定范围是什么?第二,无法合理地另行建造关键电信设施的认定标准是什么?

我们首先来分析“关键电信设施”的界定范围。目前,世界各国并无法律明确规定“电信设施”的范围包括哪些。按照学理的解释,电信设施的范围应包括以下七项内容:第一, 电话线、传输线路、通信缆线;第二,管道(包括管井盖、管道及管道内设施);第三,分线箱(盒)、交接箱、公用电话;第四,通信电杆和通信信号的接收、发射装置;第五,通信机房、基站及其内部各类电信通信设备、附属设施,如空调、供电设施等;第六,国际通信信道出入口、国际通信业务出入口及边境地区国际通信出入口;第七,电信网计算机系统中存储、处理或者传输的数据和应用程序。

综合来看,电信设施应该是指实现电信服务所必需的物理设施和功能设施。正如前文所分析的,电信服务功能上的互通远比物理网络上的互联要重要得多。因此,关键电信设施应该理解为网络设施和功能设施两类。只要拥有电信设施的运营商对其他运营商发展电信业务有作用且其他运营商无法拥有此设施,就应该构成“控制关键电信设施”,或者我们把它称为“控制必要的电信设施”更为妥当。

接下来,笔者要分析无法合理地另行建造关键电信设施的认定标准是什么。笔者认为,这里的认定标准主要有两个:一是其他运营商没有能力建设其所需的电信设施;二是政府不允许其建设。对于大多数后进入或者弱小运营商来说,要建设从事电信业务所需的电信设施并非易事,尤其是从事市话、长途电话或者移动电话等基础电信业务,一般的运营商是无法做到的。从政府管制角度来说,由于建设电信设施一般要投入巨大资金,为了避免重复建设,通盘考虑整个国家的投资,一般国家都会严格管制这种巨额资金的投入。

由此可见,“电信网关键设施原则”的三个必备条件应当概括为:第一,控制必要的电信设施;第二,非关键电信设施控制者需要利用该设施但自身无法拥有;第三,关键电信设施控制者可以开放其关键设施但拒绝对外开放。

当然,关键设施原则所体现的法律精神是拥有主要基础设施的经营者必须向其他弱小经营者开放其设施,这样才能促进市场的公平竞争。这里就涉及前文所述的运营商的平等接入的问题,即拥有关键设施的主导运营商如何保证对其他弱小运营商的平等接入?在确保关键设施的竞争性接入方面,“平等投入”的概念是政策制定领域最新的动向之一,这一概念认为,所有市场参与者都应享有对重要设施的平等接入权。[①] 如果主导运营商违反了平等接入的义务应受何种法律制裁,需要我们对其法律制裁依据进行分析。

(四)违反关键设施原则的法律制裁依据

违反电信网关键设施原则应受何种法律规制？这是研究互联接入法理基础必须要回答的问题。

在"MCI诉AT&T"案中,联邦上诉法院最后是判决AT&T公司违反了《谢尔曼法》的规定。该法有美国反垄断宪法之称。可见,违反关键设施原则的后果是应当受到反垄断法的规制。换言之,违反关键设施原则的法律制裁依据是反垄断法。同理,违反电信网关键设施原则也应受反垄断法的规制。[②]

从前文的分析可知,违反电信网关键设施原则实际上就是拥有基础电信网络设施的主导电信运营商拒绝或者妨害实行互联接入,从而阻碍了正常的市场竞争秩序。这本质上属于滥用市场支配地位的垄断行为。我国《电信条例》出台的时候,我国《反垄断法》还未颁布实施。但从该条例对主导运营商的定义可以看出,有两个要素非常关键,即"市场份额"和"对市场的实质影响力"。而这两个要素是反垄断法中关于"滥用市场支配地位"的基本要素。可见,我国对强制实行互联互通立法的法律渊源也体现了反垄断法的法制精神。

---

① Taylor, J. (2006), Openreach - an open network for all. Dream or reality? available at www. pts. se/Archive/Documents/SE/061129_Presentation_Joanna_Taylor_9. pdf.

② 主导运营商在拒绝实施互联互通寻找借口时,往往也会以其主导运营商必须承担普遍服务(即为老少边穷地区提供基本电信服务,一般而言,由于这种地区的消费能力非常低,导致这种地区的服务基本都是亏本的)任务过重为由。主导运营商认为实施普遍服务都是主导运营商的责任,而新兴运营商无须承担任何普遍服务义务,这样新兴运营商在市场竞争中就处于一定的优势。事实上,这是主导运营商为了规避强制实施互联接入义务的一个借口而已。因此,各国均在法律中规定了注定要运营商的法律责任。按照德国《电信法》的规定,网络管制局拥有对承担普遍服务的企业强加在全部或部分领土范围保证提供普遍服务或普遍服务功能的权力。详细可见 Mager: Berliner Kommentar zum Telecommunikationsgesetz, in: Socker(ed.), 2006, p. 1537。当然,对于普遍服务而言,法律也会制定一些普遍服务的分配原则。比如,欧盟的《普遍服务指令》就规定了客观、透明和非歧视的分配原则。这些原则仅仅为分配机制提供纲领性的指导,欧盟和各国管制机构在运营商选择方面保持密切联系。独立管制机构于2003年公布了有关普遍服务义务分配和经验的报告。具体可参见 Independent Regulators Group, Universal Service Designation, A Report on Designation Mechanisms for Universal Service Providers in Different IRG Countries and Evaluation of the Impact of Divergences on the Internal Market, October 2003 (paper approved by European Regulators Group (ERG) on 21 November 2003), available at http:// irgis. anacom. pt/admin/attachs/375. pdf。

五、互联接入法律制度的完善

(一)科学界定主导运营商

主导运营商的概念源自拥有主导竞争地位的基础电信运营商,其有着严格的定义,这也是世界各国的普遍做法。但归纳起来,其中最核心的要素是主导运营商均控制了主要网络设施。根据关键设施原则,主导运营商必定是拥有主要的基础网络资源,且对其他运营商进入该市场具有实质的影响作用。但这种影响是相对的。比如,基础运营商之间,大网络对小网络显然具有实质性影响,但对于拥有基础网络设施的基础运营商和没有网络设施的互联网企业来说,任何一个基础运营商都对其有实质性影响。因此,主导运营商的概念必须与时俱进,按照技术进步和业务形态作出适合事宜的调整和改变。笔者以为,应该以网络设施加业务类型来定义主要运营商。即拥有主要网络设施并在某类业务形态上占有优势地位对其他运营商产生重要影响的均应定义为主导运营商。然后再由法律规定主要运营商的义务,以此来确保非主导运营商的接入权利,实现市场的公平竞争。在将来的电信立法中,应该扩大对主导运营商的定义。法律应该界定主导运营商的范围包括拥有关键网络设施的运营商以及在业务上占主要地位的运营商。

(二)重新厘定主导运营商的强制接入义务

对控制关键电信设施的主导运营商设置强制实行互联接入的法定义务,是目前世界各国的普遍做法,这也是关键设施原则在电信服务中的具体应用。但从互联接入的内涵来看,网络互联和业务互通是其应有之义,因此,控制关键电信设施应不仅局限于物理上的设施,还应包括实现业务互通的功能设施。简单讲,关键设施原则在电信服务中的适用应该包括两种情况:控制关键的电信网络设施和实现电信业务所需的功能设施的电信运营商,都有义务为其他运营商提供互联互通的服务,否则就构成垄断行为。法律必须明确主导运营商在不同的业务类型均有强制接入义务,并明确互联接入的具体实施标准。无论是弱小的基础运营商,还是互联网运营商,均需以主要的基础网络设施才能生存。对于弱小的基础运营商而言,占据主要地位的基础运营商就是主导运营商,对于互联网运营商而言任何拥有基础网络设施都是主导运营商。法律必须规定不同的主导运营商在不同的业务类型中均有强制互联接入的法定义务。且实施接入时的标准和程序应该有所不同。只有当拥有优势地位的运营商给予了平等和非歧视的互联接入后,弱小运营商和互联网企业才具有发展的空间,否则将极大地抑制电信业的发展。

(三)加强对互联接入的反垄断立法

纵观世界各国立法,除了欧盟专门发布过针对互联的指令之外,其他国家基本上都将互联接入放在电信综合立法之中,即将互联作为电信法的一个部分。我国亦不例外,在已有的《电信条例》中,互联互通也是作为一章出现的。因此,在将来的电信立法中,互联接入仍可以作为一章出现在《电信法》中。但是,很明显强制实行互联接入是反垄断法的法理要求,因此,在将来的互联互通立法中必须将反垄断法作为其立法的法理基础。鉴于此,将来《电信法》的立法中,应该反映反垄断法的一些基本原则和法律思想,做好与反垄断法的衔接,避免出现冲突或者立法精神相背离的情况。从关系上来看,《电信法》应该是《反垄断法》的特别法。

从性质上来说,包含互联互通立法内容的电信法与反垄断法或称竞争法的关系应该是特别法与普通法的关系。欧盟也预计到了行业法规关于主导运营商的定义和反竞争法中关于 SMP 企业定义在特定条件下所可能产生的冲突,其在指南中规定,电信行业主管机构根据《框架指令》对市场的定义、对具有显著市场力量企业(SMP)的定义,对地理市场的定义及有效竞争的定义,原则上都应该和竞争主管机关定义的方法和实践一致。① 因此,电信法律制度应该与反垄断法的精神保持一致,并将反垄断法法律制度纳入电信法律制度设计中。

(四)改革现有的执法体系

如前所述,互联接入的法律问题属于反垄断的范畴。我国现有的反垄断执法体系比较复杂,缺乏可操作性。按照我国《反垄断法》的规定,目前的反垄断执法主体有三个,即工商局、发改委和商务部。作为电信行业的主管部门,工信部当然具有查处电信行业垄断行为的法定职责,这在我国《电信条例》的相关条文中亦有体现。这种"九龙治水"的局面显然不利于对电信业垄断行为的处理。除了执法机关可能出现的打架局面外,企业也会面临多头监管的尴尬局面。这种多头管理的局面在中国的行政体制上虽然比较普遍,但对于前几年刚出台的反垄断法和尚未面世的电信法而言,理应对这种情况进行反思。笔者以为,在国

---

① Commission guidelines on market analysis and the assessment of significant market power under the Community regulatory framework for electronic communications networks and services (2002/C 165/03), Sec. 1.3.

家体制尚未出现大的变化的前提下,电信法应该明确规定对于电信行业的垄断行为由电信监管机构进行监管。从 FCC 高度的电信监管独立性说明这有利于对电信行业的发展。

专题研究

我国网络中立的立法选择

——以宽带服务提供商的法律规制为视角

梁志猛[*]

我国网络经济近年来发展迅速,网络经济对我国经济整体推动作用日益明显。然而,网络垄断行为也日益突出,网络企业常常滥用市场支配地位实施价格歧视、拒绝交易、搭售产品等限制竞争行为。这些垄断行为不仅妨碍了网络市场的公平竞争,而且损害了消费者的利益。电信业经济是网络经济的组成部分之一,随着通信技术的不断发展,制约电信行业发展的资源"瓶颈"不断被突破,电信业的自然垄断属性不断被淡化。目前,世界上许多国家都在电信业引入竞争机制,破除电信业的自然垄断属性。近年来我国电信改革不断深入,电信业的竞争也逐步加强,但是在宽带服务市场领域,宽带运营商利用垄断优势限制互联互通的行为在客观上形成市场垄断,阻碍了弱势运营商与民营电信企业进入宽带市场参与竞争。网络中立的议题在美国与欧盟已是家喻户晓,相关的网络中立政策与立法也不断被提上议程。美国国内有六家经营骨干网的宽带服务提供商,其宽带服务市场竞争性比我国更充分,高速度、低价格的宽带更是我国宽带服务无法比拟的,而且在有着100多年的反垄断执法理念与实践的美国,其能提出更加有利于互联网市场自由竞争的网络中立政策,可见美国有着超强的关于互联网未来的前瞻性能

---

* 广东省湛江市司法局工作人员,法律硕士。

力。但与国外对网络中立的热情关注相比,在国内则是很冷清,对一些互联网行业与电信行业的垄断问题分析仍停留在反垄断法规制与行业监管的惯性思维上,至今国内没有关于网络中立的专门性文件出台。在我国的宽带战略计划即将出台之际,“三网融合”实践中所产生的互联互通等网络中立问题等待解决。

一、我国宽带服务市场网络中立立法的意义

(一)我国宽带服务市场的网络中立现状

宽带分为固网宽带与无线宽带(我国目前主要是3G网络),我国的宽带接入服务市场主要分为三级:一级市场是骨干网互联市场,主要运营商有中国电信、中国联通与中国移动等7家;二级市场是骨干网运营商提供给二级运营商的宽带接入批发市场,主要有歌华有线、长城宽带等二级运营商;三级市场是骨干网运营商和二级运营商提供给最终用户的宽带接入零售市场。来自工业和信息化部(以下简称工信部)的数据显示,截至2011年11月,我国固网宽带接入用户达到1.55亿户,移动(3G)宽带网络用户达到1.19亿户。[①] 由此可见,宽带接入服务的控制权掌握在骨干网运营商的手上,而目前我国95%互联网国际出口宽带、90%的宽带互联网接入用户和99%互联网内容提供商都是集中在中国电信与中国联通两家运营商的手里。[②] 电信与联通固网宽带用户的市场份额在2011年9月份已分别达到7369万户和5453.7万户,总和占总数14993.2万户的比例接近90%,移动3G网络用户虽然是中国移动属于领先地位,但是中国电信与中国联通两家运营商所占比例也达到2/3以上,所以,无论是否区分固网与无线两种宽带市场,中国电信与中国联通的宽带接入市场份额总数已达到我国《反垄断法》所规定的两个经营者在相关市场的市场份额合计达到2/3的,就可以推定其具有市场支配地位的条件。电信行业与互联网行业都是网络经济的重要组成部分,与传统行业不同,电信业具有自然垄断的性质,互联网行业是垄断下有竞争的行业。正因为这样,电信行业与互联网行业的企业也可能滥用优势地位实施限制竞争的行为。然而,由于网络经济具有网络效应特征,[③]使网络经济市场结构与传统经济市场结构有所不同。传统的反垄断法确认网络企业具有市场支

---

① “宽带不宽,‘假宽带’待破解”,载http://www.youth.cn/mscj/itsm/201112/t20111228_1877232.htm。

② 梁春丽:“电信联通反垄断之争 是否另有隐情”,载《金融科技时代》2011年第2期。

③ 网络效应,亦称网络外部性,系指每一消费者使用某一产品的效用会随着其他使用同一产品之消费者数量的增加而递增。

配地位的标准已不能完全适用于网络经济领域，所以传统的反垄断法存在对网络经济规制的不足。我国宽带用户承受的高价格、低速度的宽带服务跟宽带运营商的垄断有密切关系。运营商利用其垄断优势经营宽带服务，则会产生一系列问题。

1. 宽带运营商利用垄断优势限制互联互通

互联网的“互联互通”指的是，如果同一市场上存在多个运营商，则当不同运营商的用户之间希望进行联络时，在不同运营商的网络之间建立有效连接，使不同网络的用户之间，或一个网络的用户可使用另一个网络的服务与资源。而为了达到不同运营商之间有效地运营和兼容，在网络衔接处必须采取一定的技术手段，使传输能在不同网络之间平滑过渡。① 从互联互通的定义可以看出，实现网络之间的互联互通要求运营商必须平等对待与保障信息在网络间的流通，不对来自外网的信息进行干扰、屏蔽。网络之间的互联互通是用户能够访问其他运营商网络的前提，这与网络中立所力图保护用户自由访问网络的目标具有一致性。

2008 年我国电信业经过第三次重组改革之后，目前我国在宽带服务市场中是中国电信与中国联通两家运营商处于垄断地位，宽带用户占有率分别占到 56% 和 37.4%。到目前为止，我国已经在北京、上海和广州三个城市开通 3 个国家级的互联网交换中心，初步形成几个互联网骨干网之间的互联互通，但是垄断运营商限制互联互通的行为还比较普遍。近年来，运营商之间直接拒绝互联互通的行为已经很少，但是变相限制互联互通的方式日益突出。具有垄断优势地位的运营商往往根据数据 IP 来源地址进行速度限制，或者将来自其他运营商的数据包降低优先级，使得来自其他运营商网络的数据包更容易丢失。中国移动相关技术人员曾表示在互联端口进行检测的过程中，发现不存在流量波动。②我国监管机构近年来加大了对运营商之间互联互通的监管力度，工信部先后出台了《公用电信网间互联管理规定》、《电信网间互联争议处理办法》与《互联网交换中心网间结算办法》。但运营商变相限制互联互通的具有很强的隐蔽性，收集证据证明运营商利用垄断优势限制互联互通的行为非常困难。因此，受损害一方运营商很难依据互联互通的相关行政规章维护自己权利。

---

① 熊飞：“互联互通是三网融合重大障碍，互联互通与网络中立性定义”，载 http://www.sarft.net/a/23053.aspx。

② “宽带隐形垄断：互联网结算成移动最大成本”，载 http://www.techweb.com.cn/news/2009-08-18/428394.shtml。

2. 宽带运营商利用垄断优势实施价格歧视

宽带运营商的价格歧视主要是为了执行对网络服务的分级政策,即根据不同的用户而采取不合理的差别性定价方式,价格歧视再次证明了互联网宽带接入服务的非中立现象存在。在我国,一级运营商对二级运营商提供宽带接入批发价格的不同就会使二级运营商不能在平等的基础上进行竞争,甚至也有运营商利用其骨干网垄断优势,排斥竞争对手。中国电信 2010 年清查"穿透流量"事件就有排斥中国铁通与广电运营商借助第三方渠道购买宽带的嫌疑。实践中,中国电信对不同运营商及电信企业宽带接入采取差别定价,以高于普通客户的价格向与自己有竞争关系的宽带运营商进行网间结算,提高其他宽带运营商宽带服务成本。这种定价与市场价格之间的价差最高可达数倍甚至数十倍。穿透流量是指一些电信企业在中国电信购买带宽后,并不自己使用,而是转手卖给其他运营商赚取差价。① 一方面,中国电信采取区别对待的方式,以同样的接入服务向不同的运营商及电信企业收取不同的价格,这样就可以削弱竞争对手的竞争力,达到滥用垄断地位进行不正当竞争的目标;另一方面,穿透流量的存在说明中国电信带宽资源存在空闲带宽资源,这是市场配置资源的结果体现。穿透接入显示出市场价格,并使中国电信的空闲资源得到充分利用。中国电信全面清理穿透接入,继续维持宽带的垄断高价,阻碍了更多电信企业进入电信市场,妨碍电信市场的公平竞争。据报道,中国电信的这次清理行动对中国铁通影响最大,仅广东铁通就爆发了 37477 件用户投诉,38443 个用户拒绝缴费,并已有 28210 个用户面临退网。②

3. 宽带运营商利用垄断优势实施分级服务

宽带分级服务是指运营商将其宽带服务划分为不同层级,不同层级的宽带收取不同的费用,即价格决定服务。用户需要获得更高质量的服务只有两种方式可供选择:更换宽带接入服务提供商或选择更高级的服务,但后一种方式需要用户承担更多的费用。③ 例如,宽带运营商提供的 2Mbps 与 4Mbps 不同速度的宽带价格就不一样。一方面,这种分级表面上看是一种正常的现象,因为运营商提供 4M 的宽带接入服务成本肯定也比 2M 的高,而且一些互联网应用和内容

① "中国电信或面临宽带接入反垄断调查",载 http://business.sohu.com/20111109/n325044656.shtml。

② 赵旭:"流量穿透清理仍未停,中国电信展开二次垄断",载 http://news.hexun.com/2010-10-20/125191399.html。

③ 董媛媛:"论美国网络中立及其立法价值",载《传播学》2011 年第 2 期。

服务需要消耗更多的带宽，如果宽带速度不够，则这些应用也失去了其意义，例如，一些在线视频、点对点的文件共享软件的运用就需要高带宽。但是，我国骨干网运营商只有3家，而且固网宽带基本是中国电信与中国联通两家运营商垄断了市场，用户的选择性很少，如果用户想获得更高质量的宽带服务，只能承担更多费用，运营商提高宽带接入服务价格也不会太过于担心用户的流失，因此，高价宽带成为必然。根据互联网数据中心调查数据显示，我国网民实际每月为1Mbps宽带的支出是越南的3倍，美国的4倍，韩国的29倍，中国香港的469倍。另一方面，宽带服务分级也对互联网内容服务市场的竞争产生很大影响，一些资本薄弱、用户规模小的内容服务提供商由于无法承担更高质量的宽带费用而不能与强势内容提供商平等展开竞争，会提高互联网内容服务市场的准入门槛，不利于构建更加具有竞争性的互联网服务市场。

4. 宽带运营商网络流量管理不合理

流量管理是通过对应用层协议的识别来实现对不同的应用层协议实施不同的控制、限速以及服务质量。[①] 流量管理技术主要包括协议识别和流量控制，流量的商品化是网络流量管理的重要推动力，而流量测量监控技术的发展是宽带运营商能够实现流量管理的前提。宽带运营商实施网络流量管理根本原因是由宽带流量的有限性所决定的，宽带运营商首先通过协议识别技术来识别各种应用流量，然后再通过流量控制技术进行阻碍或屏蔽各种应用。我国曾经出现运营商探测用户是否用共享方式上网，从而采取屏蔽路由的手段，限制用户使用共享方式上网。[②] 按照网络中立的标准，我国也存在一些封杀终端程序，侵害消费者的现象。各地不断发生电信运营商封杀P2P（点对点网络技术）与限制BT（多点共享协议软件）下载的事件，[③]说明了带宽成为一种非常重要的资源。美国的网络中立立法规定了运营商网络流量管理的非歧视与透明化义务，欧盟新的《电子通信监管框架》规定的网络流量管理事前通知机制都是保护用户利益的良好机制。虽然在我国对宽带运营商的流量管理监管还没引起监管部门的注意，但并不能说明我国网络流量管理不存在问题，而正是这种非透明的流量管理掩盖了问题，暂时没有引起人们的关注，随着各种终端、应用的开发与消费者追

① 梁勇、陈震、石希、李军："高速网络流量管理系统研究"，载《信息网络安全》2012年第7期。

② "破解某市ISP电信运营商屏蔽的路由段"，载 http://sec.chinabyte.com/320/8911320.shtml。

③ "铁通开始限制BT下载，运营商已有封杀P2P利器"，载 http://www.linkwan.com/gb/news/html/8544.htm。

求更好的体验发展趋势,宽带运营商的流量管理问题将会浮出水面,成为制约互联网市场自由竞争与创新的一道障碍。

(二)我国网络中立规制的立法考察

1. 网络中立规制的立法状况

美国"网络中立"争论始于20世纪90年代的学术界,经历了理念形成、阵营对垒与政策政党争论三个阶段。在争论的过程中,网络中立的支持者支持网络中立立法,网络中立的反对者认为美国可以依据美国现行的反垄断法律制度与1996年《电信法》解决互联网领域的垄断问题,而不需要进行专门的网络中立立法。[①] 反垄断法律制度与电信法律法规都有涉及与网络中立立法相似的法律规定,只是网络中立支持者认为网络中立立法可以更好地规制网络非中立行为。我国立法机构与电信监管机构一直没有出台关于网络中立的相关立法或政策。宽带运营商滥用垄断优势实施限制互联互通、价格歧视、分级服务、不合理流量管理行为主要依据电信法律法规规制。我国《反垄断法》生效之后,反垄断执法机构至今仍未对电信行业与互联网行业的国有垄断企业进行过反垄断处罚。我国目前与网络中立立法内容相关的法律法规主要包括竞争法中的《反垄断法》与《反不正当竞争法》、电信法领域的行政法规与行政规章。

我国竞争法与网络中立立法内容相关的主要有《反垄断法》与《反不正当竞争法》。我国《反垄断法》规定了禁止垄断协议、禁止滥用市场支配地位、禁止经营者集中控制、禁止行政垄断的四大实体制度。《反垄断法》第3章规定的禁止滥用市场支配地位行为与网络中立立法有很多一致的内容。该法第17条明确规定了禁止经营者没有正当理由拒绝与相对人交易行为和没有正当理由对条件相同的交易相对人在交易价格等交易条件上实行差别待遇行为。这条规定与网络中立禁止屏蔽及禁止不合理歧视原则都具有相同的规制目标。网络中立要求宽带运营商必须允许合法的设备、程序接入其网络,允许用户接入网络并访问网络内容,如果运营商禁止相对人接入网络或故意屏蔽网络内容则相当于拒绝与相对人进行交易。网络中立禁止歧视原则不仅包括禁止价格歧视,也包括禁止对来自不同用户的数据包传输速度的歧视,禁止歧视原则与《反垄断法》规定的禁止实行差别待遇都是为了防止经营者滥用垄断优势实施违反竞争的行为,从

---

① 支持网络中立的阵营主要是美国各大互联网公司、消费者团体以及一些特殊行业团体,包括谷歌、微软、雅虎、亚马逊、美国消费者联盟、美国图书馆协会等。反对网络中立的阵营主要是美国各大ISP和设备提供商所组成,包括AT&T、Comcast、Verizon等。

而更好地保护消费者利益。

我国《电信条例》的立法内容与网络中立关系最密切。一方面,《电信条例》第2章第2节“电信网间互联”规定了电信运营商必须承担互联互通义务,要求主导运营商依据非歧视和透明化原则制定网间互联规程及实现网间互联。同样,网络中立立法要求宽带服务提供商遵守透明化与非歧视原则。网络中立透明化原则要求宽带服务提供商应当承担公开网络管理和经营义务,我国《电信条例》要求电信经营者制定并公开互联规程是网络中立透明化原则在互联互通上的体现之一。另外,《电信条例》规定的电信普遍服务制度与网络中立立法有一定的相关性。电信普遍服务在宽带服务市场最主要体现就是要求运营商必须承担一些最基本的义务,比如,能为用户提供最基本的带宽以使用户可以访问网络的义务,还有实行网络流量管理必须确保用户最基本的上网质量需求。所以,我国《电信条例》第40条与第70条确立的电信普遍服务制度和网络中立立法也有相似内容。

我国还有大量与网络中立立法内容相关的行政规章。这些行政规章主要是由电信监管机构颁布的关于互联互通的规定,主要有《公用电信网间互联管理规定》、《电信网间互联争议处理办法》、《互联网交换中心网间结算办法》及《互联网骨干网网间通信质量监督管理暂行办法》等规章。《公用电信网间互联管理规定》是对《电信条例》第2章第2节“电信网间互联”规定的细化,其要求电信经营者承担更加严格的透明化义务。主导电信经营者不仅需要制定更加详细的互联规程,公开其所有与互联有关的通信设施,而且不得拒绝其他电信经营者的互联要求。网络之间的互联互通是用户能够访问不同网络的前提,因此我国制定的关于互联互通行政规章具有保障用户获得网络服务的重要意义,这与网络中立立法所保护的用户自由访问网络权利具有相同目的。

2. 网络中立规制的立法不足

我国虽然有与网络中立内容相关的立法,但在实行网络中立管制时,相关立法则还不能发挥规制网络非中立行为的作用。国家发改委中止对电信与联通宽带经营的反垄断调查,电信监管机构也没有依据电信法律法规对滥用市场支配地位的中国电信与中国联通进行处罚,这都揭示了我国现行立法网络中立规制的不足。

我国立法确立的网络中立规制体制存在不足。我国目前具有网络中立管制权力的机构主要包括反垄断机构和电信监管机构。一方面,反垄断机构依据《反垄断法》实行网络中立的管制权力,但是我国《反垄断法》没有明确授予反垄断机构对管制行业的监督权,也没有明确规定反垄断机构与管制行业的行业监管机构的权力界限,造成反垄断机构没有权力直接处理自然垄断行业企业的违反竞争的行为。反垄断机构与行业监管机构的权力分配不清,则在实践中就会产生反垄断机构依据什么标准来确定其对垄断行业企业的监管权,立法没有规定,就让这些行业的垄断企业极易成为"漏网之鱼"。因此,在实践中我国反垄断机构依据《反垄断法》对自然垄断行业企业进行反垄断调查的案例很少。另一方面,我国电信监管机构缺乏独立性与权威性。因为在我国电信行业,监管机构与被监管企业仍受到政企不分思想观念的影响,容易出现"监管俘虏"现象。在实践中为了维护行业利益而放松监管,从而不能有效地执行国家的竞争政策。

我国网络中立规制立法在适用范围上存在模糊性。《反垄断法》在网络中立规制立法适用上存在的不足主要体现在自然垄断行业适用除外制度。适用除外制度亦称豁免制度,是指基于社会公共利益、社会整体利益和国家利益的考虑,对特定行业的企业的垄断行为和垄断状态依法不适用反垄断法相关制度的情况。① 我国《反垄断法》第7条对自然垄断行业适用除外作了规定。② 虽然我国《反垄断法》没有界定自然垄断行业的范围,但是铁路、电力、电信、煤气及自来水等行业都属于关系国民经济命脉和国家安全的行业,所以电信企业垄断行为是否属于合法行为,存在一定模糊性。同时,我国《反垄断法》第17条列举的各种滥用市场支配地位的行为不能全部涵盖我国宽带服务提供商的垄断行为,缺乏具体的网络中立要求的内容。因此,对宽带服务提供商的反垄断规制缺乏明确具体的立法规定,存在适用立法的模糊性问题。

依照《电信业务分类目录》的规定,宽带接入服务在我国属于增值服务,但我国《电信条例》没有明确宽带接入服务是否适用该条例的立法规定。宽带服务提供商是否需要承担《电信条例》第3章规定的电信服务义务也存在模糊性。宽带作为一种很特殊的电信资源,其既与电信业的互联互通问题密切相关,又会对互联网行业的发展产生重大的影响,各宽带运营商利用其经营宽带接入服务的优势不断开拓宽带增值服务业务,与互联网内容提供商一起在互联网行业竞

① 尚明主编:《中华人民共和国反垄断法理解与适用》,法律出版社2008年版。

② 《反垄断法》第7条规定:"国有经济占控制地位的关系国民经济命脉和国家安全的行业以及依法实行专营专卖的行业,国家对其经营者的合法经营活动予以保护,并对经营者的经营行为及其商品和服务的价格依法实施监管和调控,维护消费者利益,促进技术进步。前款规定行业的经营者应当依法经营,诚实守信,严格自律,接受社会公众的监督,不得利用其控制地位或者专营专卖地位损害消费者利益。"

争是一种趋势,简单地将宽带服务提供商界定为电信业务经营者,仅要求其承担《电信条例》规定一般义务,无法更好地使宽带运营商保持在互联网领域的中立态度。我国宽带运营商的价格歧视、流量管理的规制仍然没有相关立法,在实行网络中立管制时还缺乏可适用的法律。总之,我国现在电信行业的行政法规及规章已经滞后于电信行业的发展,对宽带服务采取与一般传统话音服务一致的监管已经不足以解决我国宽带服务市场的各种问题。

(三)我国网络中立立法必要性考察

网络中立是指在法律允许范围内,所有互联网用户都可以按自己的选择访问网络内容、运行应用程序、接入设备、选择服务提供商。哥伦比亚大学法学院吴修铭教授认为,网络中立是指一种网络设计原则,该原则能够最大限度鼓励公共信息网络平等地对待所有内容、网站和平台。① FCC 首次确立的网络中立四原则内容与上述定义基本一致。网络可以被理解为具有三个层级。处于最底层的是"物理层",即那些实际存在的供数据流通的线路和无线电波等。处于网络最顶层的是"应用层",有人认为应用层最顶层还存在内容层与社会层。处于物理层与应用层之间的是"协议层",负责维持数据稳定的流通,保证信息发送者、接受者以及这两者之间任何相关的用户知道数据的具体流向。② 互联网层级结构如图 1 所示:

物理层——→协议层——→应用层——→内容层或社会层

图 1

从网络中立的定义可以看出,网络中立规制内容涉及网络的所有层次。宽带接入服务直接与"物理层"、协议层相关,而运营商对宽带服务的控制,则又可以控制"应用层"的各种应用。因此,网络中立立法的重要作用不仅在于规制宽带运营商滥用宽带垄断优势危害互联网的物理层与协议层,更重要的是防止其将垄断优势地位应用到互联网应用层。宽带服务提供商在提供宽带接入服务的同时,往往也与其商业客户(主要是内容与应用程序服务提供商)一样提供应用与内容服务,因此宽带服务提供商与其商业客户存在竞争关系。网络中立立法要求宽带运营商平等对待所有合法的应用、内容及接入设备,有利于防止宽带运营商歧视与其有竞争关系商业客户与滥用其在互联网市场中纵向限制能力。为维护我国公平竞争、自由创新的互联网市场,对网络中立立法必要性考察具有重要意义。

---

① Network_neutrality, wikipedia available at http://en. wikipedia. org/wiki/Network_neutrality.

② [美]乔纳森·齐特林著:《互联网的未来》,康国平、刘乃清等译,东方出版社 2011 年版,第 53 页。

1. 优化互联网市场的公平竞争环境

网络中立立法与反垄断法有着非常相似的目的,都是以维护竞争作为共同目标。宽带服务提供商对互联网市场公平竞争威胁最大的就是其可能会利用自身优势参与内容服务市场,抬高互联网内容市场的准入门槛,对与自己有竞争关系的内容服务提供商进行宽带价格歧视,提供给与自己有合作或附属关系的内容服务提供商数据传输的优先权,从而维护附属于自己的内容提供商利益。这种现象在反垄断法领域被称为垂直融合。我国电信运营商入股内容服务提供商或直接经营内容服务领域业务是通信行业发展的大趋势。2006 年 6 月中国移动有限公司收购星空传媒集团(星空传媒)所持凤凰卫视部分股份,以约 10 亿港元获得 19.9% 的股权,成为凤凰卫视第二大股东。星空传媒集团的部分节目无疑将会获得中国移动提供优质的传输服务,这次融合引起了其他内容服务提供商的很大关注,[①]他们担心源自对宽带运营商是否有动机偏向性优待自身附属性流媒体的质疑。中国电信也有与各种应用平台提供商与内容服务提供商合作的事例。因此,网络中立禁止屏蔽、禁止歧视及流量管理透明机制有利于提供一个公平的市场准入环境,让更多的内容服务提供商有能力参与市场竞争,促进互联网内容市场的繁荣。

2. 促进互联网市场的技术创新

宽带服务运营商对互联网市场技术创新影响最大的是终端设备,现在大部分终端应用程序都具有自我繁殖性。所谓自我繁殖就是指用户可以根据自己的需要或兴趣对各种终端进行改造、升级,生产商在生产各种终端设备时候保持其开放性而不是保持终端设备的封闭性,终端应用程序的自我繁殖性是互联网技术创新的重要前提。应用程序的自我繁殖性可以让每一个消费者都可能成为技术创新的贡献者。宽带运营商利用其市场力量实行垂直控制,对附属于自己的终端设备制造商提供更高质量的传输服务,却限制第三方应用程序接入其传输管道,这无疑是影响了下游终端应用程序及软件市场的公平竞争,从长远来看将会抑制设备制造商的投资动机和阻碍技术创新。美国联邦通信委员会(Federal Communications Commission, FCC)网络中立立法原则就有保护消费者有权按照自己的选择使用应用程序和服务、选择接入不损害网络的合法设备之规定。我国出现的运营商封杀或限制各种应用程序的现象就是一种歧视终端应用程序及

① “中国移动成凤凰卫视第二大股东,挺进传媒业”,载 http://news.xinhuanet.com/fortune/2006-06/09/content_4667258.htm。

软件的行为。所以,网络中立立法对互联网的技术创新具有非常重要的作用。

3. 维护互联网自由开放的价值

互联网是一个资源共享、信息自由的世界,自由、开放是互联网的终极价值。公平竞争与技术创新共同目的都是为了创造一个自由开放的互联网世界。2013年1月,中国互联网络信息中心发布的第31次《中国互联网络发展状况统计报告》显示,截至2012年12月月底,中国网民数量达到5.64亿人,其中手机网民规模达到4.20亿人,所有网络用户中74.5%使用手机上网。互联网普及率为42.1%,农村网民规模增加到1.56亿人。① 保护我国如此大规模网络用户访问网络的权利、获取网络信息的权利以及在网络上表达自己言论的权利是网络中立立法的又一价值支撑。一方面,网络中立立法禁止屏蔽原则使消费者可以公平地访问一切网络合法内容,也可以保障其言论自由及获取信息的权利。另一方面,宽带普遍服务与非歧视接入原则维护网络用户的利益对我国也具有借鉴意义,宽带普遍服务有利于降低宽带接入门槛,减少经济欠发达地区用户宽带接入成本,非歧视原则可以保障用户平等接入宽带的权利,进一步保障其获取信息的权利。可见,网络中立立法对保护我国消费者的利益,维护自由开放的互联网空间具有重要意义。

二、国外网络中立立法及其对宽带服务提供商的法律规制

(一)国外网络中立立法

网络中立立法争论最早出现于美国,但近年来引起世界许多国家的普遍关注。FCC制定了《网络中立条例》(以下简称《条例》),欧盟已经将网络中立的一些内容规定在2009年生效的《电子通信监管框架指令》及几个具体的服务指令中。加拿大和日本虽然还未进行网络中立立法,但都已经进入网络中立立法的调查阶段,两国在网络中立立法上持非常谨慎的态度,同时都将网络流量管理作为规制的重点进行调查研究。日本对其国内网络中立现状调查所形成的一些非正式报告也得到某些宽带运营商的主动遵守。

1. 美国的网络中立规制

"网络中立"问题由来已久,美国1860年《太平洋电报法案》(Pacific telegraph act)是第一部表达了网络中立意思的法案。该法案提出:任何来自个

① "CNNI第31次互联网发展状况统计报告",载http://news.cnhubei.com/xw/gn/201301/t2419344.shtml。

人、公司、组织或被电报网络连接的任何固定节点的信息,都应该按照信息的接受规格公正地传播,除非政府给予其优先转播权。① 美国1934年《通信法》规定任何电话公司不得阻碍接通非本公司用户的电话。互联网兴起以后,网络中立概念自动延伸为运营商不得对来自非本公司用户的数据,比如,邮件、视频等设限。② 美国1934年《通信法》将"电信服务"与"信息服务"区别规定,前者指"有偿向公众直接提供电子通信",后者指"通过电信服务生产、获取、存储、输送、处理、检索、利用或提供信息"。FCC对"电信服务"监管享有一般管辖权,而对"信息服务"则只享有附属监管权力,导致对后者的监管比前者宽松很多。在1934年《通信法》中,FCC获得国会授权享有对电信运营的定义权和管理权。③ 2002年FCC发现在有线互联网接入中存在垄断行为,从而开始着手制定管理互联网接入的规则,FCC一方面在经过修改的1996年《通信法》规定的授权范围内制定监管政策,另一方面又寻求对电信与互联网行业最有效的其他监管措施。因此,最后FCC的互联网管理措施逐渐成为后来网络中立立法争论的肇始。

(1)网络中立原则的提出

在FCC提出网络中立的四项原则之前,美国对于互联网的监管主要是以1996年的电信法案为基础的。由于通过众议院和法律系统把法律与实践相结合是一个缓慢的过程,该法案的影响在21世纪才显示出来。1996年修订电信法案是美国利用联邦通信委员会来控制与通信和信息有关的产业的传统政策的延续。FCC是依据1934年《电信法》成立的,该法案规定了FCC规范州际间和国际间的无线电、电视、电报、卫星和电缆通信的权力。然而,随着互联网技术的发展,传统的电信法对互联网领域的各种垄断行为规制逐渐显露出不足,美国1996年《电信法》将互联网接入服务定义为"信息服务",而不是"电信服务"。因此,美国互联网接入提供商(Internet Service Provider,ISP)目前不受电信法中规定的公共承运人普遍服务义务等条款的约束,互联网接入服务提供商的法律义务与传统电话公司不同。

近年来,由于互联网技术的快速发展,特别是P2P(点对点网络技术)等大量新技术的应用消耗了大量网络流量,网络中立的相关问题日益突出。据估计在美国5%的宽带用户"消费"了近90%的网络宽带,并出现了"阻塞"现象。因此,ISP提出网络流量管理提案,要求法律允许运营商实施分级服务并依据服务

---

① 董媛媛:"论美国网络中立及其立法价值",载《传播学》2011年第2期。

② 翟京京、付玉辉:"网络中立:塑造怎样的互联网未来——美国网络中立论争的综述与思考",载《浙江传媒学院院报》第17卷第3期。

③ 47 U.S.C. §3.

级别进行差别收费。由于根据不同的传输数据调整网络带宽,根据不同的服务质量收取不同的费用,互联网内容提供商(Internet Content Provider,ICP)和用户必须支付更高的费用才能获得更高质量的传输服务。互联网服务提供商的这一行为引起美国消费者联盟、公众利益团体及互联网内容提供商的强烈反对。① 美国众议院在2005年5月通过了《网络中立法案》,该法案是由FCC提出的,包括四大"网络中立"原则。随后8月,FCC要求各ISP遵守该四项指导性原则,主要内容包括:(1)消费者有按自己选择获取任何合法互联网内容的自由;(2)消费者在相关法律法规规定下,有按自己选择运行程序和使用互联网服务的自由;(3)消费者有按自己选择把任何合法的、对互联网没有危害的设备连上互联网的自由;(4)消费者有在不同互联网提供商,软件,服务和互联网内容提供商之间选择的自由。②

2005年,FCC首次依据"网络中立"的四项原则对Madison River案展开调查。③ 麦迪逊河通信公司(Madison River Communications)是在北方卡罗莱纳州有根基的宽带服务提供商,被指控妨碍其顾客使用一个叫"Vonage"的当时流行的网络语音服务。经过调查之后,FCC与麦迪逊河通信公司达成协议,麦迪逊河通信公司同意停止阻碍顾客使用"Vonage"并且付1.5万美元的罚款。这是FCC首次成功运用自己制定的网络中立原则作为执法依据的案例实践。

除了FCC在一些案件中尝试实施网络中立原则的调查权之外,美国国会自2005年以来也多次进行网络中立立法的尝试,这些法案都是由国会议员所提出。2006年由国会各议员单独或联合先后提出了一系列法案。④ 这些法案内容

① 燕道成:"网络中立:干预性的网络中立",载《当代传播》2012年第4期。

② Appropriate Framework for Broadband Access to the Internet over Wireline Facilities, Policy Statement, 20 F. C. C. R. 14986, para. 4 (2005).

③ FCC Fines Madison River Telecom for Blocking VoIP Traffic, March 7, 2005.

④ 这些法案包括《2006互联网非歧视法案》(Internet Non—Discrimination Act of 2006)、《推进电信与机会改革法案》[Advanced Telecommunications and Opportunities unities Reform Act, H. R. 5252 (2006), 又称 The Communications Opportunity, Promotion and Enhancement (COPE) Act of 2006]、《2006网络中立法案》[Network Neutrality Act of 2006, H. R. 5273. (2006)]、《2006通信、消费者选择与宽带运用法案》(Communications, consumer's Choice and Broadband Deployment Act of 2006)、《2006年互联网自由与非歧视法案》(Internet Freedom and Non-Discrimination Act of 2006);2007年的《维护网络自由法案》(The Internet Freedom Preservation Act of 2007);2008年的《2008维护网络自由法案》(The Internet Freedom Preservation Act of 2008)、《2008无线消费者保护与社区宽带授权法案》(Wireless Consumer Protection and Community Broadband Authorization Act of 2008)和《2008互联网自由与非歧视法案》(Internet Freedom and Non-Discrimination Act of 2008)。

基本上与FCC的四项“网络中立”原则是比较一致的,却未获得国会的通过。2006年《推进电信与机会改革法案》(亦称巴顿法案)最大的亮点是明确与增加了FCC对网络服务提供商的监管权力,但这个法案没有涉及网络中立原则,也没有网络服务提供商必须承担网络中立义务的法律条款。2006年5月共和党众议员爱德华·麦基(Edward Markey)提出《网络中立法案》(亦称麦基法案),该法案规定了互联网提供商三方面的网络中立义务:一是网络服务提供商不能以屏蔽、损害、分级或歧视性的方法损害任何人所享有的通过网络连接获取内容、应用和服务的可能性;二是网络服务提供商应当以非歧视的方法运营网络,同时也保证互联网的用户设备能够连接互联网;三是互联网服务提供商对互联网数据设置优先等级的,必须将优先方法适用于所有的同类数据。麦基法案在众议院下属的能源和商业委员会中以34:22的票数被否决了,大部分的共和党人和一些民主党派的人都投了反对票。① 此外,从2006年开始美国国会每年都会提起互联网自由保护议案。2009年7月,爱德华·麦基在2008年的《互联网自由保护法案》基础上继续向国会提出互联网自由保护议案,试图对美国1996年《电信法》作出修改,并提出出台宽带政策和保护消费者的宽带接入权利、规范互联网自由等提议。该法案虽然未获得通过,但它是与美国网络中立原则发展相关的最新议案,围绕长期存在的网络管理的“合理性”问题制定了用户急需的保护规则。②

(2)《条例》的制定与规制内容

美国的网络中立管制以2009年为时间标准,可划分为宽松规制与严格规制两个时期。在宽松规制时期,网络中立原则开始萌芽并得到初步发展。在宽松规制时期,美国将互联网接入服务定义为“信息服务”使得宽带服务提供商不受“电信服务”条款的约束。同时,FCC明确将DSL宽带服务排除出电信服务,免除了宽带服务提供商需要承担的公共承运人义务。③ 这两个规定免除了互联网服务提供商承担的“电信服务”法律义务,有效促进了美国互联网的快速发展。在严格规制时期,支持“网络中立”原则的奥巴马当选了总统,在2009年提出“宽带计划”,重点支持美国农村地区的宽带接入,以促进经济全面发展,并且美

① Rantakari Lauri, Network Neutrality: Anticompetitive Issues in Internet Legislation, *Helsinki Law Review*, 2008, p. 178.

② Available at http://en. wikipedia. org/wiki/Network neutrality in the United States.

③ 罗昕:“美国‘网络中立’争论:在接入控制与开放之间”,载《新闻与传播研究》2010年第3期。

国众议院于2009年2月通过的经济刺激方案中专门提出拨款60亿美元在宽带覆盖率不高或未覆盖的乡村等地区普及宽带网。[①] 2009年1月,格纳考斯基(Julius Genachowski)上任FCC主席,网络中立立法进程速度加快。2009年7月,FCC将网络中立原则纳入美国宽带发展计划。宽带服务提供商必须遵守网络中立原则,才能参与美国宽带发展计划项目投资,这项原则要求宽带服务提供商不得禁止任何合法设备、软件应用和内容服务提供商接入网络。2009年9月,格纳考斯基公布新的网络中立原则,即"4+2"新原则。新原则在原网络中立四条原则的基础上增加了两条内容,即要求运营商保证不歧视特定的合法的网络内容、应用程序、服务和设备;披露可能违背网络中立原则的网络管理措施。2009年10月,FCC五人委员会投票通过制定《条例》的决议,随后开始起草"网络中立性"法规,在网络中立立法的道路上迈出了极为重要的一步。《条例》赋予FCC介入互联网ISP网络管理领域以及发起针对ISP违约问题独立调查的权力。《条例》也提出三个最新的原则,即透明化、禁止屏蔽和禁止不合理歧视原则:(1)透明化原则是指,无线和有线宽带服务提供商都必须公开其网络的管理和经营。(2)禁止屏蔽原则是指,固定宽带服务提供商不得屏蔽合法内容、程序、服务,不得伤害他人的设备;移动宽带服务提供商不得屏蔽合法网站,或与其语音、视频服务相竞争的应用。(3)禁止不合理歧视原则是指,固定宽带服务提供商不得对合法网络流量进行不合理的歧视。[②] 第一条原则是有利于保护消费者的规定,因此没有产生任何较大的管辖和政策担忧,但网络中立支持者认为第二条和第三条规则减轻和免除无线互联网服务供应商的义务,可能会导致消费者在互联网接入方面承担支付更高价格的风险,也给FCC监管无线互联网服务供应商管理网络的行为产生了障碍。

2011年9月24日,在《条例》被搁置了10个月之后,美国联邦通信委员会终于在第185期《联邦公报》(Federal Register)发布《条例》,并正式编入《美国联邦法规汇编》第47章,将于2011年11月20日(生效)实施。[③] 新条例禁止电话和电缆服务商对竞争对手的互联网服务采取歧视性行为。同时,允许宽带服务提供商可以采取"合理"的方式处理网络堵塞以及不必要的数据传输,并允许互

---

① 木力:"'网络中立'再掀波澜",载《环球》2009年总第59期。

② Federal Communications Commission, Open Internet Rules, available at http://www.fcc.gov/openinternet#rules.

③ "美国'网络中立'法规见曙光 党派之争致前景难料",载http://www.c114.net/news/550/a460131.html。

联网公司在一些特定情况下,可对高带宽收取更高的费用。在2011年9月30日,美国最大的通信运营商Verizon公司将《条例》连同FCC一并告上了联邦哥伦比亚特区巡回上诉法院,诉称FCC根本无权出台此类规章,更无权对互联网进行监管,要求上诉法庭判决《条例》无效,法院随即受理了此案。自此,《条例》进入涉诉状态,正式实施暂缓。[①]

2. 欧盟的网络中立规制

(1)欧盟网络中立的立法概述

在美国网络中立争论的影响下,欧盟也开始关注网络中立政策。在欧盟,电信市场占主导地位的运营商都是国有的运营商,网络中立最初是针对运营商有倾向性地封杀某些互联网的应用提出的。2002年出台了《关于电子通信网及业务的共同营利框架(框架指令)》(2002/21/EC),旨在改变1998年旧的电信监管框架,以使电子通信业更具有竞争力。[②] 这一新的监管框架,包括四个具体指令(1)授权电子通信网络和服务的指令(简称授权指令);(2)接入联网,电子通信网络及相关设施指令(简称接入指令);(3)普遍服务指令(简称普遍服务指令);(4)隐私与电子通信指令(简称隐私和电子通信指令)。欧盟调整电信服务的《关于电子通信网及业务的共同营利框架(框架指令)》(2002/21/EC)在2003年开始实施。这个框架的四个指令包括了电子通信网络和服务的规章,包括所有形式的固定和无线的通信、资料传播和广播。尽管该指令包括了互联网,它把重点放在了电子通信的其他形式,因此它对于网络中立性问题的覆盖范围就相当有限了。

2007年11月欧盟委员会对2002年的相关指令修正建议的影响评估中,即指出欧盟与美国宽带接入服务在市场与管制方面上的差异。[③] 一方面,良性的接入竞争使欧洲电信零售市场比美国市场的竞争更加充分,因此较之美国消费者,欧洲消费者能更方便地在不同服务商之间进行切换。另一方面,欧洲的监管者对宽带服务还有明确的管制权力。2008年11月,欧洲委员会公布了最新的电信改革法案,在消费者权利一节中首次提到网络中立。欧洲委员会指出:"委员会在修订案中建议未来立法应当加强对消费者权利保护,各国电信监管机构应当采取措施保证互联网用户取得最基本的服务,在欧洲保持适度的网络中

---

① 沈玲:"网络中立一波三折美国上演最后博弈",载《中国新通信》2011年第24期。

② See Framework Directive(2002/21/EC).

③ 王以国:"网路中立管制在美国与欧盟的新发展",载《科技法律透析》2010年7月。

立。"2009 年欧盟通过最新的框架指令,对 2002 年的《关于电子通信网及业务的共同营利框架(框架指令)》(2002/21/EC)及四个指令进行修改,赋予各国电信监管机构设定网络传输最低服务质量的权力,并明确规定透明化原则构成要件,以维护网络中立与互联网自由,新的框架指令要求各会员国在 2011 年 5 月 25 日前将相关指令转化为国内法。欧洲新电信监管框架已在 27 个欧盟成员国实现了高水平的接入管制,随着 27 个成员国将新的欧洲电信管理框架内容纳入国家法律,新电信管理框架将提供基本的管理规则来管理网络中立。英国电信立法机构通信管理局(The Office of Communications, OFCOM)已经从保护消费者利益和公共利益角度出发,在讨论未来的通信问题时提出,网络中立是一个消费者问题:"实质上是网络运营商对自己网络上的不同服务提供何种程度上的免费或收取多少费用的问题。"对通信管理局来说,控制地方环路,管理者可以保证消费者平等地获取产品和服务。① 英国目前已结束了针对网络中立的讨论,但还没有作出最后决定;意大利已经提出了关于网络透明和网络中立的法案;挪威、瑞典和法国已经提出建立相关规范;西班牙和德国还在讨论之中。②

2011 年 11 月,网络中立争论转移到布鲁塞尔,欧盟在那里召开了网络中立会议,对互联网接入应该如何被决定和如何付费进行讨论。③ 虽然新的通信监管框架得到委员会通过,欧盟管理层仍然认为欧洲有足够的法律保障防止运营商有选择地管理用户接入互联网,因此不需要新的规则,所以对网络中立政策仍持观望态度。

(2)新《电子通信监管框架指令》的网络中立规制

在 2002 年的《关于电子通信网及业务的共同营利框架(框架指令)》政策目标管制原则基础上,修正后的《电子通信监管框架指令》(以下简称《框架指令》)(Directive 2009/140/EC)要求各会员国在欧共体条约的人权与基本权利保护框架下,采取措施保护自然人接入网络以及通过电子通信网络使用服务和运用的基本权利和自由。④ 各会员国支持维护互联网开放和公平的特征,要求电信监

---

① [英]阿里森·鲍威尔:"用网络中立平衡网络社会中的开放与控制",张进京译,载《中国信息界》2010 年第 1 期。

② "欧盟各国网络中立立法进度不一,监管难点在平衡尺度",载 http://www.cww.net.cn/news/html/2011/4/6/2011461118211126_2.htm。

③ 载 http://www.nytimes.com/2010/11/08/technology/08iht-neutral.html。

④ Framework Directive(2009/140/EC). §1(b)3a.

管机构提高终端用户访问和接收信息或使用所选择应用与服务的能力。[①] 修正后的普遍服务指令(Directive 2009/136/EC)关于消费者对运营商的透明要求支持了《框架指令》保护用户的目标,其规定广泛且比较具体,主要有:在任何情况下运营商改变用户订购服务时,应当告知用户。告知内容包括接入与使用服务和应用的限制条件;运营商为避免网络阻塞而控制流量所采取的适当程序及这些措施如何影响服务质量。这些透明要求必须告知用户他们所希望得到的服务质量,消费者能够在一天之内切换运营商,更重要的是运营商必须至少能为用户提供订立持续12个月的订购合同。[②] 根据普遍服务指令新规定,当消费者或其他终端用户订购连接公共通信网络或公共通信服务时,会员国应当确保消费者或其他终端用户有权与提供网络接入或服务的企业签订合同。该合同至少以明确、可理解的与易取得形式载明指令所要求企业的身份与地址和所提供服务的以下事项:(1)是否提供紧急服务与打电话者的位置信息以及在26条规定下的任何有限制条款;(2)任何限制接入或使用服务及应用的条件,该条件必须是在符合共同体法下国内法所允许的;(3)最低服务质量标准,如初次连接时间及国家监管机构认为适当的其他服务质量参数;(4)企业为避免网络阻塞所采取的合理调整流量的适当程序,及该程序将如何影响服务质量的信息;(5)服务提供者对终端设备使用所规定的任何限制等。[③] 修正后的普遍服务指令还赋予各会员国管制机构为防止服务降级、阻断或降低网络流量而对提供通信服务的企业设定最低服务质量要件的权力。在设定这些要件之前,国家监管机构应当适时将行动理由、设想的要件及建议的做法提供给新成立的欧洲电子通信监管机构(Body of European Regulators for electronic communications, BEREC)利用。该委员会为确保所设想的要件或建议不会对内部市场运作产生负面影响,就得评估前述所提出要件及建议。国家监管机构在决定要件时应最大限度考虑委员会的评论或建议。[④]

3. 其他国家的网络中立规制

加拿大的网络中立讨论始于2008年"CRTC(Canadian Radio and Television Commission,加拿大广播电视和电信委员会)对CAIP(加拿大网络服务提供商组织)v. Bell(加拿大贝尔运营商)"案的裁决。在该案中,加拿大贝尔运营商控制

---

① Framework Directive(2009/140/EC). §8(4)(g).

② Universal Service Directive §30(6).

③ Universal Service Directive §20(1)b.

④ Universal Service Directive §22(3).

了大规模零售网络,CAIP 要求 CRTC 直接禁止 Bell 控制网络的行为,但出乎观察者意外的是 CRTC 拒绝了 CAIP 的诉求,认为 Bell 在某种关键情况下有权控制网络,而这一裁决刚好与当时的 FCC 对美国有线宽带运营商 Comcast 的裁决相反。① 在美国 Comcast 一案中,FCC 裁定 Comcast 干涉 P2P(点对点技术)的应用,认为 Comcast 的行为是不合理的网络管理行为,并要求其在 30 天之内公开网络管理措施和实行网络管理的目的。② 加拿大的 CRTC 作出裁决之后,由于许多网络中立支持者向 CRTC 提交举行听证会的建议申请,CRTC 于 2009 年 7 月举行了一次关于互联网提供商网络流量管理的听证会,10 月出台了报告政策。该报告政策主要内容为:一是 CRTC 认为依据加拿大《电信法》第 27 节第 2 条规定,运营商不得歧视某些特定的应用,认为网络流量管理措施会影响网络创新与运行,同时 CRTC 也认为网络建设是解决网络拥堵的最好方式;二是在上网高峰期采取经济措施管理流量,例如设定数据传输上限、减少上网用户必须比采取技术措施更有效果;三是允许运营商在特定情况下进行网络流量管理,但网络流量管理必须遵守《电信法》第 27 节第 2 条之规定,运营商收到投诉时应当说明其网络流量管理措施、采取措施的原因及其目的和产生的影响。此外,如果网络流量管理构成歧视,运营商必须:(1)证明采取流量管理措施原因、达到的目的和影响;(2)证实网络流量管理措施尽可能减少对用户的歧视和减少网络拥堵;(3)证明采取的网络流量管理措施对于任何二级运营商、终端用户都是最合理的;(4)在特定的流量管理案例上,必须解释单独采取网络投资或经济方式不能达到流量管理措施相同效果的原因。CRTC 的这次报告政策还涉及运营商流量管理的透明性与保护用户隐私等方面,其都是以加拿大《电信法》为确立网络中立政策的依据。③不过这次 CRTC 公布的网络中立法则却呈现出两面性。一方面该法要求运营商采用透明公开的带宽调节管理政策;另一方面又存在鼓励运营商采取类似加拿大贝尔的按流量计费(UBB)政策,对网络带宽进行限制的嫌疑。目前,加拿大贝尔的收费方式采用的是双重标准,即按网络带宽收费,同时

---

① "加拿大广电委员会新公布网络中立法案",载 http://info.broadcast.hc360.com/2009/10/230826136426.shtml。

② Before the Federal Communications Commission Washington, D. C. 20554, Memorandum Opinion and Order, August 20, 2008.

③ Review of the Internet traffic management practices of Internet service providers, Telecom Regulatory Policy CRTC 2009 - 657 Route reference: Telecom Public Notice 2008 - 19 Ottawa, 21 October 2009, available at http://www.crtc.gc.ca/eng/archive/2009/2009 - 657.htm.

每月的数据流量以60GB为封顶,超过流量则需另行付费。由于加拿大的CRTC网络流量管理的管辖权与美国FCC相比几乎没有受到任何挑战,因为在加拿大CRTC的通信与广播管辖权在之前就已经厘清。① 因此,笔者认为加拿大对网络流量管理规制环境将比较稳定,这也是加拿大规制运营商网络流量管理的一大优势。

日本宽带服务市场竞争是世界最充分的国家之一,其宽带上网速度是世界上最快的国家之一,但它仍是网络中立立法讨论最激烈的亚洲国家。日本网络中立议题争论始于2005年内部事务和通讯部(Ministry of Internal Affairs and Communications,MIC)讨论日本下一代互联网的两个相关问题,一个是网络拥堵与P2P技术的使用问题,另一个是关于日本宽带运营商日本电报电信株试会社(Nippon Telegraph and Telephone, NTT)迅速在光纤宽带市场上拥有显著市场支配力量的问题。而网络中立争论在2006年显得最激烈,由运营商NTT批评视频发布者与网络电话(VoIP)服务提供商作为宽带服务的免费搭乘者而引起。2006年MIC成立一个非正式的网络中立调查小组,其调查结果与建议没有约束力,该调查小组在2007年9月报告中提出三条网络中立原则:(1)网络对于用户应当是可用与容易使用的;(2)基础网络可供任何达到相关技术标准的终端使用和支持端到端的通信;(3)用户享有以合理价格平等接入通信和平台的权利。该三项原则被2010年10月竞争政策方案引用为一条修正案。② 调查小组报告的另一个结果是建议成立一个行业调查小组调查日本网络拥堵与流量管理的问题,行业调查小组成员主要由一些电信运营商组成,并于2008年颁布了其三项指导原则:一是网络提供商应当在网络流量增加时提高网络容量;二是流量管理应当符合特定的条件,这个条件就是"高带宽用户"持续占用网络带宽并造成其他用户服务质量的下降;三是数据包管理应当以客观标准为依据。此外,运营商进行流量管理应当在合同中告知用户,同时内容服务提供商也应当告知运营商其相关信息。日本政府关于网络中立的非正式调查或指导原则既没有引起反对者的反对,也没有取得任何好的成就,其所引起的国内争论无论在传媒领域或学术领域都没有美国那么激烈。上述一些原则已经得到像NTT这样的一

① John Harris Stevenson Andrew Clement, Regulatory Lessons for Internet Traffic Management from Japan, the European Union, and the United States: Toward Equity, *Neutrality*, *and Transparency*, *Global Media Journal—Canadian Edition Volume* 3, Issue 1, 2010, pp. 9–29.

② Conference on the Neutrality of Networks, available at http://www.soumu.go.jp/main_sosiki/joho_tsusin/eng/studygroupreport.html.

些运营商在互联互通上的应用。2010 年日本议会曾讨论是否应当修订广播法，授权通信商业争端解决委员会解决电信运营商和内容服务提供商的争端的权力。①

(二)国外网络中立立法的启示

美国、欧盟、加拿大、日本的网络中立立法是未来电信与互联网领域立法的一种发展趋势。美国在 1996 年《电信法》出台之后就在电信行业实现了竞争管制，这距离 1934 年的《电信法》是 60 多年。FCC 最近几年推动网络中立立法的举措都渗透着公平正义、造福社会、全面普遍服务的理念。欧盟的网络中立立法也是从保护消费者的角度出发，确立了一系列规制运营商的措施与实现普遍服务的程序。由于我国目前在电信与互联网技术和基础设施上与美国和欧盟相比还存在一定差距，我国的电信行业还尚未实现竞争管制，在此种现状下关注美国、日本、加拿大及欧盟的网络中立政策的最新进展对我国电信立法与互联网行业的监管都具有非常重要的启示意义，同时对我国网络中立立法及宽带服务提供商法律规制具体制度建设也具有重要的参考价值。

1. 规制方法的启示

美国网络中立规制主要方法是采取逐案裁决的行政主导模式。FCC 在每一个具体的案例中反复检验其网络中立立法或政策。FCC 通过对典型案例的裁判，不断在实践中确立网络中立的执法权，进而进行网络中立立法并又依据新的立法对实践中的典型案例进行裁判。在这个立法—裁判检验—再立法的循环过程中，FCC 最终确立了其在网络中立规制中的行政主导地位。在 Brand X 一案中，联邦最高法院支持 FCC 的决定，将互联网接入服务归类为美国电信法中的"信息服务"，②随后 FCC 的"有线宽带命令"也将有线与 DSL 宽带服务归类为美国《电信法》第 1 章中的"信息服务"，因此有线宽带接入服务无须遵守《电信法》第 2 章规定的公共运营商必须承担的非歧视义务。③ 在 2005 年 FCC 意识到其对互联网接入服务的归类使其管辖权受到限制之后，提出了网络中立四项

---

① Carter, Kenneth R. and Watanabe, Tomoaki and Peake, Adam and Marcus, J. Scott, A Comparison of Network Neutrality Approaches In: The U. S., Japan, and the European Union (July 28, 2010), available at http://ssrn. com/abstract = 1658093.

② Amy L. Signaigo, Nat'l Cable & Telecommun. Assoc. v. Brand X Internet Servs.: Resolving Irregularities in Regulation?, *Northwestern Journal of Technology and Intellectual Property*.

③ Brand X and the Federal Communication Commission's Adoption of the Wireline Broadband Internet Access Order-What Now? *Santa Clara Computer & High Technology Law Journal* 2006 *Comments Contest*.

原则,对这四项原则的激烈争论是由 Comcast 一案引起的,Comcast 是美国一家主要的有线宽带运营商,其被控诉在其网络上禁止了 P2P(点对点共享程序)运行,无论该软件是否合法。FCC 由此依据《电信法》第 1 章规定的附属管辖权裁定 Comcast 的行为是不合理的流量管理行为,但 Comcast 质疑 FCC 管辖权并向法院提起诉讼,最终法院的决定否决了 FCC 的管辖权。在 Comcast 案之后,FCC 更加努力寻求其管制宽带接入服务的权力,2009 年 9 月又颁布了"非歧视"与"透明化"原则,该两项原则写进由 FCC 和 NTIA(国家电信和信息管理局)起草的美国"宽带战略"计划,要求参与该计划的运营商必须遵守该两项原则。2009 年 10 月,FCC 制定了《条例》。通过观察 FCC 网络中立的立法过程与行使网络中立管辖权的实践过程,可见美国网络中立规制是以 FCC 的行政先行为主。虽然 FCC 的网络中立管辖权在实践中受到美国反垄断机构与法院的质疑,但 FCC 的网络中立立法也有成功适用的先例。在 Madison River 一案中,Madison River 公司就主动接受 FCC 的处罚,并停止屏蔽用户访问一个叫"Vonage"的网络语音服务。

欧盟网络中立规制采取的主要方式为事前规制的立法主导模式。2002 年欧洲立法机构制定的《框架指令》就是为了在欧洲建立和维持一个具有竞争性的电信市场,并规定《框架指令》制定的电子通信监管规则应当逐级由事后规制的反垄断法所确立的规则取代,该框架指令赋予了各国电信监管机构通过市场分析决定市场是否属于充分竞争,只有市场被认为是缺乏充分竞争的条件下,特定的部门监管才被认为是合理的,特定部门行使监管权直到市场恢复到充分竞争。随着技术发展与市场不断集中,2009 年欧盟出台了的《框架指令》(Directive 2009/140/EC)。《框架指令》认为欧洲还没形成一个内部开放的电信市场,对 2002 年《框架指令》进行了大幅度的修改。《框架指令》由欧盟委员会所提议,赋予各国电信监管机构更独立的地位,试图加强欧洲委员会的权力。而新《框架指令》的制定在欧洲委员会、欧洲议会与欧洲理事会之间产生了争议,争议主要围绕在欧洲委员会是否有立法权及欧洲电信监管机构的合法性问题。欧洲委员会将新的《框架指令》与"下一代宽带"建设联系起来,并沿用以前使用的市场集中度分析方法决定宽带市场是否具有竞争性。而在考虑网络中立立法问题时,《框架指令》的制定程序就表明欧洲采取的是谨慎态度,欧洲理事会与委员会经过沟通之后认为欧盟的政策制定者仍未明确是否需要进行网络中立立法及立法后在市场上会产生什么问题,也无法证明现在的市场集中度分析方法是否不足以解决电信业的问题。[①] 此外,欧盟两次框架指令立法都还伴随着具体的各种框架指令,在具体的框架指令中规定运营商的非歧视、透明化与普遍服务等义务。总体上,欧盟首先将网络中立的相关内容融入《框架指令》及各个具体的指令之中,只有电信经营者提供商违反了法律规定,电信监管机构才能依据法律进行规制;其次,欧盟各国电信监管机构在规制网络非中立行为时必须分析市场的竞争状况,只有市场不是充分竞争时才能实行监管权;最后,欧盟委员会的网络中立立法权还存在争议。所以,欧盟事前规制的立法主导模式比美国 FCC 逐案裁判的行政主导模式在网络中立规制方法上相对谨慎。

通过对美国与欧盟网络中立规制方法的梳理,可见美国逐案判决的行政主导模式与美国作为判例法国家的传统密切相关。欧盟采取事先规制的立法主导模式与其大部分国家属于大陆法系的法律传统也有一定相关。无论采取何种规制方法,两者的共同点是都有法可依。我国三个机构各自行政的模式与美国行政主导的网络中立规制模式有着一定的相似性,表现在电信、广电、互联网业的监管机构都有各自的行政规章制定权,能直接强势干预相关监管范围内的市场。但在"三网融合"实践中产生的问题,需要一个统一、独立的监管机构进行监管。如果三个机构之间继续维持各自行政与部门保护的特点,则不能有效解决"三网融合"过程中所出现的问题。如果借鉴欧盟事前规制的立法主导模式来进行网络中立规制,不仅可以解决我国电信业行政规章的法律效力位阶低的问题,并有利建立一个更具独立的协调机构来解决目前三个机构各自为政的局面,从而为逐渐建立一个统筹电信、广电、互联网三个领域的独立监管机构奠定基础。加拿大与日本虽然未进行网络中立立法,但这两个国家采取听证和调查的方法考察网络中立立法的必要性和影响值得我国借鉴。这种谨慎的事前评估方法可以更好地分析国内宽带服务市场的竞争状况,进而可以更好地进行网络中立立法。

2. 规制主体的启示

建立独立、权威、统一的执法主体是实施网络中立的基本条件。美国、欧盟、加拿大、日本都有明确的网络中立执法主体。FCC 是美国的电信监管机构,其具有高度的独立性、权威性、统一性特征。首先,FCC 具有很强的独立性,不仅独立于被监管企业,而且独立于美国政府,直接向国会负责;其次,FCC 权威性大,

---

① Jasper P. Sluijs, Network Neutrality Between False Positives and False Negatives: Introducing a European Approach to American Broadband Markets, *Federal Communications Law Journal*, January, 2010.

其享有制定规章、仲裁争议以及执行各项法规的广泛权力;最后,FCC统一负责对美国电信、广播、电视及互联网的监管。FCC高度的独立性、权威性与统一性为美国实施网络中立奠定了强有力的基础。欧盟2009年的《框架指令》规定专门成立的BEREC具有协调各国规制机构的功能,可以确保框架指令的各项规定在各国的统一执行,实现欧洲内部市场的统一。① 欧洲的德国、法国、英国都在《框架指令》要求下依据本国电信法成立了独立的电信监管机构,同时这些机构也行使网络中立的规制权。加拿大的CRTC、日本的MIC都是享有制定网络中立政策的权力主体,统一实施网络中立规制权力。上述国家的网络中立政策或立法都是由单一的监管机构所作出,每个国家的监管机构都是集电信、广播及互联网的监督权于一身,这些监管机构都是网络中立实施的执法主体,体现了各个国家电信法所确立的独立、权威、统一监管机构模式。确立单一的网络中立执法主体有利于提高监管效率,避免监管部门之间各自为政、相互推诿责任现象发生。网络融合过程中产生的涉及多个网络层级结构的问题时,也需要单一的网络中立执法主体进行规制,这样可避免多个监管机构之间产生的重复监管问题。

建立权责明确、分工合理的网络中立监管体制是实施网络中立的重要条件。实施网络中立,不仅涉及网络中立执法主体的权力配置,也关系网络中立执法主体与其他机构的权限分配问题。FCC的网络中立立法经历了曲折的发展过程,就是由于FCC网络中立规制的管辖权一直遭受异议。美国各机构之间对网络中立立法的态度也不一致。美国联邦贸易委员会(Federal Trade Commission, FTC)与司法部(Department of Justice, DOJ)对网络中立立法是不支持的。联邦最高法院对网络中立立法采取的也是宽松监管的态度。FTC与DOJ的反托拉斯司是美国反垄断起诉权的主体,FTC可以针对反垄断案件提起民事诉讼并有裁决职能。反托拉斯司则可以提起民事诉讼与刑事诉讼,但没有裁决职能。网络中立立法赋予了FCC更广泛的互联网监管权,这对传统反垄断机构的反垄断监管权是一次挑战。美国虽然对FCC的网络中立规制权力与反垄断规制权力之间的界限该如何划分已经开始争论。② 但美国至今还没有合理界定FCC与反垄断机构网络中立规制权力的界限。欧盟的网络中立监管体制相对美国来说,其具有网络中立执法主体与反垄断机构共同行使网络中立监管权的特征。

---

① Framework Directive(2009/140/EC).

② Babette E. L. Boliek, FCC Regulation Versus Antitrust: How Net Neutrality is Defining the Boundaries, *Boston College Law Review*, Vol. 52, No. 1627, 2011 & Pepperdine University Legal Studies Research Paper No. 2012/1.

BEREC 及各国的电信监管机构必须确认市场是不充分竞争的与遵守欧盟竞争法的条件下才能行使网络中立的专门监管权。只要市场处于充分竞争条件下时,专门的网络中立规制就被反垄断规制所取代。可见,欧盟并未排斥反垄断机构网络中立管制权力,欧盟的网络中立监管体制向着共同监管的趋势发展。① 因此,欧盟网络中立执法主体与反垄断机构之间权限得到一定程度的合理分工,这有利于发挥监管机构之间的协调作用,更好地实施网络中立的相关规则。日本与加拿大都坚持最低限度的干预原则,虽然两国都未进行网络中立立法,但是由于日本和加拿大没有发生过严重违反网络中立的案例,所以日本和加拿大电信监管机构还没有确立网络中立执法权,其与反垄断机构的权限配置问题还没有产生。

网络中立的立法内容涉及互联网结构中的每一个层级,网络中立立法体现了网络融合发展过程中所需的统一立法趋势。传统的监管部门依据互联网分层结构设置,这种每个层级结构里各自规制的监管方式已经不适应网络融合发展规制的需要。美国、欧盟、日本和加拿大都确立了独立、权威、统一的网络中立执法主体,这对我国建立单一的电信监管机构和确立统一的网络中立执法主体具有重要借鉴意义。欧盟网络中立执法主体与反垄断机构的合理权限分配,有效地解决了电信监管与反垄断监管之间的矛盾。这种共同监管的体制对我国正确处理电信行业监管与反垄断监管关系,界定电信监管机构与反垄断监管机构权限也具有重要的参考价值。

3. 规制内容的启示

美国的网络中立立法采取的是专门立法模式。美国将网络的物理层、协议层、应用层、内容层中所有的市场经营者所必须承担的网络中立义务统一规定在由 FCC 制定的网络中立原则和《条例》中,实行统一监管。美国网络中立的专门立法主要从宽带服务提供商法律规制角度出发,规定了宽带服务提供商透明化、禁止屏蔽及禁止不合理流量管理义务。欧盟的网络中立立法采取复合的立法模式。所谓复合模式是与专门立法模式相对应,将网络中立的内容融入现行的法律之中。欧盟 2003 年生效的《框架指令》废除了电子通信业根据服务分类的传统模式,转为采取层级模式,并按不同层级的特性制定管制政策,以适应整合性

① Christopher T. Marsden, Net Neutrality: Towards a Co-regulatory Solution, *International Journal of Communication* 4 (2010), Book Review 1079 – 1081.

服务管制之需要。[①] 欧盟网络中立的内容主要规定在2009年修改后的《框架指令》及四个具体指令之中。欧盟网络中立规制目标主要为促进互联网开放与公平,提高宽带服务质量,其内容主要涉及消费者的互联网接入与宽带运营商的流量管理两个部分。

网络层级主要由物理层、协议层、应用层及内容层组成。网络层级中的物理层主要负责提供网络传输基础设施,提供网络传输服务的往往是固网宽带运营商和无线宽带运营商。物理层是网络的最基础层级,宽带服务提供商在这一层级中具有控制网络中应用层与内容层的能力。网络中立就是针对宽带服务提供商滥用其支配地位禁止应用层的应用程序使用与屏蔽内容层的网络内容行为而提出。虽然网络中立立法内容在各个国家都稍有不同,但是可以看出各国将对宽带服务商的网络中立规制作为其立法或政策的焦点。从网络多层级规制到重点规制宽带服务提供商是各国网络中立规制内容的共同特征。我国与网络中立相关的法律法规及部门规章虽然也有保护消费者的立法目的,但是强调网络安全的色彩依然浓厚,保护网络信息安全、维护国家安全和社会公共利益在各个规章中的表述基本一致,也构成立法目的之一。我国目前与网络中立内容相关的法律法规重点规制对象主要是宽带服务提供商的互联互通,缺乏禁止宽带服务提供商歧视应用程序与内容的立法规定。

三、我国宽带服务提供商法律规制的立法选择

(一)网络中立的立法模式选择

通过对美国、欧盟及其他国家的网络中立管制立法梳理与比较,可见美国的网络中立立法采取的是专门立法模式,欧盟的网络中立立法采取复合的立法模式。美国与欧盟的两种不同立法模式都具有各自的优势与劣势。美国网络中立的专门立法具有两个方面的优势。第一,专门立法避免了同时修改多部法律及行政规章的繁杂性,避免行业内多部法律之间规定的不一致性而产生适用问题。第二,专门立法可以使法律规制对象显得更突出,使法律条款的权利义务设置更具可行性。但是网络中立专门立法的不足之处主要有:没有解决好反垄断法与网络中立立法之间的关系,也没有明确确立反垄断机构与网络中立执法主体权限关系。这样会导致规制宽带服务提供商滥用市场支配地位行为时,无法明确是适用反垄断法还是网络中立的立法,进而引起反垄断机构与网络中立执法机

① 王以国:"欧盟网络连接规范现状与发展",载《科技法律透析》2009年1月。

构的管辖权争议。采取复合的立法模式的优势主要有:一是有利于协调现行立法与网络中立立法关系;二是有利于明确界定网络中立执法主体与反垄断执法主体之间的权限。但是复合的立法模式不足之处主要有:第一,立法过程的复杂性与立法成本高昂,复合立法模式不仅要同时修改电子通信领域的多部法律,而且可能还需要修改传统的反垄断法;第二,复合立法模式立法周期过长,不能适应迅速发展的网络经济特征。由于网络经济市场结构与市场主体行为变化极其迅速,而网络中立的内容涉及电信法与反垄断法两个部门法,同时修改不仅复杂而且历时较长,不能适应迅速变化的网络经济。

我国网络中立的立法应当采取一种折中模式,吸收美国立法模式与欧盟立法模式各自的优势,尽量摒除两国立法模式的不利因素。因此,我国网络中立的立法主要有两种路径选择:一是进行网络中立的反垄断立法;二是进行网络中立的电信专门立法,最终形成可以同时发挥反垄断立法与电信专门立法优势的网络中立折中立法模式。采取这种折中立法模式,目的是使《反垄断法》能够规制宽带服务提供商的垄断行为。电信立法专门规定宽带服务提供商具体的网络中立义务,并行使对限制互联互通、进行价格歧视及不合理网络流量管理行为的规制,协调好反垄断立法与电信立法网络中立规制的关系。

1. 网络中立的反垄断立法

首先,重新确立自然垄断行业反垄断豁免适用原则。在自然垄断行业豁免适用规定上,我国《反垄断法》第7条规定使自然垄断行业的企业是否适用反垄断法产生了不明确性。虽然有研究者指出该条强调对自然垄断行业的保护,但并未排除该行业成为反垄断法的规制对象,①但是通过分析《反垄断法》第7条规定,②笔者认为我国采取的是"一般豁免,例外适用"原则。因为该条规定并未明确列举自然垄断行业经营者不得豁免适用反垄断法的行为类型,包括经营者利用其控制地位或者专营专卖地位损害消费者利益行为是否可以豁免适用反垄断法也存在模糊性。消费者利益是一个很难界定的抽象概念,这就增加了自然垄断行业的企业获得豁免的可能性。因此,我国确立的自然垄断行业反垄断豁

---

① 杨东:"论反垄断法与行业监管法的协调关系",载《法学家》2008年第1期。

② 我国《反垄断法》第7条规定为:"国有经济占控制地位的关系国民经济命脉和国家安全的行业以及依法实行专营专卖的行业,国家对其经营者的合法经营活动予以保护,并对经营者的经营行为及其商品和服务的价格依法实施监管和调控,维护消费者利益,促进技术进步。前款规定行业的经营者应当依法经营,诚实守信,严格自律,接受社会公众的监督,不得利用其控制地位或者专营专卖地位损害消费者利益。"

免适用原则与国际反垄断法领域逐渐缩小其豁免适用的立法趋势相违背。世界上各国的反垄断法对自然垄断行业的态度已经发生了变化:“从一般豁免,例外适用”变为“一般适用,例外豁免”。1998年5月修改的德国《反限制竞争法》几乎完全取消了对电力行业的豁免;2000年日本废止《禁止垄断法》第6章第21条对电力等自然垄断行业的适用除外。① 所以,我国应当确立“一般适用,例外豁免”原则,这样就可以发挥反垄断法对自然垄断行业的企业滥用市场支配地位行为进行规制的作用,从而有利于维护公平竞争的市场环境与保护消费者利益。

其次,必须建立独立、权威的反垄断执法机构。根据我国《反垄断法》第9条、第10条规定及“三定”方案,我国确立了由商务部、国家发改委、国家工商总局三个机构共同实施反垄断法的制度设计。这种多头执法使得执法成本高而效率低,且这些机构之间不可避免地会产生争执和摩擦,三个机构各自独立执法还有一个致命弱点是,它们均附属于国务院部委,级别不高,权威不大,而且因其主管部门特别是国家发展改革委员会是制定和执行国家宏观政策的重要机构,作为其下属机构的反垄断执法机构很难保持独立性。② 建立独立、权威的反垄断执法机构可以为反垄断执法机构施行强有力的执法奠定基础。

最后,必须明确反垄断执法机构与行业监管机构的权力界限。要有效控制政府管制形成的限制竞争而言,反垄断机构也必须具有超越于各管制机构的地位——反垄断机构必须有权力认定管制机构的相关行为违反反垄断法并且对其进行处罚,才能有效地从管制体制外形成对政府行为的约束。③ 我国《反垄断法》应当赋予反垄断执法机构直接监管自然垄断行业中非自然垄断业务的权力,例如我国《电信条例》中规定的语音服务业务与互联网接入服务业务。

2. 网络中立的电信立法

首先,完善网间互联结算标准与互联互通纠纷解决途径。互联互通问题困扰我国电信市场历史长远,造成此种现象原因主要是我国的网间结算标准不合理与互联互通争议司法介入难。一方面,我国目前采取的网间结算方式是双向收费原则,这无疑加大了弱势运营商的成本压力。另一方面,互联互通争议的司法介入难也是互联互通问题久拖不决的重要因素。根据《电信条例》第21条规

① 张占江:“自然垄断行业的反垄断法适用——以电力行业为例”,载《法学研究》2006年第6期。

② 王晓晔:“中华人民共和国反垄断法析评”,载《法学研究》2008年第4期。

③ 张江莉著:《反垄断制度与政府管制》,北京大学出版社2011年版,第250页。

定,网间互联双方依据《电信条例》第20条规定解决争议,其中第20条规定争议双方先向监管机构申请协调解决,协调不成的,由协调机构组织电信技术和其他方面的专家论证和提出决定,强制双方实行互联互通。所以根据上述两条规定,我国运营商之间解决互联互通争议的行政程序为:由争议双方之间进行协调、协调不成再申请行政部门调解、调解不成由专家作出论证决定并强制实行互联互通。依据这个程序解决运营商之间的互联互通纠纷,由于程序繁多,造成效率低下。因为,经过这个程序的行政救济之后,受损害一方运营商若再采取司法救济手段,这必然经过了很长一段时间,实践中法院往往也拒绝对互联互通争议的案件进行立案。[①] 因此,我国互联互通纠纷司法介入存在困难。

其次,明确规定互联网接入服务适用《电信条例》的法律条款。互联网接入服务与互联互通密切相关,互联互通的质量直接影响宽带服务的质量,解决我国宽带运营商滥用市场支配地位实施损害消费者利益的行为,既是反垄断法所必须关注的问题也是电信法律必须明确回答的一个问题。我国《电信条例》虽然规定了非歧视与透明化的原则,但是具体要求和程序没有细化,也没有明确规定这两个原则是否适用于宽带服务提供商;《电信条例》对"基础电信业务"和"增值电信业务"经营者在承担"普遍服务"或"公共运输"责任上没有明确的规定与区分,这就会造成我国互联网接入服务是否承担"公共运输"责任存在不明确性。[②] 因此,我国应当明确宽带接入服务适用现行的《电信条例》,并在电信立法中借鉴美国网络中立的专门立法内容,规定宽带服务提供商的网络中立义务。

最后,我国应当建立独立、权威、统一的电信监管机构。我国目前与网络中立议题相关的监管机构主要包括工信部、国务院新闻办公室、新闻出版广播电影电视总局三个部门。三个部门目前分别行使规制电信、广播、互联网行业的权力,与美国和欧盟的网络中立监管机构相比,我国的三个机构基本上是各自为政,具有明显的行业、部门保护特色,缺乏协调性。我国电信监管机构的重建过程中,应当朝着建立一个独立、权威、统一的电信监管机构目标发展。我国必须整合工信部、广电总局和国家信息办的网络中立管制权力,建立面向"三网融合"的独立的专门电信管制机构,通过法律明确授权监管广电和电信相关活动。

我国互联网行业的现行法律状况更接近于欧盟,我国应当在电信专门立法

---

① 娄耀雄:"论我国电信运营商之间互联互通纠纷的司法管辖权",载《法律科学》2005年第4期。

② 罗昕:"美国网络中立规制研究:脉络、实质与启示",载华中科技大学2012年博士学位论文。

中借鉴欧盟网络中立的立法模式与立法内容,根据互联网不同层级结构性质制定各自的管制法律,并且将网络中立管制内容融入电信法律法规之中,欧盟的《框架指令》与各具体的指令充分体现了其将传统电信法与网络中立立法相结合的立法主旨。我国可以在未来的电信立法中将网络中立原则作为电信法总则的组成部分之一,在总则中规定禁止屏蔽、非歧视、透明化的网络中立原则。电信服务提供商及其他电信经营者具体的网络中立义务规定在相关章节之中,特别规定宽带服务提供商在电信市场准入、网间互联互通、普遍服务三个具体章节的网络中立义务。

3. 协调反垄断立法与电信立法的关系

确立《反垄断法》的基础性地位。虽然反垄断法与电信法律法规在维护市场竞争秩序与消费者利益上具有相似的立法目的,但是两者在规制内容与效果上具有明显区别。因此,在反垄断法与电信法律法规的协调上,应确立竞争政策优先于产业政策的地位。随着我国市场经济的不断发展,以行政干预为主的产业政策不符合市场经济的发展规律,产业政策往往成为垄断行业谋取不正当利益的条件,影响市场的公平竞争与技术创新。所以,在反垄断法与电信法关系上,我国应当将反垄断法确立为市场经济基本法,当反垄断法与电信法存在矛盾时,优先适用反垄断法。确立反垄断法的基础性地位,我国立法可以参考我国台湾地区"公平交易法"第46条的规定:事业关于竞争行为,另有其他规定者,与不抵触本规定"立法"意旨之范围内,优先适用其他规定。或者借鉴美国1996年《电信法》的规定,直接规定电信立法的内容不得与反垄断法的规定相抵触。

明确反垄断法与电信法的分工合作机制。为了实现竞争目标,反垄断法与电信法必须发挥相互补充的作用。在网络中立的反垄断立法内容中,规定《反垄断法》适用于规制宽带服务提供商滥用市场支配地位实施拒绝交易、歧视性待遇行为及严重限制竞争的垄断协议行为。在网络中立的电信立法内容中,应当规定宽带服务提供商履行平等对待互联网接入与保障互联互通的法律义务,并禁止宽带服务提供商实施价格歧视与不合理的网络流量管理行为。总之,既要依靠反垄断立法来弥补电信立法的缺陷,也要发挥电信立法对反垄断立法缺陷的弥补作用,反垄断法通过分析市场结构与竞争状况来评析垄断行为对竞争造成的影响,这样的执法方式可以充分发挥其事后规制作用。电信法在专业知识与直接干预经营者行为上具有优势,可以充分发挥其事前监管作用。除了在立法上界定反垄断立法与电信立法的监管内容之外,分工合作机制的建立还可以通过反垄断执法机构与电信监管机制共同制定反垄断工作指南来实现。①

(二)我国网络中立的复合规制体制

网络中立的规制体制是网络中立监管机构的设置与权力划分及其相应关系的制度。美国实行单一的网络中立规制体制,欧盟实行复合的网络中立规制体制。美国网络中立的规制权统一由FCC行使,而欧盟《框架指令》规定了网络中立执法应当遵守欧盟竞争法的规定。欧盟确立了当市场恢复充分竞争之后,网络中立执法机构的监管权将由反垄断执法机构所取代。虽然美国的网络中立原则最初是由FCC提出,但FCC的网络中立规制权力是否有法律的依据一直备受美国网络中立反对者与反垄断机构的质疑,FTC与DOJ都不支持FCC强行实施网络中立管制。2007年6月,FTC发布了其长达一年调查的网络中立性问题报告。报告指出FTC在网络中立问题上实质将采取放松管制和持观望态度,并且它将尽最大努力来促进竞争和保护消费者在宽带互联网接入领域的利益,在互联网接入服务市场存在市场失灵时,FTC将继续加强反托拉斯法和消费者保护法保护消费者的作用。② FTC在报告中还坚持认为它享有对宽带服务提供商全面的管辖权。由此可见,欧盟的复合规制体制正确地处理了电信监管机构与反垄断机构之间的关系,美国确立的单一监管体制造成了反垄断机构与电信监管机构之间互相争夺管辖权现象的发生。网络中立规制体制的设置必须正确处理网络中立执法主体与反垄断执法主体的权限关系。我国网络中立规制体制必须考量监管机构设置、电信监管机构与反垄断机构之间权力界限及两个机构之间权力协调三个问题。为了建立权责明确、分工合理的网络中立规制体制,正确协调反垄断法与电信法律法规关系,我国应当采取欧盟复合的规制体制。确立由专门的电信监管机构与反垄断机构共同行使网络中立规制权的监管体制。

1. 确立网络中立的专门监管机构

我国网络中立的监管权力应当专门赋予电信监管机构。根据我国目前的状况,应当由法律确定工信部作为网络中立的专门监管机构,在网络中立立法中规定其权力,这是在我国尚未建立统一、独立的电信监管机构情况下的最好选择。因为工信部作为网络中立的监管机构具有专业性优势与它的垂直管理优势,互联网行业是技术性非常强的一个行业,工信部在这方面具有专业性人力资源优

① 毕鑫钰:"反垄断法与行业监管法的协调机制刍议",载《商业时代》2011年第11期。

② Nuechterlein, Jonathan E, Antitrust Oversight of an Antitrust Dispute: An Institutional Perspective on the Net Neutrality Debate, *Journal on Telecommunications & High Technology Law*, 2009.

势与执法经验优势,例如,2010 年的“3Q 大战”(奇虎 360 与腾讯 QQ)出现的损害消费者利益的行为最终仍是由工信部介入处理的。工信部的垂直管理优势表现在其在地方设置了通信管理局,有利于充分发挥机构内部之间沟通协调作用,提高监管效率。

2. 合理分配网络中立监管机构的权限

有学者研究行业机构与反垄断机构之间的权力配置关系时,认为主要有三种模式:一是将反垄断执法权配置给行业监管机构;二是废除产业监管机构,由竞争机构行使监管权;三是建立一种二者合作监管的模式。① 合作监管模式是当今世界各国的主流,合作监管模式也被有些学者称为合作性的双轨制模式,这种模式要求行业监管机构与反垄断机构有较强的协作意识。行业管制机构实施管制活动时要迅速、及时、公平、合理,而反垄断机构如果对行业管制部门的“放宽”行为、不作为或者不合理的作为不满意,在自行启动法律程序时,行业管制部门也要予以配合。② 纵观美国的电信监管历史,从 20 世纪 80 年代“DOJ 诉 AT&T”案、1992 年“禁止 WorldCom 与 MCI 合并”案就可以看出美国反垄断机构在电信监管领域的重要地位,但 FCC 也同样具有某种程度上的反垄断权力。自网络中立议题开始以来,FCC、FTC 及 DOJ 之间就对网络中立管制发生电信领域反垄断与管制界限之分的论争。我国的网络中立管制也应当采取合作的监管模式。电信监管机构负责制定互联互通、流量管理等具体政策,并监督宽带服务提供商遵守这些具体的网络中立义务。反垄断机构依据《反不正当竞争法》和《反垄断法》对严重妨害竞争的不正当竞争行为与垄断行为进行规制,包括宽带运营商之间合并、滥用市场支配地位实施纵向限制行为等可能损害竞争与消费者利益的行为。

3. 建立网络中立监管的协调机制

我国应当建立电信监管机构与反垄断机构的协调机制。在网络中立立法协调上,应当尽量减少反垄断机构与电信监管机构权限矛盾,促进二者之间的融合和法律实施的统一。在立法过程中应当互相吸纳各自的经验,减少立法冲突。在网络中立的法律实施过程中,应当加强电信监管机构与反垄断机构的协商合作,例如,我国台湾地区的“公平交易法”第 9 条就规定了台湾地区“行政院公平

① 史际春:“反垄断法与行业立法、反垄断机构与行业监管机构的关系之比较研究及立法建议”,载《政法论丛》2005 年第 4 期。

② 张江莉著:《反垄断制度与政府管制》,北京大学出版社 2011 年版,第 244 页。

交易委员会"与其他行业监管机构的协商合作解决共同监管权。[①] 2011 年国家发改委价格监督检查与反垄断局对中国电信和中国联通进行价格反垄断调查，但作为电信监管机构的工信部似乎没有与发改委价格监督检查与反垄断局进行任何协商，最后这次调查中止了，从这个案例中可以发现我国的反垄断机构与电信监管机构缺乏协调机制。为了更好地实施网络中立的法律，笔者建议我国应当确立协调反垄断机构与电信监管机构工作的协调机构，可以将未来准备建立的反垄断委员会作为协调机构。根据《反垄断法》第 9 条规定，在机构职能方面，反垄断委员会具有组织、协调、指导反垄断工作的职责，因此其在实践中可以更好发挥其协调反垄断执法机构与电信监管机构的作用；在政策职能方面，反垄断委员会是国务院的一个机构，不仅有权研究拟定有关竞争政策，而且可以参与政府内部相关经济政策以及法律制度制定和改革的讨论，这有利于将竞争政策统一于国家经济政策的总体目标下，跨越所有行业部门经济，避免产业政策的片面性。

（三）宽带服务提供商网络中立的具体规制

1. 互联网接入服务的规制

接入是指根据规定的条件，在排他性或非排他性的基础上向其他企业提供设施或业务。它是互联互通的上位概念。[②] 欧盟 2009 年的《框架指令》将接入定义为，在规定的条件下，基于提供电子通信服务之目的，包括传输资讯社会服务或广播电视内容服务，在排他性或非排他性之基础上，供其他事业利用其设施或服务。它包括网络元件及相关设施（如市内用户环路，以及利用市内用户环路提供服务之必要设施及服务）、实体基础设施（包括大楼、管道与天线杆）、相关软件系统（包括营运支援系统）、号码编译或相当功能之系统、固定与移动网络、有线电视条件式接入系统以及虚拟网络服务等。[③] 我国的电信法律法规没有关于接入的定义，在《公用电信网间互联管理规定》第 7 条、第 9 条有关于网间互联主导经营者必须开放的设施义务，与欧盟的《框架指令》定义的接入包括的设施有一定的类似，但并不是完全的接入概念。互联网接入一般被分为零售接入、批发接入、互联互通接入、平台接入及非绑定接入五种接入形式。互联网接

① 台湾地区"公平交易法"第 9 条规定：本"法"所称主管机关：在"中央"为"行政院公平交易委员会"；在"直辖市"为"直辖市政府"；在县（市）为"县（市）政府"。本"法"规定事项，涉及他部会之职掌者，由"行政院公平交易委员会"商同各该部会办理之。

② 娄耀雄著：《电信法学研究》，北京邮电大学出版社 2010 年版，第 41 页。

③ See Amendments to Directive 2002/19/EC (Access Directive) §1.

入服务是网络中立争论的主要问题之一,互联互通、非绑定与开放接入在美国与欧盟的网络中立管制中都暗示着互联网内容提供商、应用程序提供商及终端用户都允许使用宽带服务提供商的专有设施。我国的开放接入规制并没有相关的法律规定,互联互通的规定也主要集中在运营商之间的网间互联义务,对互联网的下游市场经营者及消费者的宽带接入权利缺乏法律保障。零售接入服务保障在相同条件下提供给终端用户平等的接入网络权利,其与批发接入的价格差别对二级运营商盈利能力产生决定性的影响。互联互通接入是不同的宽带竞争者之间为各自消费者提供相似服务的必要条件,其对网络管理的影响性是五种接入形式中最重要的。[①] 平台接入与非绑定接入则是宽带服务提供商可能利用来实现其对下游市场的垂直融合的重要工具,影响的是下游市场结构与创新。

应当将互联互通接入形式与零售接入形式作为互联网接入服务的规制重心。我国在网络中立立法中必须依据不同的接入形式,选择好规制的重心,不同的接入形式要求宽带服务提供商承担不同的义务。我国的网络中立规制应当将运营商之间的互联互通接入形式与零售接入形式作为重点。在《电信条例》与《公用电信网间互联管理规定》中规定运营商语音通信互联互通的义务基础上,将此项法律规定也适用于宽带接入服务,对没有明显市场支配地位的宽带服务提供商进行一般管制,仅要求其向终端用户承担开放接入与互联互通的协商义务。

确立宽带服务提供商在互联网接入服务中的透明化义务、禁止差别待遇义务与允许特定应用程序接入义务。对于具有明显市场支配地位的宽带服务提供商既要实行非对称管制,也要求其遵守网络中立的透明化义务、禁止差别待遇义务与允许特定应用程序接入义务。透明化义务应当规定具有市场支配地位的宽带服务提供商公开其制定的互联程序、时限、非捆绑网络元素目录以及包括价格在内的宽带接入条件。电信监管机构有权审查宽带服务提供商制定的服务合同,并根据市场及技术发展状况要求运营商修改其所制定的服务合同内容。禁止差别待遇义务要求运营商在相同条件下应当给予所有意图接入互联网的用户或经营者平等接入网络的能力。允许特定应用程序接入义务应当规定运营商必须回应特定的应用程序接入其网络的合理要求,电信监管机构认为运营商拒绝接入或具有相似效果的不合理交易条件,并将危害宽带零售市场的竞争及终端

① Daniel F. Spulber & Christopher S. Yoo, Rethinking Broadband Internet Access, *Harvard Journal of Law & Technology*, Fall, 2008.

消费者的权利时，有权根据公平、合理、适度原则要求运营商开放其网络接入的设施、与应用程序接入的第三方协商等义务。

2. 价格歧视与分级服务规制

宽带接入价格歧视与分级服务是网络中立的非歧视原则所规制的两个重要组成部分。价格歧视是指对相同的宽带服务向不同的市场参与者收取不同的价格；分级服务也称"分层"服务，是指宽带服务提供商执行对内容服务传输的分级政策，并根据分级政策排列内容和应用传输的优先度。受分级政策的影响，用户在接受信息时会先收到优先度较高的信息，而在发布信息时优先度较低的信息通常被屏蔽或阻碍。许多网络中立支持者不仅主张消除价格歧视，而且还要求禁止宽带服务提供商提供分级服务，这混淆了非歧视原则和由产品差异导致的价格差异，价格差异与价格歧视相比，其是以不同的价格向相同的消费者提供不同的产品。① 价格歧视的许多形式一般适用反不正当竞争法或反垄断法予以规制，而分级服务在美国网络中立的争论过程中又有"强"与"弱"形式调控之分，"强"的形式将允许宽带服务提供商给广泛流量用户提供优先待遇，如视频或 VoIP 优待，但将禁止宽带网络与应用程序或内容提供商签订商业合同，向他们性能增强服务收费，而是宽带服务提供商只能向消费者增收费用。"弱"形式接入分层调控将允许宽带网络与特定应用或内容提供商为有偿提供的性能增强而进行的企业对企业的交易，但受一种"公共承运人"规则约束，宽带网络被要求向其他有相同愿意的买家在相同的合同条款上提供相同的交易。② 笔者认为，禁止分层服务这两种类型的划分有时很难区别，区别只是收取优先传输服务费用的对象不同而已，其本质还是价格决定服务，消费者获取更高服务质量就必须支付更高的费用，消费者是高质量宽带费用的最终承担者。网络中立支持者对分级服务最担心的就是无法保证下游市场的应用程序提供商或内容提供商处于一个平等的竞争环境，缺乏资本优势的提供商将可能因为没有资本支持高质量宽带接入而被宽带服务提供商降级到传输的"慢车道"。

我国网络中立的价格歧视规制应当借鉴欧盟的立法经验，宽带服务提供商应当确保向所有市场参与者提供相同的宽带服务时收取相同的价格，禁止其向

---

① Babette E. L. Boliek, FCC Regulation Versus Antitrust: How Net Neutrality is Defining the Boundaries, *Boston College Law Review*, Vol. 52, No. 1627, 2011 & Pepperdine University Legal Studies Research Paper No. 2012/1.

② Nuechterlein, Jonathan E, Antitrust Oversight of an Antitrust Dispute: An Institutional Perspective on the Net Neutrality Debate, *Journal on Telecommunications & High Technology Law*, 2009.

竞争对手收取更高的价格及向与其有垂直关系的内容提供商或应用程序提供商提供宽带价格优惠。因此,在网络立法中应当要求具有市场支配地位的宽带服务提供商承担价格控制与成本计算义务,由于我国宽带服务市场缺乏有效竞争,电信监管机构应当在考虑运营商宽带投资的成本与合理收回其成本的情况下,对运营商维持高额定价或垄断高价损害终端消费者的利益时,可以要求运营商提供其定价证明,并于适当时调整其宽带接入服务价格。在宽带分级服务规制过程中,应当采取放松管制态度,运营商可以对不同消费者提供不同服务并依其服务定价,但不得采取反竞争的差别待遇行为,同时规定运营商进行分级服务前提是必须保证消费者的最基本传输速率要求,确保消费者对所需的传输质量服务类型拥有选择权。实现这些规定,必须降低宽带服务市场的集中度,让消费者能够在多个运营商之间进行选择,所以我国至少应当具有三家以上提供宽带服务的电信运营商。

3. 网络流量管理的规制

禁止不合理的网络流量管理是 FCC 颁布的网络中立原则中之一条,FCC 在 Comcast 公司限制用户使用 BT 应用程序一案中适用了该原则,认定 Comcast 行为是不合理的网络管理行为,但遭到 Comcast 的起诉。① 欧盟的普遍服务指令也对合理的流量管理制定了程序,日本与加拿大的电信运营商已经根据各自国家电信监管机构的政策在实践中采取合理的网络流量管理措施。合理网络流量管理的具体标准在上述国家的网络中立立法或政策中都没有明确,但从 FCC 对 Comcast 裁决书中,可以总结出合理网络流量管理的透明化、不得采取不正当竞争行为、比例原则三个标准。②

我国的带宽资源也呈现日益紧张的趋势,特别是电信运营商在地区之间的宽带投资不平衡性,我国西部地区的宽带普及性明显低于东部地区。然而,随着最近几年的 P2P 软件、网络语音 VoIP 软件的应用,我国宽带接入提供商目前采取的按时间收费的服务模式可能会造成网络普遍拥堵的局面。在这种情况下,网络中立立法中规定网络流量管理的具体标准,以规制宽带服务提供商的网络流量管理行为已经刻不容缓。

我国的网络流量管理标准应当坚持透明化原则、非歧视原则与比例原则。

---

① "Comcast 不满 FCC 裁决准备上诉",载 http://tech. sina. com. cn/t/2008 - 09 - 05/09492437903. shtml。

② 张霁爽:"穿越网络中立的迷雾",载《互联网法律通讯》2009 年第 5 期。

透明化原则要求宽带服务提供商公开其采取网络流量管理措施原因、目的及产生结果，同时应当在一定时间内向用户告知控制流量的管理措施如何影响服务质量；非歧视原则要求宽带服务提供商实施网络流量管理必须平等对待技术标准相同的软件或应用程序，不得对与自己有竞争关系的软件或应用程序进行限制，对数据包的流量限制要有客观的标准作为依据；比例原则要求宽带服务提供商应当采取最少的干预方案，对特定用户或应用程序的流量限制必须是为了达到更好地服务于大多数用户的利益运营商进行流量管理时，应当满足用户的最低服务质量标准，如浏览网页或者下载一些比较小的文件。网络流量管理的规制另一个问题就是无线宽带与有线宽带应当区别规制，美国有研究者就指出无线宽带不应当适用与有线宽带一样的网络流量管理标准。[①] 这是由我国无线宽带竞争性比固定宽带更加充分与无线网络用户的易流失性所决定的。无线网络服务还主要是为了支持移动电话功能，虽然不能否认其在宽带服务市场中日益重要的地位，但是其与固定宽带市场发展程度还存在差距。因此，无线宽带运营商的网络流量管理要采取适当的规制原则，应当主要关注其严重的反竞争流量管理行为。

结语

网络中立是一个崭新的议题，其作为规制互联网行业的新制度始于美国，却在世界范围内引起广泛的讨论。虽然网络中立政策与立法的发展伴随着激烈的争论，但其在补充传统的电信法监管不足与保护消费者利益上具有非常重要的价值。一方面，我国宽带服务市场目前存在限制互联互通、宽带价格歧视及流量管理等许多问题，电信运营商利用垄断优势实施的不正当竞争行为严重侵害消费者利益与互联网市场的公平竞争；另一方面，我国现行的反垄断法与电信法律法规也存在一定的不足。本文通过梳理网络中立制度在美国与欧盟的发展历程，对美国、欧盟、加拿大与日本的网络中立管制内容进行了分析与评述，内容涉及网络中立的最新立法规定与政策报告，并从中总结国外的网络中立管制立法对我国的启示，解决我国目前宽带服务市场的上述问题，必须借鉴国外的网络中立立法，从网络中立的立法内容到监管体制的选择上着手。

当然，特定法律环境与国情状况，引进一种制度也不能操之过急，否则会水

---

① Scott Jordan, Traffic Management and Net Neutrality in Wireless Networks, Portions of this work have appeared in the 2011 IEEE Conference onWireless Communications and Networking Conference.

土不服,适得其反。我国电信立法迟迟未能出台,与该行业特定的技术发展现状及各利益主体之间的利益争论有关,但这对将来能制定一部完善的电信法也许是一种有利因素。所以笔者在本文中也强调必须处理好现行法律法规的完善与网络中立立法的关系,借鉴欧盟与美国网络中立的立法模式,将网络中立管制内容融入到我国未来的电信立法之中。

“他山之石,可以攻玉”,继续关注网络中立的发展态势,也许对我国的电信立法与互联网管理都具有借鉴意义。关注美国与欧盟网络中立立法的进展,使我们能在全球背景这个宽阔视野下思考我们当前的电信立法与互联网监管问题,可谓意义重大。

网络中立的立法抉择

——基于消费者保护的研究

刘　康*

网络中立问题虽然在国外已经探讨论争了十多年，但是至今国内的研究为数不多，尤其是法学领域尚未引起足够的重视。现实生活中，我国已经出现了网络运营商通过流量控制等方式歧视内容服务，严重侵犯网络用户权利的现象，这应该引起理论界和实务界的关注。

运营商违背网络中立原则的网络管理手段和盈利模式侵犯了消费者的自由选择权、公平交易权、知情权和隐私权等权利，也损害了互联网经济的发展。消费者在网络经济中与在普通的市场经济中所处的地位是一样的，那就是处于理应受保护的相对的弱势地位。面对网络歧视行为，虽然已有消费者进行投诉和诉讼，但是问题始终没有得到很好地解决。有研究认为我国网费已经属于较高收费，运营商如果利用其优势地位进行歧视性收费，那么消费者的权利将受到极大侵害。借鉴国外的经验对我国网络中立进行立法保障，对于保护消费者、发展互联网经济具有实际应用意义。

---

* 华南师范大学法学院民商法学硕士。

一、网络中立概念的法律界定

(一)网络中立的提出

1. 网络中立的提出:经济技术背景的考察

(1)经济背景

随着 P2P[①] 技术的出现,产生了各种对带宽高消耗的应用,如 BitTorrent(以下简称 BT)、EDonkey 等文件共享软件,更多的流量是流媒体形式的,如以 Skype 为代表的网络电话(以下称 VoIP[②])、PPLive 和 PPStream 等网上实时电视应用等。P2P 创造的流量“洪水”,使网络拥堵问题越加严重。运营商表示 5% 的宽带用户消费了近 90% 的网络带宽,而 90% 的宽带用户消费的带宽不足 10%,在网络高峰期不到 5% 的用户造成了 90% 用户的“大塞车”。[③] 由于爆炸性的带宽需求令运营商一再投资升级网络,扩充管道容量,然而带宽被消耗殆尽的速度越来越快。正如 AT&T[④] 的 CEO 抱怨的:“一些人想让 AT&T 作为一个笨重的管道,并要保持这个管道越来越大。”[⑤]同时,随着互联网新经济模式大放异彩,涌现出 Google、Yahoo、Amazon、Vonage、Microsoft、Apple 等互联网巨头,当它们显现出点网成金的魔力,甚至开始入侵运营商既有的利益版图时,运营商们开始坐不住了。他们发现,互联网公司的网络语音和视频业务正逐渐让自己的电话和有线电视业务缩水,据调查截至 2011 年年底,Skype 占有全球长途通话时长的 33%,早在 2006 年仅 Skype 对于中国电信的年分流量就造成其 10 亿元人

---

① P2P 是 peer-to-peer 的缩写,是一种分布式网络,又称为对等网络。网络的参与者共享他们所拥有的一部分资源(处理能力、存储能力、网络连接能力、内容等),这些共享资源能被其他对等节点直接访问而无须经过中间实体。在 P2P 网络中的参与者既是资源提供者,又是资源获取者,同时具有 Server 和 Client 两种角色。而在 P2P 技术出现之前,互联网上主流的通信模式是 Client-Server (CS)模式。CS 模式的网络通信双方分别是服务器(Server)和客户端(Client)。客户端连接到服务器上索取某种服务,服务器则提供这一服务,客户端之间则没有任何直接交流。目前主流的 P2P 应用分为两大类:文件下载和以网络电视、网络电话为代表的流媒体应用。

② VoIP:Voice over Internet Protocol,是一种基于 IP 语音传输技术的电话系统,其通话方式主要有三类,即 PC to PC、PC to Phone、Phone to Phone。其中,PC to PC 的通信方式我们习惯上称之为即时通信,而且基本上都是免费服务;对传统电信运营商冲击最大的,也是电信运营商顾忌最深的主要是 PC to Phone、Phone to Phone 两种形式的网络电话。

③ “美国‘网络中立’法规见曙光 党派之争致前景难料”,载 http://www.c114.net/news/550/a460131.html。

④ AT&T 是美国最大的固网电话服务供应商及第二大的移动电话服务供应商,此外还提供宽带及收费电视服务。

⑤ 杨然:“‘网络中立’论下的利益交锋”,载《世界电信》2006 年第 11 期。

民币的流失。[1] 由运营商投巨资建成的网络,在便宜了别人的同时却将自身的利益边缘化。而且运营商由于垂涎内容服务的巨额收益,也开始做内容供应,直接和内容商存在业务竞争。于是,运营商们开始提出自己的利益要求。很快,美国几大运营商进行了联合,提出要建设双重互联网(two-tiered internet),要向内容商收取额外费用,要视内容商交费情况决定传送其内容的质量。运营商巨头的高管们陆续发表言论指责 Google、Yahoo 等互联网企业是运营商巨额网络投资的"搭便车"者,互联网企业应付出额外费用购买管道服务。Verizon[2]公司高级副总裁 John Thorne 称,Google 正在享受着本应由运营商享受的免费午餐。AT&T 的首席执行官 Whitacre 曾激烈谴责"Google、Yahoo、Vonage 或任何一个指望免费使用管道的人都是疯子"。他们一致认为,作为过去几年中互联网最主要的投资与建设者,他们需要应得的回报。[3]

运营商认为,根据服务质量的等级进行差别收费是一种普遍而有效的商业模式,就像快递公司和航空公司提供的服务一样。他们不会封杀任何应用,只是希望建立区别收费的"快速通道",这样能够满足内容商的音频和视频对于高服务质量的要求。同时他们认为这也是对网络带宽的合理规划,按质量敏感度区分不同数据包的差异化处理,可以缓解网络拥堵问题。这对于消费者和内容商来说都是一种有利无害的方案。这种分级服务收费模式也是对自己投资网络基础设施的合理回报,否则将挫伤他们投资升级网络拓展带宽的积极性,影响基础设施的创新。

虽然运营商的收费主要是针对 Google、Yahoo 等大型互联网公司提出的,但如果这种双重收费方案真的付诸实施,真正受影响的反而不是这些互联网巨头,而是中小型成长公司、新兴创业公司和消费者。弱势企业和创业公司因为负担不起额外的收费,就会被付费的优质公司排挤出市场,这就抑制了竞争,加剧了互联网巨头对互联网内容市场的垄断。这不利于企业创新和国家经济的发展,消费者自由选择产品和服务的权利也受到影响,也更容易被内容商高收费,因为内容商支付给运营商的额外费用,最终会转嫁给消费者。这种歧视性收费表面上是内容商要么接受运营商低优先级的服务,要么付出更多的费用获得优先服务,而最终是消费者要么忍受低质量的服务,要么接受更高的资费标准。而且运

---

① 杨然:"'网络中立'论下的利益交锋",载《世界电信》2006 年第 11 期。

② Verizon 是美国大型本地电话和无线通信公司。

③ 张珊珊:"FCC 对阵 Comcast 案裁定 网络中立故事仍将延续",载《世界电信》2010 年第 6 期。

营商并不像宣称的那样不会封杀任何应用,事实上运营商已经实施了故意限制封杀与其业务相竞争的网络应用的行为,技术的发展使得这种歧视行为更容易也更隐蔽。

反对者认为,如此互联网这一自由开放的公共资源就变成了运营商看守的“围墙花园”,这会造成信息领域的“种族隔离”和互联网产业的“贫富差距”,他们要求运营商提供接入服务时像提供电话服务一样遵循网络中立原则。

(2)技术背景

Lessig 认为互联网孕育了一种创新的公共资源,这一资源的出现不仅要归因于社会规范,还要归因于特定的技术架构。①

我们可以将互联网分为三个层来理解。最底层是物理层,用以传输信息,包括计算机和网线;中间层是代码层,包括互联网协议及在协议上运行的软件;最顶层是内容层,即通过网线传输的真正有意义的东西,包括数字图像、文本、在线电影等。互联网诞生于一个受控的物理层之上,是指管道是运营商所有的,他们掌控着互联网赖以存在的基础设施。而互联网的性质是由代码层决定的,代码层协议遵循端对端(end-to-end)原则。端对端旨在让客户承担网络应用的开发与创新,而让网络本身保持相对简单。它认为网络的智能不应当放在网络内,而应当位于网络的端点,即网络内的计算机只是履行应用程序所需基本功能,而一些特殊功能应由网络边缘的计算机来实现。于是网络本身避免了繁复与智能,真正实现了简单的网络和智能的应用软件。这种设计,实现了网络的架构对应用程序和内容保持中立。使得网络无法分辨其本身所允许的功能及内容,无法歧视所不喜欢的内容和应用方式,从而使创新成为可能。在端对端原则的指引下,联网计算机所组成的空间敞开大门欢迎着创新与变革。这就是网络缔造者们的价值理念,网络不会控制自身的发展,但是应用程序会控制网络的发展。②

Lessig 认为端对端是网络设计中最重要的原则,是技术中立原则在互联网上的体现,也称为 IP 中立。③ “遵循这种技术中立原则的网络就好像公路,并不区别也不关心任何驾驶员。网络的目的不是提供新闻或天气预报等特定信息或

---

① [美]劳伦斯·莱斯格著:《思想的未来》,李旭译,中信出版社 2004 年版,第 23 页。

② 同上,第 38 页。

③ Tim Wu, Network Neutrality and Broadband Discrimination, *Journal of Telecommunications and High Technology Law*, 2003.

服务,而是将网络上的事物进行互联。”[1]数据包传输遵循“先来后到”(first come, first served)和“最大努力”(best effort)的原则,对所有流量一视同仁。由此而建立起来的简单网络也有人称之为“傻瓜”网络,是互联网创新的基础。

反对网络中立的人认为,当下的互联网架构存在缺陷,正如 Yoo 所说:现在的网络协议不区分数据包遵循“先来后到”和“最大努力”原则。但是这非常不适合时间敏感性的应用像流媒体和 VoIP,也对保护电子商务和隔离病毒、垃圾邮件不利。[2] 对所有的应用来讲,IP 中立似乎不能算是真正的中立,因为这样的网络潜在地对时间敏感性数据造成了歧视。他们认为 IP 中立过时了。为了解决时间敏感性应用对传输质量的高需求,技术人员已建议改动网络架构,让“更好的服务”代替“最大的努力”,这就是“服务质量”(QoS)解决方案。对网络的修改将使其对数据区别对待,例如,视频将与电子邮件相区别,语音将与网络文本相区别。为了实现这种区别对待,就要赋予网络辨别数据流量的功能。[3] 数据包检测技术就这样诞生了,它能检测到网络中传输的内容,加以分类,进行传输排序。如此,傻瓜网络就变成了智能网络。

智能网络的排序功能对于运营商支持远程医疗等服务有其作用,但是受利益的驱使,运营商已然做起了互联网的看门人。借口网络容量和传输能力,限制网络语音和视频应用、检查数据包过滤掉诸如文件共享等服务,其实是因为这些都和运营商自己的某种业务存在竞争。尽管运营商有各种借口,但真正目的只有一个——避免互联网所带来的竞争威胁,维护自己作为强权者的既得利益。

以前只要遵守数据包的发送规则,我们就能将任何东西发送到任何地方。但是现在掌控着互联网接入权的运营商也掌握了网络控制权,尤其是对内容区别对待的权利、对站点连接速度的操控能力,以及对应用程序的许可权力,控制由物理层扩展至了内容层,网络失去了原有的中立性和非歧视性。运营商凭借科技公司的技术决定了互联网传输什么、如何传输以及能否传输,现在的智能网络已经变成了运营商和科技公司共同建筑的“围墙花园”。于是 Lessig 感叹我

---

① Michael P. Murtagh, The FCC, the DMCA, and Why Takedown Notices Are not Enough, 61 *Hasting L. J.* 233,240(2009). 转引自梁志文:“云计算、技术中立与版权责任”,载《法学》2011 年第 3 期。

② Robert D. Atkinson and Philip J. Weiser , A “Third Way” on Network Neutrality, *The Information Technology and Innovation Foundation*, May 30, 2006.

③ [美]劳伦斯·莱斯格著:《思想的未来》,李旭译,中信出版社 2004 年版,第 47 页。

们失去互联网这一创新的公共资源。①

由端对端的简单网络到受运营商控制的智能网络,互联网在技术上失去了其中立性,这也为运营商开展歧视性收费建立分层互联网提供了技术支持。网络中立之争是一场由网络技术支撑的利益争夺战,而对于利益的追逐又催生了各种新型的网络技术做手段。网络中立派认为应该坚持互联网原初的开放架构,打破"围墙花园",保持互联网这一开放自由的公共创新平台,这才是互联网产业发展和消费者的福音。

2. 网络中立的提出:互联网时代法律理念的形成

英国法学家罗伊德在其《法律的理念》(*The Idea of Law*)一书中指出"法律理念过去曾对人类文明有过不可磨灭的贡献",②以此来强调法律理念(the idea of law)的重要性,但他并未给法律理念下专门的定义。黑格尔将法与理念结合起来,提出了"法的理念"这一专门术语,他认为概念与定在、肉体与灵魂的统一是理念,法的理念是自由。③ 德国法学家施塔姆勒认为"法律理念乃是正义的实现"。④ 与施塔姆勒持相似观点的是我国台湾地区学者史尚宽,他认为法律理念是不变不易之原则,"只有正义是法之真理念","法律之理念,谓法律应如何","法律之理念,为指导的意欲,使制定理想的法律及圆满的运用法律之原理"。⑤李双元认为法律理念就是对法律的本质及其发展规律的一种宏观的、整体的理性认知、把握和建构,它是比法律观念、法律表象、法律概念、法律意识等更高层次的理性认知形态。法律理念是一种理智的思想,是一种方法,是一种态度,是认识论、方法论和本体论有机结构的产物。法律理念是由法律的信念或信仰、目的、目标、理想、精神、理论、手段、方法、准则等构成的有机综合体,一方面,它代表着上述因素的集合体;另一方面,它又是解决法律常规或反常问题的模型。⑥

---

① [美]劳伦斯·莱斯格著:《思想的未来》,李旭译,中信出版社2004年版,第23页。

② [英]丹尼斯·罗伊德著:《法律的理念》,张茂柏译,台北市联经出版事业公司1984年版,中文版序言,第318页。转引自李双元、蒋新苗、沈红宇:"法律理念的内涵与功能初探",载《湖南师范大学社会科学学报》1997年第4期。

③ [德]黑格尔著:《法哲学原理》,商务印书馆1961年版,第1~2页。

④ [美]博登海默著:《法理学:法律哲学与法律方法》,邓正来译,中国政法大学出版社1998年版,第178页。

⑤ 史尚宽:"法律之理念与经验主义法学之综合",载刁荣华主编《中西法律思想论集》,台湾汉林出版社1984年版,第260页、第264页、第262页。转引自双元、蒋新苗、沈红宇:"法律理念的内涵与功能初探",载《湖南师范大学社会科学学报》1997年第4期。

⑥ 李双元、蒋新苗、沈红宇:"法律理念的内涵与功能初探",载《湖南师范大学社会科学学报》1997年第4期。

中外法学家对法律理念的解释不一,本文从最广泛的含义来理解,可以把自由、正义、公平等理解为法律理念的因素,法律理念为立法和执法提供指导,它是解决法律问题的模型,而这个模型的最终成品是法律规范(法律条文),法律规范的形成是法律理念的外化,法律规范的背后必然体现出法律理念。任何法律的制定、法律规范的形成,其前提都是法律理念的形成。

网络中立的立法前提必然也是网络中立法律理念的形成。20 世纪 90 年代末,有线运营商随互联网接入服务强制搭售内容服务,并屏蔽竞争对手,这些现象首先引起了学术界的关注。2000 年,斯坦福大学法学院的 Lemley 和 Lessig 发表了 The End of End-to-End:Preserving the Architecture of the Internet in the Broadband Era;2001 年,Lessig 发表了 The Internet Under Siege;2003 年,哥伦比亚大学法学院教授 Tim Wu 发表了 Network Neutrality,Broadband Discrimination。这三篇文献标志着"网络中立"理念的确立,Tim Wu 和 Lessig 成为"网络中立"理念的领军人物。

在 Network Neutrality,Broadband Discrimination 一文中,Tim Wu 首次用"网络中立"(network neutrality)这一术语来描述 21 世纪之交出现在互联网领域的这一新问题。"网络中立"理念的核心是"互联网的价值在于自由和开放",Tim Wu 将之比喻为"电网理念",即任何用电设备均可自由地接入电网,电网对各种用电设备均"中立"地提供电力,"中立"使得电网成为用电设备的创新平台。"网络中立"理念认为互联网应像电网那样成为互联网应用的中立性创新平台,杜绝对互联网应用的控制和歧视,坚持自由和开放。[①] Tim Wu 认为:互联网和道路、沟渠、电缆、铁路一样属于基础设施,不应该存在特殊的运行原则,基本的交通和通信网络关乎公众利益,不得对个体有所差别。因为互联网有很强的外部性,有太多东西依附于互联网,互联网催化整个产业。Tim Wu 认为互联网更像是一个高速公路而不是快餐店,应该对它所负载的东西保持中立。[②]

Lessig 认为,过去是市场和政府两种控制手段的较量,现在摆在我们面前的不再是由哪一种独断的控制体制来管理既定资源的问题,而是资源应当受控还是自由的问题。当某种资源的自由能带来某种利益时,应当关注是否有办法避免过度消费或缺乏动力的问题,而不应当将其置于政府或私人(市场)的控制之

---

① 马毅华:"'网络中立'之争:电信业与互联网的利益角逐",载《通信世界周刊》2011 年 1 月 17 日。

② 谢立言:"国外互联网界中的网络中立争论述评",载 http://media.people.com.cn/GB/22114/150608/150616/17190468.html。

下。空间开放是一种重要的自由,这种自由建立在一个受控的平台之上。自由营造出了一种创新的公共资源,同其他公共资源一样,自由的公共资源使受控的空间更有价值。自由增加了受控空间的社会价值。在现代社会中,没有什么会比互联网更能体现出自由资源对于创新和创作的重要性。他呼吁我们改变目前"我们正在成就的未来"即由运营商控制互联网,追求"我们能够成就的未来"即捍卫互联网的自由和开放。

互联网先驱万维网发明者 Tim Berners-Lee 也支持网络中立,认为网络中立性原则关乎互联网的未来,至关重要。主张用法律来规制运营商。他认为互联网运营商单纯把网络看作自己的私人商品而像普通商品一样竞价出售是不合理的,因为互联网和教育、医疗一样是属于涉及大众利益的公众产品,因而对于具有公众属性的互联网,任何人或者任何公司都不应该有高于别人的权力。运营商忽视了这个道理,对此,立法是最有效的规制措施。①

网络中立之争的出现,带来了法学界的新课题。美国法学界尤其是网络法学界的学者们积极对网络中立问题进行法律论证,法学界的讨论推动了网络中立法律理念的形成。网络中立的法律理念从美国开始,影响了世界各国,得到了法学界的普遍承认,随着这一法律理念的确立和成熟,它开始指导学者和所有网络中立的支持者推动国家的网络中立立法。

(二)网络中立概念的界定

1. 传统的网络中立概念:基于经营者义务的视角

关于网络中立的概念目前学界②没有统一的定义,正如有人形容说"问五个科技怪胎,你可能会得到六个不同的答案"。③ 不过从学者们的描述中可见,对这一概念基本内涵的理解是相差无几的。因为网络中立问题最初提起及主要针对的对象就是运营商,他们作为拥有基础设施和提供互联网接入服务的经营者,也是网络中立立法规制的对象,所以传统关于网络中立的概念也多是基于经营者义务的视角来界定的。

所谓"网络中立性"(Net Neutrality),是关于网络在作为一个应用程序层的操作平台上的一些原则,就是"非歧视性的互联互通",是指网络运营商不得通

---

① 刘长安、孙小宁:"网络中立性博弈正酣 互联网未来格局难测",载 http://www.cnii.com.cn/20060529/ca363216.htm。

② 不仅限于法学界,网络中立是诸多学科探讨的问题,在经济学领域、新闻传播领域及信息通信领域都引起了广泛关注,但均未有统一的定义。

③ Network Neutrality: A Tangled Web,载 http://www.economist.com/node/17800141。

过调整网络配置使服务产生差别,不得以更快的速度传输自己的服务,也不得以类似的高速传输服务向网络内容提供商和网络应用提供商额外收取费用。①

具体而言,可以从经营者公平对待内容和禁止运营商歧视流量的角度进行定义。我国台湾地区学者王以国将网络中立定义为"网路中立的概念乃强调对所有的网际网路流量应公平对待,不得对不同内容或应用服务给以差别待遇。其核心理念是维持一个没有阻碍或歧视的开放网际网路,以保护消费者并维持网际网路上各类服务间的公平竞争,特别是应避免宽频服务提供者偏好自己所提供之内容或应用服务"。② 这里强调维持网络中立关键在于网络经营者履行公平和不歧视的义务。"网络中立是互联网的一个基本原则,这种原则规定网络接入或服务提供商不应控制用户(包括普通居民用户和商业用户)合法地使用网络,对于其上流动的内容应不加选择,及平等对待所有使用该网络服务的用户。"③"建造和提供互联网接入的网络运营商不应控制消费者如何合法地使用他们的网络,也不能对接入互联网的内容服务提供商产生歧视。这一原则要求平等对待所有的互联网内容和访问,防止运营商从商业利益出发控制传输数据的优先级,保证网络信息传播的中立性。"④还有涉及规制政府行政权力的定义。普遍认为:网络中立是互联网用户享受互联网接入服务的指导性原则,它是指互联网服务提供商和政府不得限制用户访问互联网的内容、网址和网络平台,也不得限制用户访问网络使用的手段和方式。⑤

还有从规制经营者收费出发的定义。如宽带服务提供商对消费者接入网络只能收取一次费用,不能偏向任一内容提供商,不能对内容供应商通过宽带向终端用户发送信息收费。⑥ 该观点重在针对运营商的分级服务收费也就是价格歧视。

以上对网络中立概念的各种描述基本都来源于美国关于网络中立的六项规定。尤其是2009年新增加的"透明"和"非歧视"两项新规定,即要求运营商保

---

① "网络中立性",载 http://baike.baidu.com/view/1586654.htm。

② 王以国:"网络中立管制在美国与欧盟的新发展",载《科技法律透析》2010年7月。

③ 罗昕:"欧美'网络中立'研究的经济学视角",载《无锡商业职业技术学院学报》2011年12月第11卷第6期。

④ 罗昕:"美国'网络中立'争论:在接入控制与开放之间",载《新闻与传播研究》2010年第3期。

⑤ 董媛媛:"论美国'网络中立'及其立法价值",载《新闻学季刊》2011年第2期总第108期。

⑥ Christopher T Marsden, Net Neutrality and Consumer Access to Content, *Scripted*, Vol 4, Issue 4, 2007.

证不歧视特定的合法的网络内容、应用程序、服务和设备;披露可能限制网络中立原则的必要的网络管理措施。

2. 网络中立的概念更新:基于消费者保护的视角

从互联网的运行来看,运营商处于内容商和终端用户即消费者之间,内容商和消费者付费接入运营商的网络,内容商的各项服务就可以通过运营商的管道传送给消费者。这里运营商的角色就是经营管道负责传输数据流量,从而使消费者获得各项网上服务。经营者平等、尽最大努力的传输各种流量就保障了消费者自由接受各种服务的权利,规定经营者义务的另一面就是维护消费者权利。经营者义务和消费者权利在互联网中是两个相对的概念,一方权利的保障有赖于另一方义务的履行,二者具有一致性,只是定义的角度不同。此外,倡导网络中立的最终目的是对消费者自由、高质量使用互联网权利的保障,使消费者免受运营商的服务降级或歧视收费。从美国消费者"四项自由":自由访问网络内容、自由使用程序、自由添加个人设备、自由获取服务计划信息,①再到网络中立四原则:消费者有权选择访问任何合法的网络内容、消费者有权选择使用任何合法的网络应用和服务、消费者有权选择连接任何不对网络构成损害的合法设备、消费者有权选择网络供应商和应用软件与服务提供商以及内容提供商,都是从消费者权利出发来描述的。

可见,定义网络中立概念可以而且应当从基于消费者权利和保护的视角出发。网络中立是指消费者有权自由公平地接入互联网、访问内容、选择应用和设备及其提供商,在这过程中消费者的自主选择权、公平交易权、知情权和隐私权应得到保障;运营商有义务通过合理的网络管理保障消费者享有快速、安全和稳定的网络;消费者权利受到损害时能够诉诸有效的投诉渠道和纠正机制,监管部门有责任监督和规制运营商以保障消费者的权利。

在此含义之上的网络中立,注重对消费者利益的保护,也体现了对自由开放的互联网的需求。主张不管是在简单网络还是智能网络之上,消费者都能享受互联网这一开放创新的平台。本概念并不像 Lessig 那样注重对技术中立的强

---

① Michael K Powell (2004) February 8, Speech at Symposium on "The Digital Broadband Migration: Toward a Regulatory Regime for the Internet Age" held at the University of Colorado School of Law. "I challenge the broadband network industry to preserve the following Internet Freedoms": Freedom to Access Content; Freedom to Use Applications; Freedom to Attach Personal Devices; Freedom to Obtain Service Plan Information. See Christopher T Marsden, Net Neutrality and Consumer Access to Content, *Scripted*, Vol 4, Issue 4, 2007.

调,认为不管何种网络架构,最重要的是对滥用权力者的监管。因为智能一旦进入网络内部,就不再可能回到 Lessig 描述的状态。而互联网的发展造成网络的拥堵和性能的降低,以及新的互联网业务的出现例如互联网远程医疗,智能网络的出现可以实现对网络更好的管理以最大化其效用。单纯地将技术用于合理的网络管理反而能增进消费者福利,美国、欧盟和荷兰网络中立立法均赋予了运营商合理的网络管理权。Tim Wu 也认为完全坚持技术中立不进行任何形式的差别对待,反而会导致对某些消费者需要的应用造成潜在的歧视,或者不能识别阻止某些对网络有害的内容。① 能否将网络智能运用得当,关键在于对运营商的监管,赋予其网络管理的权力,但要防止其滥用网络管理权力谋取自身利益最大化,而损害消费者利益。一切应该以消费者利益为中心和出发点,切实做到在保护消费者的基础上平衡各方利益,才是网络中立的题中之义。

二、网络中立下消费者权利的维护

网络中立的反面就是网络歧视,网络歧视是网络中立缺失的表现形式。网络中立反对者所倡导的"放手互联网"实质是运营商要建立一种歧视性的网络,而网络中立正是针对这种歧视提出的,所以他们才会反对对网络中立进行立法和政府监管。网络中立对运营商建立双重互联网进而歧视性收费的企图构成了威胁,是阻止网络歧视、保障消费者利益的有效措施。而网络中立的缺失必然让运营商的网络歧视手段得以实施,进而达到额外收费的目的,消费者的利益就会受到损害。网络歧视所侵害的正是网络中立所维护的,对网络歧视的认识也是从反面去理解何谓网络中立原则所要构建的中立性的网络。所以本文对网络歧视的表现及其对消费者权利的侵害的论述即为对中立性的网络及其对消费者权利的维护的论述。

(一)网络中立缺失的表现形式:网络歧视

销售不同层次的接入服务(低级的、中级的和高带宽)并没有支持或歧视特别的应用类型,因为所有的应用都在不管是 1M 还是 10M 的带宽通道中传输,所以运营商向消费者销售不同带宽的接入服务并收取不同的费用并不涉及对某一应用的区别对待,这不涉及网络中立,只有运营商对内容和应用的歧视才关系到网络中立的问题。

---

① Tim Wu, Network Neutrality and Broadband Discrimination, *Journal of Telecommunications and High Technology Law*, 2003.

但是运营商对内容的任何歧视对待都是不合理的吗？Tim Wu认为歧视[①]也分为合理的与不合理的。就像就业一样，雇主可以因为教育程度、能力、举止而解雇或雇用求职者，但是种族、性别和国籍就被认为是不合理的歧视。如果运营商认为网络语音程序是浪费时间而阻止该应用，这种歧视就不合理。因为喜欢聊天程序的消费者就失去了使用这一有价值的应用，而聊天程序的发明人也没了收入。这是直接的损害。但还有其他更多间接的损害。比如，以聊天程序为中间程序的应用就会遭到损害；因为没有聊天程序而流失掉宽带消费者也会给那些依赖大量高带宽用户的应用造成影响；此外缺少聊天程序还会影响会议或约会。因为聊天程序具有的这些正外部效应，运营商封杀这一程序最终会给消费者带来各方面的损失。[②] 因此，从消费者福利来看，运营商不能歧视这类内容。然而，同样是从消费者福利考虑，互联网中也应该允许运营商进行合理的歧视，这种合理歧视实质是运营商拥有的对互联网的管理权。如没人会认为歧视垃圾邮件和电脑病毒是一件坏事。此外对于远程医疗数据的优先传输，在网络拥堵时期适当延迟时间非敏感性应用的流量从而保证语音、视频等时间敏感性应用的正常使用以及避免网络因过载而瘫痪，这些措施对消费者也是有利的，不仅不会减损消费者福利，反而会增进消费者福利，这种歧视就是合理，应该被允许。此外从欧美对网络中立的立法规制来看，立法机关在看待网络歧视问题上普遍与Tim Wu持相同观点，即禁止不合理歧视，允许运营商通过合理的歧视手段进行网络管理。如美国《网络中立条例》规定运营商不得对合法网络流量进行不合理的歧视，禁止运营商对竞争对手的互联网服务采取歧视性行为，同时运营商采取"合理"的方式处理网络堵塞以及不必要的数据传输；欧盟《电信管理框架》允许运营商为了避免网络崩溃采取测量和修整网络流量的措施；荷兰网络中立修正案禁止电信运营商优先自己的互联网服务，故意放慢YouTube等重度用户的数据流量，不能根据互联网使用的不同对用户收取不同费用，只有在网络拥堵和危及网络安全的情况下为了终端用户(消费者)的利益才可以采取一定的措施。所以完全禁止网络歧视达不到预期目标，反而会适得其反。我们需要区分歧视，有些是不合理的需要禁止，有些是网络管理必要的应该允许，二者的区分应以消费者利益为标准，这也符合网络中立的定义。

---

① 这里的"歧视"作"区分"或"差别对待"解释更符合我们的一般理解，因为普通意义上说的"歧视"本身就是否定意味的。但是鉴于学界对这一术语的翻译和广泛使用这里也写作"歧视"。

② Tim Wu, Network Neutrality and Broadband Discrimination, *Journal of Telecommunications and High Technology Law*, 2003.

由此可以得出,运营商为了实现对网络的管理而采取的阻断某些内容或者延迟某些应用的歧视行为是合理的歧视,因为这种歧视不管是对互联网本身还是对消费者都有利;而出于限制竞争和额外收费目的的歧视则是不合理的歧视,因为其出发点不是网络安全和消费者福利而是为了获取自身的经济利益,其结果也损害了互联网的自由开放和消费者利益。这种不合理的歧视主要包括运营商对消费者的访问歧视、流量歧视和价格歧视。

1.对消费者的访问歧视

作为互联网产业的终端消费者,现在我们的工作、学习和生活娱乐都离不开互联网,互联网产业发展的日新月异产生了包罗万象的内容和服务,为我们提供了新的工作学习方式、新的人际交往方式,尤其是多样化的生活娱乐享受,我们的生活因为互联网而变得前所未有的便捷、高效和多姿多彩。今天我们可以方便地接入互联网、方便地获取各种各样的内容和服务,互联网企业也可以将公开的任何符合网络技术规则的内容置于网络之上,传输给消费者,这一切均得益于它开放包容的设计。互联网的自由和开放,成就了一大批提供各种互联网服务的大型公司,从做电子商务的Amazon和eBay到做搜索引擎的Google再到做网络语音的Vonage和Skype。[①] 当然还存在不计其数的提供各种服务的小型互联网公司,互联网开放包容的姿态仍在不断吸引着新兴企业的加入。这些跨越式的技术创新,以及利用互联网技术创造出的前所未有的商业模式,都基于互联网这一开放、自由和平等的平台。消费者和互联网企业处于互联网这一平台的两端,彼此促进,共同享受技术进步带来的利益。互联网是我们这个时代和电网、公路一样重要的基础设施。而网络运营商就好比是高速公路的修建者和运营者,不管是奔驰还是夏利,只要交了高速的费用,那么它们在高速路上就应该得到平等的对待,而不是说,只有奔驰可以走某个车道,夏利只能走某个车道。[②] 这就是网络中立原则下互联网所遵循的价值理念和因此而取得的丰硕成果。

在网络中立条件下消费者只需要接入互联网就可以访问互联网上的任何内容。但是在一个非中立的网络上,由于运营商控制着网络,通过纵向整合内容、与内容商合作或者分级服务收费的手段,建立起互联网上的"围墙花园"。围墙里面是运营商自己的内容、合作伙伴的内容和付费的内容,他们享受着有质量保

---

① Robert D. Atkinson and Philip J. Weiser, A "Third Way" on Network Neutrality, *The New Atlantis*, Number 13, Summer 2006, pp. 47-60.

② 谢立言:"国外互联网界中的网络中立争论述评",载 http://media.people.com.cn/GB/22114/150608/150616/17190468.html。

障的服务(guaranteed QoS),无障碍地到达消费者。而围墙外的内容不能享受快速通道服务,甚至是被故意降级服务,导致自己的服务不能被消费者获得或正常使用。消费者无法访问围墙外的内容,只能由运营商决定自己访问的内容,这就是运营商对内容的歧视给消费者造成的访问歧视。这种歧视也是建立在运营商意图消除竞争或是赚取额外收益的目的之上。于同时经营内容服务的运营商来说,围墙花园不仅可以保障运营商的接入捆绑服务的质量,还能把竞争者阻隔在花园之外。

现在运营商多半不采用阻断的方式直接消灭竞争者,而是采用限制或降级的方式来让其苟延残喘,在不公平的竞争中被淘汰,这其实是一种变相的阻断。这会造成被阻断的公司和未被阻断的公司之间竞争的扭曲。例如,同时提供在线游戏的公司,一家来自韩国,另一家来自美国并使用终端消费者的运营商支持的额外付费的服务,这样运营商就有可能阻断或降级韩国公司的在线游戏服务。但是消费者却通常并不清楚他们想要的服务是否受到以及怎样受到阻断的。运营商通常以使自己的网络更安全和更高效为借口,这就不容易指证他们歧视行为的真正目的并非如此而是为了阻断竞争。① 因为运营商和内容商的纵向整合,在这里运营商和美国游戏公司的利益挂钩,阻断韩国游戏公司就会让合作伙伴得到更多消费者,赢得竞争,从而运营商也可以继续自己的收费服务。即便是运营商不刻意阻断韩国公司的服务,但是面对处在高速通道里的美国公司也同样会输掉竞争。在这种情况下,消费者的利益就受到了损害,因为他们可能更倾向于韩国公司的游戏服务。运营商对内容的歧视最终会造成内容领域的垄断,弱势公司会被排挤在围墙之外,消费者可访问的内容被大公司把持了,这同样也带来了对消费者的访问歧视。

对消费者的访问歧视,不仅意味着内容市场的服务减少了,还意味着消费者必须支付更高的费用才可以访问围墙之内的内容。互联网的自由开放因此也受到了影响,创新受制于运营商,变成了少数经济实力雄厚的互联网企业的垄断权利。

2. 对消费者的流量歧视

有报告指出,到2020年,美国AT&T和Comcast② 等提供互联网接入服务的

---

① Christopher T Marsden, Net Neutrality and Consumer Access to Content, *Scripted*, Vol 4, Issue 4, 2007.

② Comcast是美国最大的有线电视公司,主要的宽带网络及IP电话服务供应商及内容供应商,亦是美国第二大互联网服务供应商,仅次于AT&T之后。

电信和有线电视运营商在互联网方面的收入将以每年5%的速度增长。而与此同时,流量将以每年27%的速度增长,为了满足相应的需求,运营商每年需要增加20%的投资。根据这一数字,在2014年,当总投资超过收入增长时,运营商的业务模式将崩溃。到2014年,视频将占据互联网所有流量中的90%。①所有运营商都有动机去限制在他们的网络中传输的低价值高流量的应用。流量歧视表现为运营商故意限制某些流量的传输,减缓速度甚至阻断通路,以及在分级服务收费时采用的流量传输排序。最受运营商歧视的就是使用P2P技术的流量,它们消耗大量带宽容易造成网络的拥堵,但是却不能为运营商创造价值,甚至还会和运营商的电话和电视业务相竞争。

P2P技术被广泛应用于互联网的各个领域,如文件共享、流媒体直播与点播、语音通信、在线游戏支撑平台。P2P应用已成为因特网上增长最迅速的应用。BT是最流行的文件共享系统之一,能用于传输大流量文件,比如在线视频。P2P还应用于网上实时电视,流行软件如PPLive、PPStream等都可用于在线观看视频。这均会对运营商的有线电视业务造成冲击。VoIP是一种全新的网络电话通信业务,Skype就是一款典型的P2P VoIP软件。它的出现给传统电信业带来了强烈的冲击,据统计截至2011年年底,Skype占有全球长途通话时长的33%。在我国,早在2006年仅Skype对于中国电信的年分流量就造成其10亿元人民币的流失。② Skype仍在迅速向各个国家渗透。于是出现了美国电信巨头Comcast暗中控制BT的网络数据流量,麦迪逊河流通信公司阻断客户VoIP服务的行为。在这种网络不中立的情况下,运营商的流量歧视阻断或降级了对消费者有利的某些应用,服务质量降低了,服务种类减少了,而消费者支付是和原来相同的接入费用,这对消费者来说是一种隐性的金钱损失。

运营商为了解决网络拥堵问题,又尽量避免影响消费者的上网体验,不能对网络中的所有流量进行"一刀切"的限制。尤其是为了达到分级服务收费的目的,而歧视某些流量,故意阻断、降级,致使一些高级内容(如流媒体、VoIP等)无法正常应用,迫使内容商支付额外的"快速通道"费用。要达到以上目的,运营商就必须使用某种设备对传输中的数据进行检测然后分类,根据数据的性质进行传输的优先级划分,或者故意针对某些数据进行歧视。这种设备称为"分组

---

① "视频也将摧毁互联网",载《彭博商业周刊》,转引自"网络中立性:Netflix会摧毁互联网?",载http://www.cctime.com/html/2011-3-7/2011371530188856.htm。

② 杨然:"'网络中立'论下的利益交锋",载《世界电信》2006年第11期。

探测设备”或者“业务量管理设备”,这种技术称之为“数据包检测技术”或称为“深层次分组探测技术”。运营商和掌握这种技术的公司合作,对内容商和消费者的数据包进行检查。① 这无异于现实世界中的非法搜查,或者称之为“偷窥”、“窃取”行为,因为这种“搜查”多是隐蔽性的消费者并不知情,更不会得到消费者的授权。运营商的这种行为严重侵犯了消费者的隐私。

3. 对消费者的价格歧视

运营商正试图把网络分为两种:一种变得越加拥堵和不可靠;另一种为能够并愿意购买的用户或者与拥有一个主要流量传输网络的运营商有交往的用户提供性能优越的和具有潜在竞争优势的服务。这就涉及运营商的价格歧视问题。违背网络中立原则的价格歧视是指运营商根据内容商付费与否而提供不同质量的传输服务,付费的内容将会高速的传送给消费者,而不付费的内容将无法获得有质量保证的传输服务,尤其是在网络拥堵的时候,运营商将会优先传输付费的内容。内容商支付的这种费用是在网络接入费用之外的额外付费。这种价格决定质量的服务模式,将会使互联网内容市场的竞争由内容质量的竞争转为资本的竞争,一些实力弱小的公司将会被淘汰出局或是被大公司兼并,成本的增加也会阻止内容领域的新投资。这将会产生内容领域的垄断。原本提供免费或价格低廉又能满足消费者某方面需求的内容的公司减少,迫使消费者转向其他内容商,而这些内容要么价格更高,造成消费者额外的金钱损失,要么不能满足消费者的需求,造成消费者隐性的金钱损失。这就造成了对消费者的价格歧视。

运营商确实有足够的动机进行价格歧视,除了其宣称的收回自己的投资成本、弥补互联网企业对自己业务的侵蚀而遭受的损失以外,还因为随着运营商业务的拓展,也开始从事内容供应,运营商与内容商存在直接竞争。运营商通过纵向整合进入内容领域或与之结盟更刺激其要求内容商为其使用运营商提供给终端用户的高速网络支付通行费。对占用网络容量较大的内容、竞争性的内容和网络质量敏感性的内容都是运营商可以进行分级服务收费的对象,如流视频、VoIP 和在线游戏等。正如 AT&T 的 CEO 抱怨的:“一些人想让 AT&T 作为一个笨重的管道,并要保持这个管道越来越大。”因此,AT&T 提出:在“四车道”的高速路上建设高占用的“第五条车道”(无质量保障的公路)的想法。而这种慢车

① “视频也将摧毁互联网”,载《彭博商业周刊》,转引自“网络中立性:Netflix 会摧毁互联网?”,载 http://www.cctime.com/html/2011-3-7/2011371530188856.htm。

道的想法正付诸实施,提供高质量内容服务的公司如果不额外付费,他们的服务可能会被降级。现在出现了运营商减缓甚至阻断视频网站和网络电话的流量传输,以迫使内容商付费获得质量有保障的传输服务。中立的单一的互联网变成了双层的互联网,原来尽最大努力的通道,分化为更慢和更快的两条通道。运营商开始实施分级服务收费,在一个不中立的网络上,内容商将被迫接受这种新的收费模式。而在一个双向的网络中,对内容商的价格歧视最终会导致对消费者的价格歧视。于是消费者获得视频服务或使用网络电话的费用将会增加,原来免费的应用因为提供商成本的提高,将会对消费者收费,或者让消费者付出其他额外的代价。

(二)网络歧视对消费者权利的侵害

1. 对消费者自主选择权的侵害

根据《消费者权益保护法》,消费者享有自主选择商品或者服务的权利,自主选择提供商品或者服务的经营者,自主选择商品品种或者服务方式,自主决定购买或者不购买任何一种商品、接受或者不接受任何一项服务的权利。

运营商故意屏蔽或降级某些网站和服务,尤其是和其竞争的视频网站和网络电话,同时给自己的或与之有合作关系的互联网服务优先级别。这就迫使消费者接受运营商的“喜好”,不能自由选择自己喜欢的服务和应用。例如,运营商的内容服务比专业的内容提供商差,但是通过分层互联网,运营商让自己的视频服务通过“快车道”更快更可靠地传送给消费者,而 YouTube 如果不支付额外费用,则只能通过“慢车道”来传输流量,将无法为消费者提供有保障的视频服务。这是一种不公平的竞争,最后消费者接受的内容不是通过消费者的选择优胜劣汰后的更好的服务,而取决于运营商的偏向。这是对消费者自主选择内容、应用权利的侵害。此外还有运营商对设备的歧视,如 AT&T 公司在合同中规定消费者不得在网络上接入 WIFI 设备,这就影响了消费者自主选择互联网设备的权利。基于运营商纵向整合的发展趋势,他们从基础设施领域的接入服务开始进军互联网的上层,提供内容服务。他们通常的做法就是捆绑销售,例如,运营商可以把他们自己的网页软件和互联网接入服务捆绑在一起,并强制消费者只能选择使用它。这种纵向整合提供的服务往往在价格和速度上具有优势,但是相比于专业的内容商提供的服务往往不具有竞争力。如果消费者并不希望运营商捆绑这类服务,就造成对消费者自主选择权的侵害。

2. 对消费者公平交易权的侵害

根据《消费者权益保护法》,消费者享有公平交易的权利。消费者在购买商品或者接受服务时,有权获得质量保障、价格合理、计量正确等公平交易条件,有权拒绝经营者的强制交易行为。在互联网领域网络歧视行为侵害了消费者的公平交易权。

现在消费者的上网体验变差了,之前可以快速访问的网站现在打不开了,之前便捷的文件分享程序被禁用了,手机上的 Skype 通话质量变差,甚至无法使用。运营商提供的传输服务质量变差了,同样的网费不能享受同质的服务。运营商单方降低自己的服务质量,严重侵害了消费者的公平交易权。付费上网应当享受到互联网的自由,能够在互联网获取各种信息,享受各种应用服务。对内容与应用的限制,使得消费者不能获得自由的访问,不能享受自由充分的宽带服务。

3. 对消费者知情权的侵害

根据《消费者权益保护法》,消费者享有知悉其购买、使用的商品或者接受的服务的真实情况的权利。消费者有权根据商品或者服务的不同情况,要求经营者提供商品的价格、产地、生产者、用途、性能、规格、等级、主要成分、生产日期、有效期限、检验合格证明、使用方法说明书、售后服务,或者服务的内容、规格、费用等有关情况。在互联网领域网络歧视行为侵害了消费者的知情权。

运营商具有一定的网络管理权这是被承认的。但是运营商基于其技术优势控制着互联网,且不保障网络的透明,其采取的手段消费者并不知情。目前运营商没有对消费者公开其管理网络措施的义务,更不会提前告知未来采取的措施会对消费者产生的影响。当消费者感觉到自己的上网速度变慢了,不能访问某些内容或使用某些应用时,总是会归因于上网高峰期导致网络拥堵网速变慢。但是很多时候,这种网络质量变差并非因为流量过大,而是运营商出于自己的经济利益故意阻断了某些应用。这种情况消费者并不知情。即便有些消费者发现了问题,向运营商咨询时也得不到如实答复,这种情况我国已经发生过了。如 2006 年发生的铁通网络限速和南京电信限速案件,消费者察觉到运营商对 BT 等下载软件进行流量控制而向运营商询问时,多数回答是不存在限速问题,即使当时有客服讲了实话但是之后就予以否认。南京电信则解释说因为众多滥用资源的行为致使网络拥塞,大部分用户因网速问题而无法公平地享用互联网,因此电信部门将 LAN 用户到桌面 10M 带宽的下行流量限制到 1M,但是之后电信部门又说一直都是 1M 到桌面,从未说过 10M 到桌面的话。在这种情况下,消费者事前事后的知情权均得不到保障。

三、欧美网络中立立法及其对消费者利益的保护

(一)欧美网络中立立法的现状

1.美国

世界互联网以美国为中心,关于网络中立的讨论肇始于美国,影响其他国家。美国依然是争论最为激烈的地方,也是立法进程最为漫长曲折的国家。美国网络中立立法的进程是在国内相互对立的两大阵营激烈的辩论、游说,学者的学术探讨以及现实发生的案例中推进的,特点是政治因素参与其中,网络中立甚至成为大选筹码。如果说网络中立在前期主要是基于企业之间的利益之争引发的一些公益组织、企业和民众的自下而上的一种诉求,那么后期美国立法进程推进比较迅速的原因就离不开政党的参与,可以说是政治因素在后期推波助澜,自上而下影响甚至是左右了立法进程。

网络中立原则的支持派主要由美国各大互联网公司包括 Google、Yahoo、Amazon、Ebay、Vonage、Microsoft 和 Apple 等,消费者团体美国消费者联盟,及一些特殊行业团体如美国图书馆协会等和普通网民组成。2006 年 4 月,美国图书馆协会等数十家组织成立了"拯救互联网"联盟,征集百万签名,呼吁美国国会通过网络中立立法。Microsoft、Google 等互联网巨头也斥巨资展开游说活动。这一阵营的政治支持力量主要是美国民主党。网络中立原则的反对派主要由提供互联网接入服务的美国各大电信和有线电视运营商、技术设备提供商和一些民间团体组成,包括 AT&T、Comcast、Verizon、Time Warner、公民反政府浪费组织等。针对"拯救互联网"联盟,反对派也发起了相应的运动——"放手互联网"。此外,他们同样投入巨额资金,游说国会,试图推翻网络中立。这一阵营的政治支持力量主要是美国共和党。①消费者及其团体加入网络中立阵营,反对网络歧视,支持对网络中立进行立法。因为一个中立性的网络才能避免运营商的各种歧视行为和歧视性收费,才能保证消费者的各项权利不受侵犯,此外消费者的生活离不开中立的互联网带来的内容产业的繁荣。

2004 年,当时任美国联邦通信委员会(Federal Communications Commission, FCC)主席的鲍威尔(Michael K Powell)提出互联网四项自由:自由

① "美国'网络中立'法规见曙光 党派之争致前景难料",载 http://www.c114.net/news/550/a460131.html。

访问网络内容;自由使用程序;自由添加个人设备;自由获取服务计划信息。[①]这四项自由也有学者称为美国消费者四项自由,它从保障消费者自由使用互联网的角度向宽带运营商提出了要求,也为后来的网络中立立法所继承,成为网络中立原则的基本内容。

2005 年 8 月,基于互联网四项自由, FCC 发表《互联网政策声明》,要求运营商遵守四条网络中立指导性原则,即通常所说网络中立四原则:消费者有权选择访问任何合法的网络内容;消费者有权选择使用任何合法的网络应用和服务;消费者有权选择连接任何不对网络构成损害的合法设备;消费者有权选择网络供应商、应用软件与服务提供商以及内容提供商。

2007 年 10 月,Comcast 被曝暗中控制 BT 的网络数据流量。因为 BT 技术能用于传输大流量文件,比如,在线视频,满足消费者最主要的网上娱乐。正因如此,Comcast 认为用户共享网络文件会损害其有线电视业务,因此以网络安全和流量管理为由,阻止了用户共享文件,目的是想迫使消费者订购其价位更高的有线电视服务。这不仅会造成消费者的金钱损失,而且会降低消费者的服务体验,因为网络视频比电视服务更方便、内容更齐全。所以消息一出便引发美国网络用户的声讨。有关网络中立的争论再次甚嚣尘上,对立双方各执一词,针锋相对。2008 年 FCC 根据 2005 年的网络中立规则,命令 Comcast 向其用户开放使用 BT。而 Comcast 则因怀疑 FCC 是否有执行中立规则的法律权力而对 FCC 的起诉提出了上诉。2010 年 4 月,审判小组判决 FCC 败诉。法官认为 FCC 对网络中立的监管权具体到本案即禁止 Comcast 公司干涉其顾客使用 BT 软件的权力应当有法律的明文规定或授权,但是法官并没有找到相关法律条文依据,而 FCC 也没有证据证明其监管权来自于任何授权。因此法官可以断定对于网络中立,FCC 从未有过任何明确的受托权责,所以,法官判定 FCC 没有权力对互联网供应商进行任何网络中立方面的监管。[②]在这一案件中,美国法律支持了运营商,FCC 对运营商的监管权受到法院质疑,消费者的权利诉求也没有得到保障。

---

① Michael K Powell (2004) February 8, Speech at Symposium on "The Digital Broadband Migration: Toward a Regulatory Regime for the Internet Age" held at the University of Colorado School of Law. "I challenge the broadband network industry to preserve the following Internet Freedoms": Freedom to Access Content; Freedom to Use Applications; Freedom to Attach Personal Devices; Freedom to Obtain Service Plan Information. See Christopher T Marsden, Net Neutrality and Consumer Access to Content, *Scripted*, Vol 4, Issue 4, 2007.

② "网络中立一波三折,美国上演最后博弈",载 http://it. people. com. cn/h/2011/1207/c227888-2885638391. html。

这一裁决公布后,FCC计划改变监管策略,试图把网络接入服务重新定义为"电信服务",以推进网络中立性规则。① 因为美国1934年《通信法》将互联网接入服务划入"信息服务"类别和运营商的传统"电信服务"相区分。《通信法》对电信服务的规制极为严格,要求其遵守端到端的中立原则,受"开放式接入"的约束,而对信息服务则管理宽松。2005年6月,在"FCC V 互联网服务提供商Brand X"案中,最高法院支持了FCC关于把网络接入服务划归"信息服务"的范畴而不属"电信服务"决定。② 而美国1934年《通信法》国会通过广义授权赋予FCC对电信运营商的定义和管理权,③于是FCC着手把宽带网从基本上不受监管的信息服务重新分类为受美国通信法约束的电信服务。但同样的问题是FCC依然没有明确的授权,这种重新分类的手段还是和FCC的网络中立监管权一样受到质疑,所以这种企图也未能实现。

2008年11月,奥巴马当选美国总统。民主党出身的奥巴马在竞选时就承诺将支持网络中立,支持"互联网开放竞争"。有了强大的政治支持,网络中立派开始取得关键胜利。2009年1月,奥巴马任命其哈佛同窗朱利叶斯·格纳考斯基(Julius Genachowski)为FCC新任主席。作为奥巴马的最高科技顾问,格纳考斯基支持网络中立。自他上任以后,美国网络中立立法进程迅速加快。2009年7月,FCC宣布将把网络中立原则纳入国家宽带发展计划。FCC要求,所有参与美国宽带发展计划的公司必须遵守网络中立原则,所有合法设备、软件应用和服务提供商的网络接入都不应受到任何限制。④

2009年9月,格纳考斯基公布新的网络中立规则。原来的网络中立四原则,增加了"透明"和"非歧视"两项新规定,扩充为网络中立六原则。即还要求运营商保证不歧视特定的合法的网络内容、应用程序、服务和设备;披露可能限制网络中立原则的必要的网络管理措施。

2009年10月,FCC五人委员会投票通过决议,决定开始起草"网络中立"法规,以阻止运营商滥用其对宽带接入市场的控制权,在网络中立立法的道路上迈

---

① 张珊珊:"FCC对阵Comcast案裁定 网络中立故事仍将延续",载《世界电信》2010年第6期。

② 罗昕:"美国'网络中立'争论:在接入控制与开放之间",载《新闻与传播研究》2010年第3期;胡凌:"网络中立在美国",载《网络法律评论》2009年。

③ 董媛媛:"论美国'网络中立'及其立法价值",载《新闻学季刊》2011年第2期总第108期。

④ 罗昕:"美国'网络中立'争论:在接入控制与开放之间",载《新闻与传播研究》2010年第3期。

出了极为重要的一步。2010 年 12 月《网络中立条例》(以下简称《条例》)投票通过。2011 年 9 月 23 日,FCC 终于在第 185 期《联邦公报》(Federal Register)上发布《网络中立条例》,并正式编入《美国联邦法规汇编》第 47 章,计划于 2011 年 11 月 20 日生效实施。

胜利在即,然而就在条例即将实施之前,又遭阻挠。条例仅公布一周,2011 年 9 月 30 日,Verizon 公司将《条例》连同 FCC 一并告上了哥伦比亚特区巡回上诉法院,诉称 FCC 根本无权出台此类规章,更无权对互联网进行监管,要求上诉法庭判决《条例》无效。法院随即受理了此案,《条例》进入涉诉状态,未能如期实施。

《条例》赋予 FCC 互联网监管权。该条例提出了三个高级准则,即透明、禁止屏蔽和禁止不合理歧视。第一,透明:无线和有线宽带服务提供商都必须公开其网络的管理和经营。第二,禁止屏蔽:固定宽带服务提供商不得屏蔽合法内容、程序、服务,不得伤害他人的设备;移动宽带服务提供商不得屏蔽合法网站,或与其语音、视频服务相竞争的应用。第三,禁止不合理歧视:固定宽带服务提供商不得对合法网络流量进行不合理的歧视。① 新《条例》禁止运营商对竞争对手的互联网服务采取歧视性行为。同时,新《条例》允许宽带服务提供商可以采取"合理"的方式处理网络堵塞以及不必要的数据传输。②

网络中立派认为第三条"禁止不合理歧视"的规定不够明晰,给运营商留了"网络合理管理"的漏洞,而且未对移动运营商做出规制。FCC 对此的解释是:运营商向内容提供商提供"用户付费订制优先级"属于"不合理的歧视";运营商对网络的合理管理则不属于"不合理的歧视"。③ 尽管《条例》在网络中立派看来不够完美,但《条例》向网络中立迈进了一大步是毋庸置疑的。消费者联盟政策顾问德塞(Parul P. Desai)在一份声明中表示,FCC 在确保互联网保持开放的道路上迈出了重要一步。消费者在购买互联网服务后期待平等获得各项服务,而不会遭到某些厂商的阻挠。这是首次有明文规定,保护消费者并保持互联网的

---

① "FCC 官网公布网络中立性规则全文",载 http://www.cnii.com.cn/gj/content/2010-12/24/content_823248.htm。

② "美众议院投票否决 FCC 网络中立性规则",载 http://www.cnbeta.com/articles/139748.htm。

③ 马毅华:"'网络中立'之争:电信业与互联网的利益角逐",载《通信世界周刊》2011 年 1 月 17 日。

开放和创新环境。[①] 网络中立反对派严正声讨《条例》,认为其将损害竞争,挫伤运营商拓展和升级网络的积极性。

2012 年 7 月,《条例》实施后,Verizon 公司和 MetroPCS 再次向法庭提出诉请,企图推翻《条例》,这是继 2011 年《条例》在与 Verizon 公司的诉讼中获胜并得以实施之后,所遭遇的运营商发起的最新一轮的法律诉讼。[②] 由此可见历经重重劫难的美国网络中立立法即便在《条例》生效之后也不会一帆风顺,法律实施阶段也必将遭遇困境。《条例》的实施及其影响还有待实践的检验。

2. 欧盟

网络中立在欧洲也引发了不小的争议,欧盟各国也积极探讨互联网的监管问题,现在的网络状况是否已经造成了对消费者和互联网企业的不利影响,是否影响了互联网的创新、自由和开放,现有的制度是否已不足以保障以上利益。这一系列的问题都是欧盟需要探讨的。因为欧盟不同于美国的具体国情,尤其是在互联网接入市场方面竞争比美国更加充分。尽管美国国内有数家电信运营商提供互联网接入服务,但是在通往消费者的最后一公里内竞争是极不充分的,美国消费者通常无法选择互联网接入服务商,或者仅能在电信或有线电视业者的双头寡占下做选择,而欧洲消费者能更方便自由地在选择或切换运营商。因此,欧盟的立法相对美国来说对运营商的网络中立要求并没有那么严格。欧盟目前是通过修改电信法来规范网络中立的,将网络中立统辖于电信法之内。

欧盟 2002 年出台《电子通信管理框架》,2010 年 9 月颁布新电信管理框架。修订后的电信框架支持保护互联网的开放和中立,要求监管机构致力于提升终端用户接入网络、分享信息以及自由选择应用程序和服务的能力。新电信框架在普遍服务指令中要求运营商对消费者实行网络透明原则以保障上述目标的实现。当购买服务时消费者要被告知:限制消费者使用程序或应用的情况符合欧盟法律;运营商为了避免网络崩溃采取的测量和修整网络流量的措施,以及这些措施会对服务质量造成怎样的影响。通过网络透明原则既保障了消费者的知情权,还有助于对运营商的监督。新电信管理框架还保障了消费者更换运营商的权利,这就促进了网络接入市场的竞争,间接维护了网络中立原则。此外,监管

---

① "美国联邦通讯委员会发布网络中立条例",载 http://tech. xinmin. cn/tongxin/2011/09/24/12180765. html。

② "Verizon 及 MetroPCS 再次起诉 FCC 欲推翻网络中立法案",载 http://www. c114. net/news/116/a701328. html。

机构有权通过设定网络传播服务最低服务质量的要求来管理互联网,[①]这就避免了运营商恶意降低竞争性服务质量来达到保障自己业务的目的或者额外收费的目的。

欧盟规定各成员国应在2011年5月前将新电信管理框架纳入国家法律。欧盟各成员国监管机构在制定网络中立规范时需要考虑的两个要点包括:其一,欧洲电信管理框架已在27个欧盟成员国实现了高水平的接入管制;其二,随着27个成员国将新的欧洲电信管理框架内容纳入国家法律,新电信管理框架将提供基本的管理规则来管理网络中立。[②] 有专业分析认为欧盟各成员国电信监管机构不会急着实施新的配套措施,因为欧洲高水平的电信接入管制和新电信管理框架已经提供了基本的管理规范。

截至2011年4月,欧盟各国关于网络中立的立法状况如下:意大利已经提出法案,规定运营商在提供宽带接入业务时有义务遵守网络透明和中立规范,并在与消费者签订的协议中明确作出承诺。挪威、瑞典和法国已经提出建立相关规范。挪威电信监管机构2009年通过了一项较为缓和的规定,包括不降低网络质量、互联互通、流量限制三条原则;瑞典电信监管机构2009年通过一项规定,强调了网络的开放性原则,但同时必须兼顾网络投资成本与安全性;法国监管机构2010年发布了10项规范以推广网络中立和提高网络质量,2011年国会将网络中立提上议程,将有可能以法律形式将网络中立规范确定下来。英国通信传播委员会对网络中立进行了讨论,但没有作出最后决定。西班牙和德国还在讨论之中。[③] 至今欧盟除荷兰外尚没有其他国家正式通过任何关于网络中立的法案。

2012年5月,荷兰在欧盟国家中率先通过了实行网络中立管制的新电信法,在原来的电信法中增加了一个网络中立修正案,旨在保证互联网接入保持中立和未过滤状态。此前在2011年6月荷兰国会就对一项旨在荷兰境内保护互

① The open internet and net neutrality in Europe, Communication from the Commission to the European Parliament, the Council, the Economic and Social Committee and the Committee of the Regions, 2011.4.19.

② 王笑西:"欧盟各国网络中立立法进度不一监管难点在平衡尺度",彭潇编译,载《通信世界周刊》。王笑西,Ovum驻伦敦分析师,Ovum是一家在世界电信产业界富有权威性的中立咨询顾问公司。

③ The open internet and net neutrality in Europe, Communication from the Commission to the European Parliament, the Council, the Economic and Social Committee and the Committee of the Regions, 2011.4.19.

联网开放的立法议案进行投票。当时荷兰皇家电信集团(KPN)因为计划向使用诸如 VoIP 等新型的与之业务相竞争服务的互联网用户收费而引发了世界范围内媒体的关注,该议案就是旨在阻止 KPN 的行为。① 此举使得荷兰成为继智利(智利在 2010 年 7 月颁布网络中立法)之后,全球第二个保证互联网中立的国家。新法令规定,电信运营商不再允许优先自己的互联网服务,也不再允许故意放慢 YouTube 等重度用户的数据流量。只有在网络拥堵和危及网络安全的情况下为了终端用户的利益才可以采取一定的措施。运营商将不能扼杀或封锁任何个人的互联网服务,不能封锁网络通路,不能根据互联网使用的不同对用户收取不同费用。除此之外,电信法禁止运营商"窃取"数据。互联网上数据包检测技术的应用实际上会造成对用户隐私的侵犯,新法令规定只有在警方和司法机关要求的特殊情况下,或者经用户明确同意,数据才可以流出,而且用户的许可随时可以撤回。关涉用户的隐私,新法还明令禁止 Cookies,除非用户允许。Cookies 会加速你在经常访问的一个网站上的登录,但同时也会记下你的地址、邮箱或密码。②

荷兰数字版权运动组织 Bits of Freedom 称该法令为"互联网自由的重要基础",该组织主任宣称"网络中立赋予互联网用户更大的选择自由和自主权,降低消费者通信费用,给创新公司提供公平的机会"。③ 他呼吁其他国家效仿荷兰。

(二)欧美网络中立立法对消费者利益保护的模式及其启示

1. 美国的立法模式

第一,对网络中立单独立法。由 FCC 制定独立的网络中立法规,互联网业务与电信业务分别单独立法规制,凸显了美国对网络中立问题的重视,对网络中立的直观保护,满足了内容供应商和互联网消费者的强烈诉求。由网络中立四原则对消费者权利的直接描述,到《条例》中禁止运营商限制内容商特定服务的三个原则,保障了消费者自由使用互联网的权利,以及免于转嫁运营商对内容商要价的危险。

---

① The Netherlands first country in Europe to adopt net neutrality, available at http://www.bof.nl/2011/06/22/press-release-the-netherlands-first-country-in-europe-to-launch-net-neutrality/.

② "领先欧洲,荷兰通过网络中立法案",载 http://bbs.gogodutch.com/thread-555957-1-1.html。

③ The Netherlands first country in Europe to adopt net neutrality, available at http://www.bof.nl/2011/06/22/press-release-the-netherlands-first-country-in-europe-to-launch-net-neutrality/.

第二,立法原则化。美国立法只是申明了运营商的义务,对于如何解决问题没有切实可行的措施,实践性不强。要真正实现网络中立保护消费者利益,美国需要提出更加有力的方案。

但是FCC主导的立法,并没有得到国会或法律明确的立法及执法授权,以致FCC的权限始终被质疑。FCC的监管权曾在案例中被法院判定没有国会或法律的授权。相较于欧盟的立法,美国立法一直被争议和怀疑,这一方面是因为美国立法后期受政治因素左右,强势推进网络中立立法而较少考虑国内反对派的呼声。另一方面是因为美国互联网接入市场被电信寡头严重垄断,利益之争致使立法遭到如此激烈的反对和阻挠。可见之后的实施阶段必不会一帆风顺。美国网络中立真正要解决的是寻求立法和执法的依据,师出有名,才能服众。

2. 欧盟的立法模式

第一,将网络中立问题纳入电信管理框架,通过电信法保障网络中立。这种立法模式显示了将互联网产业与作为公共事业的电信产业同等看待的做法,凸显了互联网的公众性质。正如互联网先驱万维网发明者Tim Berners-Lee所说,作为具有公众属性的互联网是和教育、医疗一样涉及大众利益的公众产品。①就像美国刚开始将互联网接入服务定义为信息服务,导致运营商缺乏管制造成现在网络不中立的状况之后,又欲重新定义其为电信服务,意欲使其受到电信服务一样的严格管制。所以欧盟将网络中立问题置于电信管理框架下是比较明智的选择,也是对消费者利益的有效维护。

第二,立法注重实际可操作性。欧盟立法具有较好的实践性,表现在,一方面通过保障消费者更换运营商的权利来促进互联网接入市场的竞争。这一点似乎是美国所没有给予足够重视的地方,有学者指出这才是美国问题的根源。②只有解决了接入市场潜在的缺乏竞争问题,运营商即便封杀一些网站也不会有什么影响,因为用户可以转去其他运营商。运营商要想在竞争中取胜就要提供价格更低速度更快的服务,这样潜在的网络不中立行为如封堵、降速、高收费等就不攻自破了,如此消费者的利益就得到了保障。另一方面立法设置最低服务质量要求。因为实践中已经出现了运营商限制与其传统电话业务相竞争VoIP服务,与电视业务相竞争的网络视频服务等行为,该种限制行为的主要手段就是屏蔽或歧视流量,使语音和视频服务不能正常提供给消费者,从而保证运营商自

① “网络中立”,载http://baike.baidu.com/view/3036552.htm。

② Network Neutrality:A Tangled Web,载http://www.economist.com/node/17800141。

己的业务,或者据此向内容商收费。通过设置最低服务质量标准,可以阻止运营商恶意降低竞争性服务的质量来达到保障自己业务的目的或者额外收费的目的,这样消费者就能够正常使用价格低廉的网络应用和服务,最终保障了消费者的利益。

3. 欧美网络中立立法的启示

通过以上对欧美网络中立立法的介绍及立法模式的总结,我们可以总结以下立法经验及启示,为我国未来的立法提供借鉴。

第一,网络中立单独立法还是纳入电信法规制,要依国情而定。包括对网络产业发达程度、网络歧视程度以及国家相关法律立法状况等因素的考虑。

第二,网络中立立法应坚持原则性与实践性相结合。任何法律都有原则性条款与具体操作条款。原则性条款具有涵盖性和延展性,可以弥补具体条款规定的不尽之处,可以作为具体操作条款的指导。而实践性条款则具有针对性,有利于具体问题的解决。

第三,事前预防与事后救济并重。通过对欧美网络中立立法的分析,可以看出目前的网络中立立法侧重于对网络歧视的事前预防。美国的网络中立六原则及《条例》都是通过限制运营商的行为来实现网络中立的状态,使消费者免受运营商的歧视;欧盟的接入管制措施和最低服务质量要求也是从避免歧视的角度来立法的。但事实证明预防并不能达到理想的结果,对于违反法律的网络不中立行为给消费者或内容商造成的侵害应该设立救济措施。

第四,固定宽带运营商和移动运营商同等规制。由于无线频谱的稀缺性和限制,美国《条例》对于固定宽带网和移动宽带网采取了不同的方法,给予无线运营商更大的管理其网络的自由权,因此,这个政策又被业界称为"网络半中立"。AT&T 此前阻断蜂窝网上的 Facetime 业务、Verizon 屏蔽谷歌钱包应用等均未违背网络中立的原则。[①] FCC 民主党委员之一 Mignon L. Clyburn 部分赞同《条例》,对于《条例》区分固网运营商和移动运营商的做法他不予赞同。他认为应该把适用于固网运营商的所有规则同样扩展适用于移动运营商,以保护移动消费者。[②] 目前移动运营商存在歧视 VoIP 等应用的行为,而且在无线互联网日益繁荣的今天,日后的发展趋势必然是移动网络胜过固定网络,我们应该对移动

① "评论:向微信等 OTT 服务商收费有什么不可以",载 http://news.ccidnet.com/art/949/20130322/4815647_1.html。

② Verizon v. FCC, No. 11 – 1355 (D. C. Cir.),载 http://www.fcc.gov/document/verizon-v-fcc-no-11-1355-dc-cir。

互联网的网络中立问题同样重视。

第五,立法效果的启示。立法要在保护消费者利益的基础上平衡各方利益。网络中立立法是基于规制运营商、保护互联网企业和消费者的目的而设立的,一般都比较严格地限制了运营商的行为,其出发点和目的都是保障消费者的权利。尽管欧美网络中立立法的实施效果还有待实践的检验,但是从近期的影响来看,立法效果不是十分理想,甚至产生了一些对消费者不利的影响。一方面是运营商提高或变相提高消费者价格,如荷兰运营商提高移动数据业务价格使其成为欧洲最高,[①]美国一些运营商试图改变互联网包月计费模式为流量计费,[②]英国最大运营商实行包月流量限制等现象。另一方面是运营商公然违背网络中立规定,如英国电信推出允许互联网企业付费获得更高质量的宽带传输能力的服务,法国电信以谷歌用户量巨大的搜索引擎和YouTube视频服务占用了大量的网络带宽为由将对其索要一大笔补偿费。[③] 上述问题的出现是立法未平衡各方的利益所致。立法要基于对消费者利益的保护,但是也不能忽略运营商及其支持者的意见:现今的网络发展确实影响了运营商的利益,运营商对网络的管理行为并非单纯的抑制竞争,运营商对网络带宽建设、升级及研发的积极性对互联网未来的发展很关键。各方利益平衡是网络中立施行的基础,否则难以避免运营商避开法规寻求其他途径的利益补偿。还有学者认为核心原因还在于网络中立立法价值体系不完善,更缺乏相应的法律配套方案和协调性。认为美国在对有关法律规制的收益前景尚不明朗的情形下,网络中立立法的尝试背弃了美国司法机关所坚持的中立路线和正义理论,在不损害少数人利益的前提下,维护多数人利益的法律价值目标。平衡社会利益与行业利益的博弈,是网络中立立法的根本出发点和落脚点。[④] 只有平衡了各方利益的法律才能得到最大多数人的认可,才能树立法律的权威,才能达到立法的目的。当网络中立不再单纯以牺牲网络运营商的利益为代价时,网络中立才能真正得到推行。[⑤]

---

① 云晴:“运营商流量经营提案遭遇网络中立拷问”,载《通信世界》2011年第32期。

② “美国FCC主席支持以流量为互联网服务定价”,载http://www.cnbeta.com/articles/188582.htm。

③ 闫武:“运营商向谷歌等收取流量费的逻辑与游戏规则”,载http://www.chinaz.com/mobile/2013/0122/290304.shtml。

④ 董媛媛:“论美国‘网络中立’及其立法价值”,载《新闻学季刊》2011年第2期总第108期。

⑤ 张珊珊:“FCC对阵Comcast案裁定 网络中立故事仍将延续”,载《世界电信》2010年第6期。

四、我国网络中立的立法抉择

(一)我国网络中立的现状考察

1. 网络中立的立法需求:网络歧视的存在

我国互联网领域已经出现了网络歧视的现象,并且存在了很长时间。比如1997年的福州IP电话案,发生于中国VoIP刚刚兴起时,彼时VoIP业务就受到了中国电信的阻挠,在一场"民告官"的案件中有了"网民诉中国电信"的意味。当时人们就预料到网络电话的崛起是大势所趋,现在国内VoIP业务已有了很大发展,但歧视问题仍然存在。主要的固网商对VoIP实施很大程度的封锁,其中包括中国电信、中国网通及中国铁通。实施封锁原因是客户使用VoIP,将损失其公司主要长途电话收入。此外还有2006年电信和铁通限速案件。铁通用户发现铁通明显存在网络限速问题,尤其是对BT等下载软件进行流量控制,严重影响了用户的上网体验,花同样的钱,服务却明显降低了。用户向电信商询问时多数回答是不存在限速问题,有的客服讲了实话但是仍旧没有任何解决措施,之后就是否认限速。[①] 南京电信限速案中,电信网络用户发起了对南京电信的诉讼,其中用户还包括律师。但是诉讼之路是个艰难的尝试,法院不受理,警察出面干涉,媒体不支持,网监部门封堵网民言论,公权力全部都向运营商倾斜,这也是中国国情之下的大型国企的强大背景。这个案件中电信部门关于流量问题的答复也存在反复。先是某市场部负责人向网民解释称,因为用户存在众多滥用资源的行为,致使40万南京宽带用户中,占总户数10%的用户却占用了60%的核心网络资源,致使网络拥塞、大部分用户因网速问题而无法公平地享用互联网,因此电信部门将用户到桌面10M带宽的下行流量限制到1M。之后电信部门又说一直都是1M到桌面,从未承诺过10M到桌面。[②] 电信运营商已经采取了控制流量的行为也是肯定的,但是对于美国电信商,中国电信商的做法就显得极不坦诚。面对自己权利的受损和电信商的一味搪塞,国内消费者似乎只能抱怨并没有有效的维权措施。

网络歧视在我国互联网接入市场的垄断状态下更加难以改变,垄断是歧视的部分原因,同时也让歧视行为加剧。在我国,许多消费者在报装固定宽带时,经常面临没有选择的困境,因为在很多小区,往往只有一家电信运营商的宽带可

---

① "铁通不'通'",载 http://bbs. leobbs. com/cgi-bin/view-68-10617. htm。

② "律师点评:南京电信,你究竟要等到何时?",载 http://www. xici. net/d35569641. htm。

用。也就是说,即便我国的宽带市场上存在多家电信运营商,但在“最后一公里”却没有形成真正的竞争。① 实际上不仅是“最后一公里”,我国整个互联网接入服务市场被三大电信运营商严重垄断了。而且我国不像美国等国家电信和有线电视运营商均可从事互联网接入服务,过去10多年电信企业利用行政权力限制和阻碍有线电视企业进入这个领域,虽然有少数有线电视企业获得了当地接入服务经营权,但成本的50%都交给电信、联通做出口流量费,这非常不合理。② 目前随着三网融合的推进,国家逐渐允许广电企业进军电信领域,从事互联网接入服务就是其中一项。③ 但是广电与电信相比仍然存在很大差距,这在未来一段时间内都不会有太大改变。

中国关于网络中立的学术讨论也是新近几年开始的,还只是限于理论上的一些研究,远不及美国欧盟等已经在立法方面引起了重视。国内的互联网市场的状况还没有让国内互联网的利益团体像美国那样结成联盟激烈对抗。但看似平静的表象下,中国互联网产业其实已经开始了利益争夺,电信运营商们也悄然采取了类似国外电信巨头们的手段控制网络。消费者也感受到了自己的上网体验明显比以前下降了,只是居于经济和技术的弱势地位,面对强势垄断的中国电信运营商们他们的权利难以得到保障。另外就是国内消费者的维权渠道不够畅通也导致消费者除了向电信公司本身投诉外没有其他更有效的投诉渠道,诉诸法律在我国更加困难,且不说时间与金钱的耗费,面对和政府有着千丝万缕联系的大型国企,司法途径也难以保障。所以网络中立立法的缺失,使网络歧视现象难以改观,消费者权利也无法得到保障,国内亟须通过网络中立立法来预防和解决网络歧视问题。

2. 网络中立的立法契机:三网融合的推进

三网融合是指在任何一种传输载体或不同传输载体的组合上均可以实现不同物理形态的信息或电信信号的传输,表现为电信网、广播电视网、互联网技术层上趋向一致,网络层上可以实现资源共享和互联互通,业务层上各有侧重并互

---

① “打破电信运营‘最后一公里’垄断”,载 http://views. ce. cn/view/ent/201204/05/t20120405_23214643. shtml。

② “宽带反垄断案或将终结:重罚几无可能”,载 http://tech. sina. com. cn/t/2012 - 04 - 24/04457007689. shtml。

③ 2012年9月,工业和信息化部(以下简称工信部)开始向首批12个试点城市的广电企业发放业务许可,同意广电企业开展基于有线电视网的互联网接入业务、互联网数据传送增值业务以及国内IP电话业务。

相渗透和交叉,应用层上使用统一的TCP/IP通信协议,产业层上打破各自界限进行逐步融合。从本质上看,三网融合指在同一个网络上可以同时开展语音、数据和视频等多种不同的业务(国际上通称Triple Play,即三重播放业务)。从内涵上看,三网融合包括技术层面的网络融合与业务融合,管理层面的机构融合与法律融合,以及市场层面的产业融合和企业融合。①

2001年首次明确提出"促进电信、电视、互联网三网融合";2010年7月1日三网融合的首批12个试点城市公布,三网融合进入实质性推进阶段;2011年12月30日,随着第二阶段的42个试点城市的公布,三网融合在全国范围内展开。其核心就是要在双向进入上找到切入点:广电行业可以进入规定的一些电信行业的业务,国有电信企业根据规定可以进入一些广播影视的业务。而在提出三网融合之前,这种双向进入是国家所禁止的,1999年曾发文规定"电信部门不得从事广电业务,广电部门不得从事通信业务,双方必须坚决贯彻执行"。② 2012年9月,工信部开始向首批12个试点城市的广电企业发放业务许可,同意广电企业开展基于有线电视网的互联网接入业务、互联网数据传送增值业务以及国内IP电话业务,广电企业开始进军电信领域。2012年10月,广电总局正式发文批复同意中国电信集团公司关于从事互联网视听节目服务、IPTV传输服务和手机电视分发服务等三项业务的申请并发放许可证;之后广电总局又批复了中国移动和中国联通的申请,也发放了许可证。电信企业也进军了广电领域。③

三网融合过程中涉及网络中立的也是双向进入问题。这种推进三网融合的政策会给网络中立问题带来两方面的影响。(1)促进互联网接入市场的竞争,在一定程度上减轻运营商的网络歧视。这里的关键是广电企业自此可以进军电信领域,开展互联网接入服务,这就促进了接入服务市场的竞争,打破了三大运营商的垄断局面,可以期待以后网络接入市场"最后一公里"也会形成有效的竞争。这将会对运营商造成压力,让其对网络歧视有所顾忌,从而有利于维护中立性的网络。(2)运营商业务上的纵向整合可能会加剧内容市场的歧视。双向进入,会造就拥有多牌照、业务和功能多元化的全能化运营商,今日的三大运营商和广电企业可能会成为诸如美国Comcast和AT&T之类的全业务运营商,同时经营电信、广电和互联网业务。这种业务上的纵向整合,一方面会给自己的用户

---

① 温建伟、王厚芹:"国际三网融合进程评价与启示",载《电视技术》2010年第6期。

② "三网融合",载 http://baike.baidu.com/view/21572.htm。

③ "三网融合试点结束 变OTT业务为转机",载 http://www.xjnt.com.cn/html/three_net/accrued/20130220/4864.html。

带来福利,另一方面也不可避免地会歧视其他用户和其他的运营商、内容商的服务,这在美国表现的比较明显。这种歧视包括备受关注的电信产业间的互联互通问题得不到解决,会成为三网融合的障碍,所以网络中立问题(包括互联互通)是三网融合必须解决的发展前提。

解决网络中立以及互联互通问题,进而扫清三网融合的障碍,必须要有相应的法律保障。我国目前三大产业,电信、广电和互联网领域的主要立法仅有2000年的《电信条例》、1997年的《广播电视管理条例》、2000年的《互联网信息服务管理办法》等行政法规。立法层级低,没有实现法律层面的立法管理;10多年之前的立法无法适应产业迅猛发展产生的各种新情况,尤其是互联网发展和三网融合带来的变革。可见我国现有的法律已经不能满足当前现实的需求,无法解决三网融合过程中产生的各种问题。国内对制定电信法的呼吁已长达30多年,要求制定广电领域法律的呼声也很强烈,对网络中立的立法借此契机一并出台,具有现实可能性。

(二)我国网络中立的立法抉择

1. 立法抉择:基于国外立法模式的折中

通过前面对欧美网络中立立法的介绍与对欧美立法模式的总结,根据我国的现实问题,不能单一采用美国或者欧盟的立法模式。于我国立法而言,两种模式中分别有可以借鉴的因素,也有不适合我国国情的部分,我们需要有甄别地借鉴采纳,才能制定符合我国现实的法律。

第一,借鉴欧盟,实行三大产业统一立法,将网络中立问题纳入新的《电信法》之中规范,未来《电信法》将是一部融合电信、广电和互联网三大产业管理规范的法律。因为,首先,我国没有类似美国专门立法的条件。基于我国的国情,像美国那样出台专门的《条例》是不现实的,一是不管是下层的呼吁还是上层的推进都没有美国那样的强烈,国内对于网络中立立法的推动力不够;二是我国传统产业电信和广电的立法尚且"难产",对新兴的互联网产业专门立法就显得过于奢求。目前三大产业,电信、广电和互联网都没有实现法律层面的立法管理,仅有2000年《电信条例》、1997年《广播电视管理条例》、2000年《互联网信息服务管理办法》等行政法规,均无法满足现实的需求。尤其是对电信法的呼吁长达30多年,要求制定广电法律的呼声也很强烈,但二者均迟迟未有结果,可以预见如果主张对互联网产业进行网络中立的专门立法将会遭遇怎样的结果。其次,我国存在统一立法的契机。在目前三网融合的政策下,制定一部综合性的电信法融合对三大产业的管理更符合我国国情。并且互联网接入服务一直被视为电信服务，[①]在电信法中对网络中立问题予以立法是合适的，这也可以在国外找到先例，例如，欧盟和荷兰。欧盟电信管理框架把电信的移动网和固定网、广电的卫星网络和有线网络都纳入统一的电子通信网络管理体系，[②]2010年9月颁布的新电信管理框架又增加了网络中立的内容，实现了三网统一立法；荷兰也是在电信法中增加网络中立修正案来规范网络中立问题的。

第二，立法兼采美国原则性与欧盟实践性，但以原则性立法为主。任何法律都有原则性条款与具体操作条款。原则性条款具有涵盖性和延展性，可以弥补具体条款规定的不尽之处，可以作为具体操作条款的指导。而实践性条款则具有针对性，有利于具体问题的解决。在我国进行网络中立立法时应综合借鉴美国和欧盟立法的原则性和实际操作性，但是鉴于我国网络中立立法尚处于尝试阶段，而互联网的发展日新月异，新问题层出不穷，未来会出现的网络中立问题难以预计，所以现在应该以原则性立法为主，留有余地，将来可以通过制定配套法律法规予以完善。

2. 网络中立统一监管机构的设置

随着三大产业的融合发展，呈现出整个信息产业集中管理的国际趋势。逐渐集中化的监管制度和监管机构放宽了不同产业间的进入限制，推动了产业融合的步伐，使新旧媒体在规模、资源和市场方面都有了极大的突破。[③]

从国外三网融合监管的经验来看，融合监管是必然的趋势。各国都从监管政策和管理体制上进行调整，打破长期形成的电信、广播电视和互联网分业监管的格局。[④] 目前多数国家已经实现了对电信和广电的统一监管，并努力将互联网监管纳入权力范围。美国在1934年就组成了统管电信和广播电视的FCC，将对电信业和广播电视业的监管置于同一个机构之下，此外还积极争取关于互联网信息服务的监管权；欧盟推崇完全融合的监管理念，不区分广电和电信，统一于电信管理框架；英国2003年建立的通信管理局（Office of Communications, OFCOM）合并了原来的五家监管机构，统一管理电信和广电产业。此外法国、德

① 根据我国《电信条例》附带的《电信业务分类目录》，互联网接入服务属于增值电信业务。

② 宋军杰："三网融合需建统一监管机构"，载http://www.c114.net/ngn/304/a221232.html。

③ 金雪涛、高慧军、廖锦瑾："三网融合背景下有线电视网络经济性管制体系变革"，载《新闻界》2012年第18期。

④ 北京邮电大学三网融合研究所："适度开放推动产业创新 融合监管模式需立足国情道路多样化"，载http://finance.sina.com.cn/roll/20110414/01099684920.shtml。

国、意大利及日本等许多国家都实现了不同程度、不同方式的融合监管。[①] 三网融合大环境下,成立统一的监管机构,明确统一的监管政策,成为世界各国推动融合的一个必然选择。

目前我国三大网络的监管机构分别是:工信部负责电信网和互联网的监管,广电总局负责广播电视网的监管,形成两大部门监管三大产业的模式。现在我国互联网产业和电信产业集中统一由工信部负责监管,这样就避免了类似对美国FCC监管互联网权力的质疑,这对产业融合来说是有利的一面。此外借鉴国外普遍把电信业和广播电视业统一监管的模式,在推进三网融合的过程中,可以考虑将三大产业由一个部门负责监管。中国电信集团总工程师韦乐平认为"由于分行业监管的体制问题并未解决,已然成为三网融合的最大障碍"。[②] 因为随着三网融合的推进,未来会出现各种新型的业务模式,新业务将融合三大产业的特征,你中有我我中有你,业务归属更难划分,手机电视的出现就已经造成了工信部和广电总局关于业务监管权的争论,未来分业监管必然导致争夺监管权斗争的加剧。所以未来设置统一的监管机构是必要的,这也是统一立法的应然结果。

我国三大产业统一监管机构应独立于现有的两大部门设置,实现对三大产业的统一、公平监管。在统一监管机构之下,应设置专门的消费者保护机构,以实现对弱势消费者权利的切实维护。消费者保护机构的设置可以借鉴金融业对金融消费者的保护模式独立设置消费者保护局,[③]负责三大产业的消费者保护工作板块,以专门处理消费者和电信、广电、互联网企业之间的纠纷。消费者保护局设立之后与消费者保护机构、反垄断机构之间也必然存在类似金融业"一行三会"[④]消费者保护监管体系的分工负责、统一协调问题。解决这一问题的关键是促进各机构的合作,设计统一的三大产业消费者保护原则和工作机制,三大机构在这一宏观原则之下,实现各有分工、协调运作的工作格局,统一的沟通协调机制的建立有助于更加系统有效地开展对三大产业消费者的保护工作。

---

① 宁海忻:"我国三网融和监管模式研究",复旦大学2011年硕士学位论文。温建伟、王厚芹:"国际三网融合进程评价与启示",载《电视技术》2010年第6期。

② "韦乐平建议:保障三网融合应出台融合性电信法",载 http://www.c114.net/news/16/a498649.html。

③ 目前金融业的四大监管部门均已设置独立的消费者保护机构,分别是央行的金融消费者保护局、银监会的金融消费者保护局、保监会的保险消费者权益保护局、证监会的投资者保护局,构成"一行三会"的金融消费者保护监管体系。

④ 即央行和银监会、证监会、保监会,由指他们内设的消费者保护机构。

3. 网络中立具体制度的设计

无论是未来统一的《电信法》关于网络中立的立法，还是统一监管机构的网络中立监管与执法，都需要具体制度的指引。下文在立足本国国情并适当借鉴国外成功经验的基础上提出我国网络中立具体制度的构想。

第一，放宽电信市场准入尤其是网络接入服务的市场准入制度。

逐步开放电信市场，促进其他电信企业与三大电信运营商的竞争，继续推进广电企业进入互联网接入业务，促进网络接入服务领域的竞争。只要市场充满自由和竞争，客户需求就可实现，解决互联网接入领域缺乏竞争的问题有利于实现网络中立，维护消费者权利。这就需要进一步放宽电信市场准入的许可证制度，目前国际上各国电信市场准入制度均在不断放松，美国和欧盟已经全面放开基础电信领域，取消许可制度，将准入监管主要限定在频率等稀缺资源的使用上；韩国许可证管理制度主要在基础电信领域沿用，增值电信服务基本放开，采用备案制管理。我国电信市场准入制度也在不断调整和放松，但是作为增值业务的互联网接入服务的准入还是较为严格，需要进一步放宽许可，未来要推进广电企业和其他电信企业进入接入市场充分竞争。

促进竞争也会激励运营商投资扩容和升级网络，用更好的服务来赢得消费者。应付短缺的最佳方法不是控制资源而是消灭短缺。[①] 对于现在宽带资源的短缺问题，相对于运营商采取的那些流量修整和控制的技术方案，Lessig 认为增加网络容量是一个相对直观的解决方案。带宽的增加会缓和运营商和内容商的矛盾，有利于运营商遵守网络中立原则。

第二，建立运营商滥用网络管理权的规制制度。

运营商行使网络管理权必须以消费者利益为导向。基于其对基础设施的所有权，运营商具有一定的网络管理权利是公认的，这在国外网络中立立法中也被承认。赋予运营商管理网络的权利，包括解决拥堵、维护网络的稳定和安全性能等，但这些管理措施必须是以消费者利益为导向的。

首先，运营商要保证网络透明。运营商的网络管理措施应当透明和必要，关键是运营商对消费者的告知义务。运营商要在公司网站上进行全面而及时的信息披露，向消费者公开其网络管理措施，告知其未来的服务计划，告知消费者这些管理措施对访问特定内容、服务、应用或设备的影响。此外，运营商要将自己的网络管理行为向监管部门报告并进行合法性说明。法律要避免的就是运营商

① [美]劳伦斯·莱斯格著：《思想的未来》，李旭译，中信出版社2004年版，第48页。

凭借其网络管理权进行非法的网络控制,所以要规定运营商的报告和说明义务。

其次,要设置运营商服务质量最低标准。保证消费者享有最起码的服务质量,即便在网络拥堵的时候运营商的管理措施也不至于影响消费者正常使用网络。这就可以避免两种情况:运营商以管理网络流量为借口阻挠竞争者;运营商限制流量使得网络质量下降,进而影响到消费者的体验。

最后,禁止宽带歧视。宽带用户有权以任何对自己有益而不对公众造成损害的方式合理使用他们的网络。运营商不能予以限制,不得歧视任何内容、服务、应用或设备。除非是出于以下原因:基于法律义务,或遵从任何行政命令,或者其他充分授权的政府指令;阻止任何网络设备或应用对本地宽带网络的物理损害;禁止宽带用户干涉其他人使用网络,包括但不限于对垃圾邮件、病毒、蠕虫、拒绝服务或其他攻击的处理;通过消除迟延、抖动或其他技术障碍,保证宽带服务的质量;维护网络安全的需要;互联网监管部门授权的其他行为。

第三,建立监管机构对运营商的监管制度与对消费者权利的救济制度。

首先,监管机构要对运营商进行日常的主动监督。监管机构要建立监管清单,定期评估。监管清单包括监管对象和监管内容。评估包括消费者和内容商对运营商的满意程度的评估,这可以通过消费者和内容商的投诉来反映;以及运营商在自己的网络上对内容、服务、应用或设备的歧视程度的评估,这可以通过运营商向监管机构的报告来反映。对评估出现问题的,可以通过警告、罚款等措施予以解决。监管机构应该定期将监管的结果进行网上通告,借鉴目前工信部对电信企业服务质量的通告实行,①尤其是在通告中包含对消费者的“消费提示”部分,可以起到告知和预防问题的作用。

其次,监管机构要设置消费者权益保护的申诉处理和处罚机制,保证消费者在权利受到侵害时能够获得畅通的投诉渠道和及时有效的纠正措施。目前投诉无门或者投诉无效是我国网络消费者维权难的重要原因,权利救济制度事关消费者的事后保障,意义重大。监管机构要进行必要的调查,在有证据的情况下及时介入,以消除运营商对消费者的伤害和不正当的歧视。可以根据不同的侵权情况勒令运营商采取停止侵害、排除妨碍、恢复原状、赔偿损失以及赔礼道歉等方式承担责任。

此外,在监管与救济过程中要防止监管机构滥用权力。在互联网领域,任一

① “工业和信息化部关于电信服务质量的通告”,载 http://www.miit.gov.cn/n11293472/n11293832/n12845605/n13916928/index.html。

方面权力的扩张都有可能损害这一自由开放的平台,最终导致对消费者利益的损害。监管机构在行使职权过程中应该遵循"最少干涉"原则,这不仅可以平衡各方利益,也和反对网络中立一方"管的越少的政府就越是好政府"的观点相似,可以缓解反对通过网络中立立法将互联网置于政府监管之下的人们对于公权力滥用问题的担忧。

结论

网络中立问题已由学术界和业界的争论上升到立法层面,十几年来的理论和实务的探讨和纷争开始有了一些结果,网络中立派目前占了上风。就世界范围来看网络中立争论的焦点仍旧是作为发源地的美国,欧洲国家除了荷兰通过立法其他国家尚在观望,美欧之外的探讨并不典型,争论也不激烈。目前通过立法确立网络中立原则的国家只有三个,新法在保障消费者权利方面起到了积极作用,但是新法实施之后也产生了一些负面效果,消费者的权利也受到一定影响。这就为我国未来的立法提供了经验教训。三网融合的推进是我国网络中立立法的契机,不过未来的立法取向很不明确,毕竟网络中立问题在国内尚算新颖。由于理论水平有限,实务经验匮乏,本文中的一些观点和建议或许存在很大的不足,将来也许会被证伪。不过就像 Tim Wu 当年所说"要更好地定义网络中立和歧视还有很多工作要做。很多问题还没有解决,尽管如此,还是希望文章对基本框架的描述能够对那些歧视某些应用类型的行为做出阻止的尝试"。今日的中国正如当年的美国,网络歧视行为还不那么严重,运营商的行为刚开始背离网络中立。当年 Tim Wu 特别看重网络中立对运营商的规劝教育意义和运营商利己主义的自我思考,他认为运营商终将意识到自己的长期利益和公共利益是一致的,他曾说过"中立性的互联网的建立或许不需要法律的刺激,就像原初的互联网那样。在一个理想的世界中,不管是竞争还是利己主义都会驱使运营商设计中立的网络"。不过这种美好的设想并没有实现,运营商的歧视行为愈演愈烈。今日美国网络中立派似乎倾向于对运营商进行更加严格的规制,因为他们背离中立性越来越远了。所以就美国的情况来看尽早立法规制还是必要的。但是在利益各方的拉锯战中,究竟该如何权衡监管走向,始终是个难以抉择的问题。网络中立的立法应该以消费者利益为中心和出发点,切实做到在保护消费者的基础上平衡各方利益,才是网络中立的题中之义。

虽然由始至今关于网络中立的争论主要是针对运营商,而本文囿于篇幅和统一论点所需,也仅探讨了网络中立的普遍之意。但是网络中立理念的发展并不限于此,如今网络中立又有了新的发展。Tim Wu 教授最近写了一本书 *The Master Switch: The Rise and Fall of Information Empires*,在接受《纽约时报》的专访时,Tim Wu 指出他目前最担心的公司是苹果公司,认为苹果帝国构成了对互联网的新威胁。根据 Tim Wu 的"电网理念",在"电网"中任何掌控"主控开关"(the master switch)的企业都可能对"中立"的电网产生威胁,"网络中立"的支持者们已经开始把担忧指向了苹果、Google 及 Facebook 等互联网巨头。中立的规制对象由运营商扩张至涵盖内容商,Tim Wu 的观点一出又引起一片争议。可以预见,对"服务提供商所形成的信息帝国是否是互联网的新威胁"这个问题的讨论也即将升温。[①] 关于"网络中立"的争论和探讨还在不断深入和扩展,有待于我们继续追踪和研究。

---

① 马毅华:"'网络中立'之争:电信业与互联网的利益角逐",载《通信世界周刊》2011 年 1 月 17 日。

法学评论

法视域下的携号转网

——必要性及建制*

王红霞**

携号转网又称号码可携带、移机不改号，主要是指用户在迁址、改变服务种类或改变运营商时仍能使用原来的号码。从含义上具体可分为三类：“位置携带”指用户仅仅改变地理位置时号码不变；“业务携带”指用户从一种业务变更为另一种业务时保持电话号码不变；“业务提供者携带”指当用户改变运营商时，仍保持同一号码。从号码类别上可分为固定号码携带和移动号码携带。当前携号转网政策的热点主要集中在移动号码业务提供者携带（mobile number portability，MNP），即更换移动运营商而保持移动电话号码不变。

自1889年起电话公司即采用直接累进的控制系统的步进制电话交换机，简易可靠，但是却没有增加新服务的弹性，需要严格的编码计划，每个号码有一条实体线路，每个机房有其前码，所谓号码携带无从谈起。至第二次世界大战结束后，普遍出现市话自动交换，但是长途收费电话是靠人工。先是接线生之间发话，后是接线生拨号，最后是用户直接拨号，这也需要标准化编码

* 本文系湖南省哲学社会科学基金项目“信息消费促进的法治缺失及其矫正”（13YBB224）的研究成果。

** 中南大学法学院讲师，博士后。

计划配合。[①] 随着电信技术的飞速发展,电信号码逐渐从基础网络独立出来,在技术上具有了可分离特性。这种可分离性也使用户更换基础服务商时,其号码具有了转换网络的可携带性。由此造就了号码携带的技术可能和服务需求。

一、携号转网的域外实践与本土进程

(一)作为世界潮流的携号转网

携号转网已成为当前通信业发展的世界潮流。普遍认为,它是一个国家电信市场先进、开放、成熟的标志。从1997年新加坡最早引入该政策至今,据不完全统计,至少已有64个国家和地区正式实施了携号转网。从发达国家来看,美国联邦通信委员会要求运营商在2003年2月4日起全面执行携号转网;[②]欧盟要求各成员国在2003年7月25日前必须实行携号转网;韩国和日本分别于2004年1月与2006年10月开始推行。发展中国家如巴西和墨西哥已于2008年推出携号转网政策,厄瓜多尔、秘鲁、多米尼加于2009年年底前后,印度于2011年1月,阿根廷于2012年3月亦先后实施了携号转网政策。我国台湾地区也早在2005年就推行携号转网。[③] 实践表明,通过赋予用户自由选择网络的权利,激励运营商提升网络和服务水平及推出新业务,号码携带对各国的电信产业均带来了积极的影响。

(二)携号转网的本土进程

作为全球十大经济体之二,中国是唯一还在进行试验的国家。就我国而言,携号转网在技术面早已成熟。早在2005年8月,原信息产业部(现工业和信息化部,以下简称工信部)电信管理局就曾表示,号码携带业务不存在技术问题。[④] 主管机关也至少于2006年就已计划推行携号转网:是年10月,原信息产业部发布《关于保障移动电话用户资费方案选择权的通知》,要求"移动通信企业在开

---

① Gerald Brock, The Second Information Revolution, 2003, 128 - 129.

② 美国1996年《通信法》为降低新进业者的进入门槛,并防止既有业者阻碍其加入,新增第251条网络互连规范,规定所有电信业者均负有与其他电信业者直接或间接网络互连的义务,并规定所有区域电话业者均负有提供转售服务、号码可携服务、平等接取服务、路权接取及与其他区域电话业者签订互惠补偿协定的义务。

③ 我国台湾地区"电信法"第20条之1第4项规定,"为保障消费者之权益及促进市场之有效公平竞争,第一类电信事业应提供号码可携服务及平等接取服务;其实施范围、提供方式、实施时程及其他应遵行事项之管理办法,由通传会订定之"。

④ 原信息产业部电信管理局副局长韩夏接受新华社记者采访时的讲话。参见王为民:"号码可携促进积极竞争",载《通信产业报》2005年12月19日。

展业务的过程中,应充分尊重用户的自主选择权,不得以任何方式限定电信用户使用其指定的业务”。该文件同时对号码业务携带作出了明确规定:“在同一移动电话归属地内(俗称‘移动电话本地网’),移动通信企业应保证本企业同一网络的原有用户,可以在不改变号码的情况下,自主选择使用本企业的所有资费方案(已停止发展用户的除外)。”但真正意义上的携号转网并未付诸实施。直到2010年年底,我国方开始进行携号转网试点。试点分别选择了代表电信业务存量市场的天津,和代表电信业务增量市场的海南两地,分别采取了两种不同的模式:天津为“双向转网”模式,即中国电信和中国联通的移动用户以及中国移动除TD专用号段157~188用户外的其他移动用户之间可以相互携号转网;海南则为“单向转网”模式,即中国移动除TD专用号段157~188用户外的其他移动用户可以携号转网到中国电信、中国联通,中国电信和中国联通移动用户之间互不携带转网。[①] 此次号码携带试验时间为6个月,到2011年上半年试验结束后,号码携带业务在试点地继续实施,却并未向全国推广。2012年5月,工信部发布的《通信业“十二五”发展规划》的子规划——《电信网号码和互联网域名、IP地址资源“十二五”规划》中曾提出,“稳妥推进移动用户号码网间携带”,其用语彰显了官方的谨慎态度。携号转网的试点成为“一场虚喜”,多估计短期内扩大试点地区甚至全国推行均不大可能。直至2013年7月,工信部发布《关于做好移动电话用户号码携带扩大试验有关工作的通知》,确定在湖北、江西、云南三省开展携号转网工作。携号转网政策再次进入无休止的“试验”之中。

二、携号转网的功能价值与本体意义

(一)携号转网的功能价值

号码可携带从本质上讲只涉及电信服务提供者的变更,作为消费主体,消费者有权选择服务提供商。然而由于“号码捆绑效应”的存在,消费者此种自由面临现实困境。这是因为,用户从一家电信运营商转换到另一家运营商会存在天然的“转网成本”。这种转网成本包括经济成本、通讯社交成本和信誉成本。前者表现为用户更换号码时需要及时通知所有联系人而产生的各种时间与费用(如重新印制名片、更改关联绑定号码等);中者是指由于更改号码而导致无法与重要联系人保持沟通所造成的损失等;后者则是指由于现代社会往往将某人

① 参见工业和信息化部《关于启动天津、海南移动用户号码携带试验的通知》。

号码更换的频繁程度与其信誉程度联系起来而导致用户不愿更换号码的倾向。[①] 这其中,通信社交成本随着社会交往的日益便捷和频密而越发凸显。2012年6月,中国移动全球通移动电话业务用户于某向北京市第一中级人民法院提起诉讼,要求中国移动为其办理携号转网业务。[②] 虽然法院以不在该院管辖范围内为由未予立案,但此案却充分展示出用户在号码不可携带时面临的尴尬境地:是继续使用价格明显高于其他运营商的中国移动公司的手机资费模式,还是为低廉价格而放弃长期使用的手机号码,以致全国各地的朋友与客户可能无法与他正常联系,流失经过7年时间形成的业务资源。转网成本形成的壁垒客观造成用户"号码捆绑效应":不仅对用户自由选择电信运营商造成了一定限制,而且客观形成对运营商既有用户的锁定。先进入业者可轻松掌握了稳定的用户群体,坐享优势;运营商亦据此实施垄断定价,怠于改进服务,导致市场竞争程度下降、服务水平停滞。

普遍认为,携号转网作为一种规制政策对于保障用户权益、推动市场竞争具有重要的积极意义。携号转网的首要功能在于打破"号码捆绑效应"。它破除了用户号码与服务网络的固定对应关系,使用户有可能在不变更号码的情形下,随时寻找和更换服务更好价格更低的运营商。这样一来,不仅使用户对运营商服务的自主选择空间在实质上获得提升,亦大大增加了其他业者争取用户的机会和原网运营商的竞争压力,督促服务商降低价格、改善服务、加强创新。以日本市场为例,在2006年年底推出"携号转网"后,该国最大的移动运营商NTT DoCoMo在次年1月就公布了有史以来最糟糕的用户数据:仅当月,该公司就流失了10万用户。与此同时,NTT DoCoMo的竞争对手KDDI和软银公司1月净增用户分别为20.8万人和164万人。[③]许多国家的实践均表明,携号转网对于促

---

① 秦宪文、胡泉:"保留价格、转移成本和市场竞争——以移动通信市场'双向携号转网'规制政策为视角",《经济与管理评论》2012年第4期。

② 于某2005年2月5日办理了中国移动全球通业务。2012年5月,于某通过对不同运营商同类业务的比较发现中国移动的该业务资费明显过高,于是向中国移动客服咨询和申请办理携号转网。客服人员回复称,中国移动号码只能在其内部办理套餐或业务类型转换,不能办理原号码不变而选择其他电信运营商即携号转网的业务。于某认为,中国移动此举变相限制了消费者自主选择其他电信运营商的权利,遂于6月1日向北京市第一中级人民法院提交诉状,要求中国移动公司停止滥用市场支配地位、停止侵害其选择电信服务商的权利,给予其办理携号转网业务。参见李罡:"《反垄断法》司法解释实施首日北京消费者告中移动不准携号转网",载《北京青年报》2012年6月12日;孙思娅:"'携号转网遭拒 中国移动被诉'追踪:消费者首次起诉未获立案",载《京华时报》2012年6月23日。

③ "NTTDoCoMo用户流失加剧",载《人民邮电报》2007年2月14日。

进电信市场竞争、改善电信市场结构具有显著意义。不仅如此,携号转网对于繁荣整个电信产业也有明显作用。在典型的增量市场巴西,号码携带推动了通信业务普及率的进一步提升:自2008年号码携带开通后,由于运营商积极优化网络、推出新的服务和套餐,从2007年到2011年5年间,巴西的移动用户总量从1.21亿人快速增长到2.1亿人,普及率从63.6%提升至104%。在典型的存量市场如我国台湾地区,其移动电话普及率在2004年就已超过100%,号码携带实施后,整个电信市场更趋活跃,运营商争相推出新业务并提升自身的服务质量,带来了全岛电信产业整体服务水平的提升。目前,中国电信业尚未形成合理有效的竞争格局,引导电信业合理有序发展,改善市场竞争格局,推动整体市场进一步繁荣,号码可携带是极为重要的政策工具。

携号转网亦促进有效利用码号资源。电信网码号与互联网域名、协议地址资源一样都是由数字、符号组成的用于标识网络设备位置、实现网络寻址功能的数字编码和字符标识,主要包括固定电话网码号、移动通信网码号和数据通信网码号等,是电信资源的重要组成部分。国际标准对电信网码号的长度、结构、使用方式等作出了规定,并且在一个相当长的期间内保持稳定。这就决定了电信网码号具有稀缺性。作为稀缺资源,运营商只能通过分配或竞争得到有限的码号资源,据此开发为电话号码。号码不可携带的前提下,一机多号、号码休眠等降低了号码使用效率。实施号码可携带,可以让转网用户保留其原有号码,节约了码号资源,有利于提高其使用效率。研究证明,当一个国家的移动通信普及率超过60%时,推行携号转网政策可有效减少对号码资源的浪费。

除此之外,号码携带还能发挥其他功能。透过构建号码携带的集中式数据库能产生号码管理和流量管理等其他增值业务,在进一步为电信产业创造价值的同时帮助主管机关提升行业监管水平。美国和加拿大早在1997年就开通了号码携带业务。北美号码携带集中式数据库除了透过号码携带服务给用户体验和电信运营商的服务带来的提升以外,还产生了如号码的回收和再分配、清算中心、码号管理、网络的升级、信令及通信连路的负载均衡等更多的增值服务。由此为整个北美运营商及电信产业带来巨大价值。

(二)携号转网是号权保护的应有内容

携号转网的意义远超过其功能价值。在《号权初论》一文中,笔者透过对若干司法纠纷系争焦点及审裁矛盾的提炼,发现"通信社交利益"此一信息时代新的人格利益的勃兴,并以该种利益的外观载体即通信号码加以命名为号权。所谓号权,就是用户各类通信号码、账号背后的电信网、互联网等通信网络,自由开展通信交往活动,自主发展、维系、变更以及终止自身通信交往关系的权利。号权所确认的新型人格利益是通信社交利益,即在通信网络系统中,主体(表现为终端用户)发展、维系、变更或终止自身的通信社会交往关系的自由。① 通信社交利益具有独特性、独立性和易损性,需要设权保护。号权是一类新兴人格权,其提出丰富了宪法人格权的保护范围。号权与通信权、姓名权相似或相关却不相同或相隶属,与隐私权联系密切却不重叠或交叉。通信社交利益并非如生命、健康等人格利益那么显而易见,也未如姓名、肖像等人格利益具有悠久历史,亦未如隐私利益为当下普遍得感知的共识性价值。但通信交往的中介性和依赖性使通信社交利益无法完全为主体控制,此为设权保护的逻辑前提。司法和社会实践中层出不穷的现实问题,与信息经济的两大发展趋势均对号权设权提出了迫切要求。号权可从通信自由、信息自由等人权中找到自身的权利渊源,并从我国宪法和其他法律中发掘其设权基础。

据上所述,可以清晰地看到所谓号码捆绑效应产生的源泉正是在于个体的通信社交利益。而基于号权的人格权属性,在技术无障碍的前提下,号码携带就应明确为号权实现的必然要求。

三、携号转网政策争议的回应

无论是功能价值还是本体意义都反映出号码携带的必要性和紧迫性。但我国何以一再延迟携号转网的全面实施。研究者和政府对政策效果和由此反观的政策必要性持保留看法。一些学者基于模型分析,认为携号转网在减少用户成本的同时也可能增加用户成本,得出携号转网不一定会为用户带来益处,而是要依赖于实施的条件和配套机制。② 也有电信专家认为,携号转网涉及网络系统、管理系统和服务器重新搭建,成本巨大;但从目前试点反馈来看,对于"平衡市场和竞争能力效果并不明显"。③ 主管机关则以配套机制研究尚不成熟、全面实施条件仍不具备等为由,使携号转网的进程和范围延宕再三。然而携号转网不仅仅是一种监管政策,号码可携性并非只是一项以促进竞争为核心福祉,辐射到

---

① 王红霞:"号权初论——通讯社交利益的形成脉络与设权逻辑",载《法商研究》2013 年第 5 期。

② 陈茜、郑会颂:"携号转网利弊的理论分析",载《江苏省系统工程学会第十一届学术年会论文集》,2009 年。

③ 项立刚接受采访时的解释。参见汪小星:"携号转网试行一年　扩大试点无望　申请用户仅 1%",载《南方都市报》2012 年 2 月 13 日。

消费者保护,而因此可有可无、可快可缓。由此,对携号转网政策的审视立场应重做审视。

(一)转网率不是必要性标尺

关于携号转网的一种普遍批评,在于携号转网率的偏低。根据工信部的统计,自2010年11月22日天津、海南试点移动号码携带政策至2011年年底,两地超过1800万手机用户中,提出携号转网申请的用户共有158,631人次,申请率不到1%。其中58,260人次实现了携转,携转成功率仅36.7%。另有数据显示[①],截至2012年6月30日,号码携带业务生效成功的用户数增加到64,654户,其中,1174户为二次携转用户。[②] 2012年6月的统计数据显示,两地号码携带业务申请用户数达51,172,携转成功的用户数为1337,成功率反而下降为26.13%。[③]申请率与成功率的双低使携号转网政策实施的必要性受到质疑。有学者和业界人士强调申请率和成功率并非衡量携号转网效果的标尺,不能仅透过转网率对号码携带政策效果来予以证成,关键在于离网率给电信运营商造成的压力和因此作出的改善网络与服务,降低资费的努力。然而,转网率作为一个重要的指标性数字,毕竟也反映了一定的客观现实。

对号权的确认,使基于转网率而引发的对携号转网政策的质疑失去意义。如果明确了号权是与人身不可分割的人格权,则携号转网政策的必要性就毫无从转网率加以观察和讨论的必要。该项权利的基本性要求国家必须予以保护。而至于用户行使自身号权的途径,不在于是否申请转网,而是在于保有转网可以携号的自由或说可能,使号码所承载的通信社交利益与自身须臾不分离。毕竟,是否享有一项权利,与是否在某层面行使该项权利是两个问题。[④]

---

① 赵宇新:"天津海南累计携号转网用户达64654户",载飞象网。

② 在1174户二次携转用户中,从天津移动携转出后又携回的用户数为839户。携入天津移动又携出的用户数为251户。在天津联通和电信之间相互携转的用户数为22户。在三家运营商之间互相携转的用户数为62户。

③ 该项统计还表明,6月在天津申请从电信携入移动的共计5459次,审核通过率为0.48%,生效用户26户。申请从联通携入移动的共计32185次,审核通过率为0.65%,生效用户290户。申请从移动携出至电信的共计598次,审核通过率为11.2%,生效用户67户。从移动携出至联通的共计12402次,审核通过率为5.71%,生效用户708户。在海南,申请从移动携至电信的共计325次,审核通过率为45.85%,生效用户149户。申请从移动携出至联通的共计203次,审核通过率为47.29%,生效用户96户。

④ 事实上,据新浪科技与工信部电信研究院联合发布《移动号码携带用户支持度调查》,有93.1%的网友希望在所在城市开通携号转网,载 http://tech. sina. com. cn/t/2011 - 05 - 25/11355569063. shtml。

(二)跳出单向转网与双向转网之争

有关携号转网的另一项纠结问题在于是实施双向携号转网还是实施不对称性的单向携号转网。在规制工具层面,不对称管制是锄强扶弱,改善市场结构的重要举措。关于采取单向还是双向转网的问题,在国内外都有诸多讨论。对于中国当下电信市场的特殊结构来看,许多支持携号转网的观点都希图通过该政策来扭转我国当下的市场结构和竞争格局。争论的焦点主要集中在单向还是双向转网何者对于促进竞争的益处更多。可关诸域外,两种做法均有先例可循,[①]两种观点也各自有精细的统计模型论证支撑。对号权的确认,使单向转网还是双向转网的讨论失去意义,使双向携号转网不证自明:如果承认号权的人身属性,则管制者不能以侵害人身权益为代价来追求社会整体利益,而只能在其他层面来达成其推动竞争的意旨,双向转网就成为携号转网政策的当然之选。

四、携号转网的制度建构

从国外的经验来看,制度明确与完善、配套措施的健全、监管的有效直接影响携号转网的政策效果。实施携号转网应着力从如下四方面规划政策。

(一)立法中明确号码相关法律关系

《电信条例》第 27 条规定:“国家对电信资源统一规划、集中管理、合理分配,实行有偿使用制度。前款所称电信资源,是指无线电频率、卫星轨道位置、电信网码号等用于实现电信功能且有限的资源。”《电信网码号资源管理办法》第 3 条进一步明确,码号资源属于国家所有。但上述法规均未明确电信号码的归属及其上的权利问题,特别是缺少有关通信人格权即号权的明确规定。在热议的人格权立法中,应该增加号权的内容,并将包括手机号码、电子邮箱账号、网络即时通信工具(QQ、MSN)账号等之上的通讯社交利益纳入其中一并明定。[②]同时,法律应明确用户在符合约定的使用办法下可以使用该号码,用户自使用时起,就享有了基于该号码与外界联系和获取外界联系的利益。这种承载于号码使用权上的人格利益受法律保护。基于号权,用户可以随时办理携带、转网等服务,即使服务套餐没有到期,用户依然可以转网。仅承担违反电信服务合同的违约责任,以保障用户正常的通信权利。用户享有完整的号权,因此也可自由转

---

① 部分国家(美国、加拿大和立陶宛)的实施经验表明,号码携带政策也有可能进一步加强强势运营商的市场份额,从而加剧市场结构的畸形。

② 有关对于通信号码上权利关系及立法建议的详细讨论,参见王红霞:“号权初论——通讯社交利益的形成脉络与设权逻辑”,载《法商研究》2013 年第 5 期。

让、放弃使用该号码使用权。

(二)携号转网需细化实施规则

我国2010年10月下发的《关于启动天津、海南移动用户号码携带试验的通知》中,对网络稳定和安全方面的要求较为详细,但在试点工作中只提出了业务流程、咨询投诉等方面的要求,对市场和竞争方面的要求不足,在面对运营商的拖延、推诿等方面,缺乏足够的指导作用。他国经验表明,当费用高、时间长的时候,转网意愿大大下降,直接导致号码携带无从谈起。因此,号码携带的政策必须明确规定并强力实施政策制定、费用控制和操作过程的干预。否则,携号转网会最终流于形式。英国、新加坡、美国等国家在实施号码携带时,从技术规范、数据库建设和管理、业务流程、收费标准、由谁收费、业务办理时限等方面都作了详细的规定,并且定期进行政策效果评估和审视,及时调整办理时限和收费标准。从前,英国、德国、法国、荷兰等一些国家要求用户须向移出和移入两方运营商提出申请,且办理时间长达一周以上,用户还需要支付高额的转网费用,如葡萄牙运营商收费高达40欧元。携号转网效果不佳。而芬兰、丹麦的使用率相对较高,主要是两国的监管部门实施强有力的管制措施,严格控制办理时间。我国香港用户只需在移入运营商处进行办理,并在一至两天内就可实现携号转网。以色列是落实号码携带政策最为全面的中东国家,其监管机构要求不仅不可收费,而且必须在3~4小时办结。2011年,美国、英国、法国、西班牙等国家都将业务时限缩短到一个工作日,以减少用户的等待时间。为有效实施携号转网,应尽快制定细致的配套制度政策,确定携号转网的范围、规则,收费原则及时间表等具体问题,[①]以及用户与运营商解除合约程序、新网络接入、变更号码时话费流量结算以及建立统一用户库等问题。

(三)携号转网需配套系统制度群

携号转网的实施需要一并完善配套措施。其一是技术问题。由于现有技术中的增值业务的提供是基于预先配置的携号转网号码信息,即只有携号转网号码信息中所包括的异网号码发生转网时,才能使用新网络中的增值业务,因此,为支持增值业务的携号转网,保证异网号码在转网后能够及时正常地使用增值

① 例如,从2013年9月1日起,俄罗斯移动用户可以享有在不同运营商之间转换时保留号码的服务。号码携带业务收费不超过20元人民币。带号更换运营商只允许在同一个州内进行,且需要提前结清该号码的移动服务费用,更换运营商的频率最多为半年一次。张冬杨:"俄罗斯加快电信市场改革",载《中国电子报》2013年11月26日。

业务，需要在增值业务平台进行携号转网号码信息的预先配置。[①] 其二是系统承载能力问题。携号转网的放开，可能会带来爆炸性的转网浪潮。以法国为例，携号转网的人数已从2011年平均每天1.2万人，之后增加到4万人。因此，推行携号转网需要做好系统处理能力的准备。其三是价格等相关规制制度。国外实践表明，为留住和吸引客户，号码携带政策实施后，比较容易引起竞相降价。价格战容易使资金弱势地位的运营商受到打压，利润率下降，导致市场份额反而缩小，生存困难。因此，号码携带政策应该配备预防性规制制度，规范推行后的价格调整。

（四）携号转网实施需严格监管

全面推行携号转网务求严格监管、规制到位，保障制度群内的各项措施得以系统贯彻实施。必须承认，携号转网对每一家运营商而言都是“为他人作嫁衣”——免费的携号转网业务不仅造成了用户的流失，还占用了其号码资源。但国外经验表明，电信市场开放程度较好，竞争原本较为激烈的国家，如南美诸国，号码携带更容易推行；而市场垄断格局明显的国家，垄断企业或者具有优势地位的运营商普遍对该政策设置各种障碍加以阻挠：透过拖延相关软硬件建设，或利用“优惠活动未到期”、“技术难题”、“后台故障”、“第三方增值服务支撑不够完善”等各种借口阻止用户携号转网。[②] 此时，唯有监管机构发挥更严格的监管作用，保障政策得以落实。

以韩国为例，由于其实施阶段性的携号转网政策，[③]对第一大移动运营商SK造成巨大压力，SK电讯以“网络故障”为由，拖延并消磨时间，推出各种价格优惠，引诱并挽留用户。另两家公司也虚与委蛇。对此，韩国通信委员会（Korea Communications Commission，KCC）给予了严厉制裁：以SK电信试图留住用户阻止其转网的逆向营销活动，罚款5亿韩元；KTF和LG电信也因为拒绝用户退网分别被处以2.5亿韩元和1.5亿韩元的罚款。至2006年，韩国号码携带利用次数累计为1583万件，SK电讯损失最大，弱小运营商LG电信获益最多。号码

---

① 增值业务携号转网的实现方法和系统。

② 天津某运营商规定以下6种情况不得进行号码携带的申请：一是非实名制手机用户；二是用户与携出方有话费纠纷，欠费或账务不清；三是用户与携出方签有在网协议，且在网时间未满；四是申请业务的号码为已停机；五是SIM卡被偷或SIM卡丢失的情况；六是由于携出方网络故障而导致携出方无法受理该申请。如果说前五条尚有依据，第六条显然给了移出方运营商故意拖延时间乃至拒绝办理的理由。参见杜宏伟：“国内携号转网依然任重道远”，载《人民邮电》2012年3月28日。

③ 2004年1月，韩国最大的移动运营商SK电讯率先实施号码携带，仅允许用户单向携号转网至KTF或LG电信；2004年7月，排名第二的KTF开始实施；2005年1月，LG电信才实施号码携带。

携带实施前3年,韩国三大移动运营商市场份额相应发生变化,SK电讯市场份额下降了4个百分点,KTF和LG电信不但分流了SK电讯的用户,而且还吸引了部分优质客户,提升了公司的利润水平。① 可见,唯有强有力的监管可使高垄断市场推行携号转网"难者亦易"。

结语

移动号码是通信传播的稀有资源,与频谱、域名及网际网路等相同,存在供给有限性的特征。对于用户,号码是接收通信传播服务的基础方式,也是用户对外进行信息接收和交流的基本工具。携号转网不仅是一项促进竞争提升消费者福利的监管政策,亦是落实号权的必要途径。在网络技术不断升级的背景下,旧牌照吊销等再次对携号转网制度提出迫切需求。同时,电信业的开放民营将迎来更多业者参与市场竞争。确保消费者不受运营商违法等事件的影响而持续使用其号码维护其号权的问题亦应予以充分关注,这亦指向携号转网的全面推行。

① 张丽:"号码可携带的国际经验及其启示",载《中国新通信》2011年第9期。

互联网信息及隐私保护与竞争法实施

仲　春*

"在互联网上,没人知道你是一条狗"的时代早已过去。今天的互联网,用户在享受着搜索引擎、杀毒软件、社交、即时通信和位置服务等诸多免费服务的同时,个人信息不断暴露,成为用户换取免费服务的代价。近几年来互联网公司不当保管乃至故意侵犯用户隐私的报道不断见诸报端。① 从竞争法的角度看,用户信息及隐私成为互联网公司实现盈利、赢得竞争以及打击竞争对手时充分利用的武器。因此,竞争法应充分借鉴国外对消费者信息与隐私保护的实践,对高发的互联网企业侵犯消费者隐私以及企业滥用"隐私保护"理由打击竞争

---

* 深圳大学法学院讲师。

① 如2011年12月,中国互联网界曝出侵犯用户隐私的大丑闻。涉及CSDN、人人网、天涯网、网易邮箱、QQ邮箱、7k7k等多家网站用户资料泄露,从黑客外露的截图上可知,各个主流用户网站信息均被披露,涉及社交、微博、即时通信等内容,涉及用户资料超过5000万份。支付宝和当当网也被爆用户大量资料泄露。见新京报社论:网站用户密码泄露,警钟为谁而鸣,载 http://news. ifeng. com/opinion/society/detail_2011_12/27/11593120_0. shtml。2013年11月,多家媒体爆出搜狗浏览器存在漏洞,导致部分用户账号密码等隐私信息泄露,使用QQ账号登录搜狗浏览器,可以查看数千其他用户的个人账号,包括QQ、邮箱、支付宝、银行等涉及用户财产的账户信息,甚至可以直接进入他人的支付宝进行转账购物,甚至直接支付交易。对于此事,360和搜狗公司均召开媒体沟通会,前者公布相关资料验证搜狗浏览器泄露用户隐私信息,后者则否认搜狗浏览器存在问题,认为漏洞事件完全是360精心策划。

对手的行为有所警惕和规制。

一、互联网信息与隐私权概念及保护的国际视野

(一)互联网信息与隐私概念

1. 个人信息

个人信息的定义目前存在隐私说与识别说。隐私说将个人信息与个人隐私相提并论,认为个人信息是指个人不愿向外透露,不愿为他人了解的个人隐私。这种观点一般来源于英美法系国家。识别说认为个人信息是指一切可以识别本人信息的综合,这些信息包括了一个人生理的、心理的、智力的、个体的、社会的、经济的、文化的、家庭的等方面,如姓名、性别、年龄、种族、信仰、住址、兴趣爱好等。个人信息中的一些敏感信息,诸如财务、健康情况、性取向等需要受到更加严格的保护。

我国《个人信息保护法(专家建议稿)》规定:"个人信息是指能够识别特定个人的一切信息,包括姓名、年龄、身高、档案、婚姻状况、教育背景、家庭住址及电话号码等。"①全国人民代表大会常务委员会关于《加强网络信息保护的决定》第1条阐明,国家保护能够识别公民个人身份和涉及公民个人隐私的电子信息。这说明,该决定将个人信息划分为个人身份信息与个人隐私信息。

一般认为,个人信息保护的基本原则包括目的明确原则、知情同意原则、目的限制原则、信息品质原则、安全保护原则、政策公开原则、禁止泄露原则、保存时限原则、自由流通及合法限制等原则。②

2. 隐私、隐私权与网络隐私权

隐私权属于公民的民事权利,我国民法通则中未规定公民隐私及隐私权,长久以来司法实践将该权利纳入名誉权范畴进行保护。《侵权责任法》出台后,该法第2条明确提出隐私权是民事权益的一种,但遗憾的是由于该法对隐私权无明确定义,因此隐私及隐私权的概念和范围在我国法律中仍属空白。

学界一般认为,隐私是个人信息或秘密,未经本人同意或许可不得公开或被利用。隐私权属于人格权的一种,是公民为保证私人生活安宁和个人信息安全,不被他人非法侵扰、知悉、收集、利用和公开的权利。严格说来,隐私与个人信息

---

① 范科峰,互联网时代的个人信息保护和标准化。2013 "World Wide Web Consortium"年会暨知识产权国际峰会会议发言,2013年11月12日,深圳。

② 齐爱民著:《电子商务法原论》,武汉大学出版社2010年版,第187页。

范围并不相同,个人信息范围大于个人隐私范围。个人信息包括个人公开信息(包括法定应被公开知晓或愿意扩散以及信息主体不愿扩散的信息)、个人已经公开的秘密信息及隐私。

相比个人信息的界定,隐私的范围以及保护的力度因个人观点、社会的不同而有所区别。总体而言,欧美等国保护隐私的意识和力度强于亚洲国家。在国际社会,人们谈论个人信息保护问题时往往将其同隐私权保护相等同,而对隐私权的保障确实是个人信息保护的主要目的和逻辑前提。① 本文未将两者作严格区分,而是重点关注竞争法视野下的个人信息及隐私保护。

网络隐私是一般隐私权在网络环境下的延伸,其主要内容是网络环境下的私人信息和私人网络空间。网络隐私权是传统隐私权的补充和扩展,指网络用户在网络世界中就其个人信息数据、私人空间和私人活动享有控制支配并排除他人非法干涉和侵扰的一种人格权。网络隐私权是自然人在网络环境下享有的就私人信息和私人网络空间,未经合法规定或个人授权不受侵入、干扰、追踪、利用以及约定之外的公开等权利。具有隐私载体数字化、隐私权客体范围广、隐私权难判断和法律保护难度大的特点。② 网络隐私权的基本内容包括知情权、选择权、控制权、安全请求权、利用限制权、赔偿请求权。③

(二)网络信息及隐私保护的国际视角

通常个人信息保护主要有四个方面的措施,即政府制定相关的法律法规、行业自律、研发和利用各种信息保护技术、加强对消费者和从业人员的宣传教育。就制定规范而言,目前国际上已有50多个国家和地区制定了个人信息保护相关法律法规和标准,对社会、政治、经济活动、网络空间中处理个人信息的行为进行规范。各国政府根据本国实际需求,通常采用不同的个人信息保护模式。总体而言,欧盟采取立法模式,美国采取行业自律模式,日本则采取立法和行业自律模式相结合。

1. 中国

我国个人信息保护政策体系包括法律法规、标准和行业规范三个系列。2012年12月发布的全国人大常委会关于《加强网络信息保护的决定》共12条,对网站服务提供者和其他企事业单位在业务活动中收集、使用公民个人电子信

---

① 周汉华:“个人信息保护:公民的一项基本权利”,载《人民法院报》2005年3月21日。转引自肖登辉著:《行政法中的个人信息保护问题探究》,湖北人民出版社2011年版,第129页。

② 颜东:“电子商务中消费者网络隐私权保护”,载《文史博览(理论)》2009年第6期。

③ 张秀兰著:《网络隐私权的保护研究》,北京图书馆出版社2006年版,第63~64页。

息的行为进行了规范。2013年修订后的《消费者权益保护法》在第14条增加了“消费者……享有个人信息依法得到保护的权利”的规定,并在第29条就经营者收集、使用个人信息规定了“合法、正当、必要”三原则。

在行政规章方面,公安部1997年发布《计算机信息网络国际联网安全保护管理办法》,国务院2000年发布《互联网信息服务管理办法》,2011年工业和信息化部(以下简称工信部)发布《规范互联网信息服务市场秩序若干规定》,2013年发布《电信和互联网用户个人信息保护规定》,分别从不同的角度提及用户信息保护问题。2012年11月工信部发布的《信息安全技术公共及商用服务信息系统个人信息保护指南》则是我国首个个人信息国家保护标准。

我国目前没有专门的隐私保护机构,公民网络隐私权受到侵犯的情况十分严重。根本原因是社会对个人隐私尊重匮乏,反映在立法执法上就是立法层级不高,执法不够严格。

2. 欧盟

欧盟以及联盟内国家非常重视个人隐私的保护。Google等互联网巨头在欧盟都遭遇了严格的隐私保护调查。① 欧洲人认为,个人隐私是法律赋予个人的基本权利,应当采取相应的法律手段对用户隐私权加以保护。法律规制为主模式的基本做法是通过政府立法的方法,从法律上确立网络隐私权保护的各项基本原则与各项具体制度,并在此基础上建立相应的司法或者行政救济措施。②

欧盟颁布的个人信息及网络隐私保护方面的规定主要有:1980年《保护自动化处理个人数据公约》、1995年《关于在个人数据处理过程中保护当事人及此类数据自由流通的指令》、1997年《有关电信行业中的个人数据处理和隐私权保护的指令》、1999年《Internet个人隐私保护的一般原则》、2000年《关于欧共体和组织的个人数据处理相关的个人保护以及关于此种数据自由流动的规章》、③

---

① 例如,在对谷歌对待竞争对手和自有网站产品排名不公导致的竞争问题进行调查之前,各国对谷歌开展调查的具体事由是其侵害用户隐私的问题。引发关注的是谷歌最具争议的服务——覆盖了34个国家和地区的“街景”。其中在德国发生的街景采集车“不慎”采集私人无线网络数据事件,让谷歌陷入信誉危机,谷歌司法专员曾表示,谷歌在欧盟成员国的街景业务必须受到各国隐私保护机构的监管,尤其在隐私保护意识更强的德国,街景计划一直未能推行成功。

② 张秀兰著:《网络隐私权的保护研究》,北京图书馆出版社2006年版,第129页。

③ 通过规定个人数据的最低保护下限以及对个人信息保护的基本原则的规定,指引成员国制定国内立法。

2002 年《关于在电子通信领域个人数据处理及保护隐私权的指令》、[①]2012 年《隐私权标章认证机制》。[②]

在隐私保护机构的设置方面,根据欧盟指令第 28 条的规定,成员国应当设立一个或多个专门机关负责独立监督个人信息保护法的实施,凡制定的法律、法规中涉及个人信息的,有关部门应当咨询该机关的意见;同时,该机关享有相应的调查权、依照职权或者依照有关当事人的申请而对相应违法行为进行查处的权力以及通过介入诉讼维护法律实施的权力等。[③]

3. 美国

美国是最早开始研究隐私权的国家,在网络信息和隐私的保护上形成了稳定的自律主导模式。即业界通过自律措施来规范个人资料的收集、利用、交换等行为,达到保护隐私权的目的。美国政府在网络隐私权方面的政策是既要在国际范围内保护个人隐私,又不应阻断跨境信息流,影响电子商务和跨境贸易。[④]

美国颁布的个人信息及网络隐私保护方面的法律法规主要有:1967 年《信息自由法》、1974 年《隐私权法》、1986 年《电子通信隐私法》、1995 年《个人隐私和国家信息基础设施:个人信息的使用和提供原则》、[⑤]1998 年《有效保护隐私权的自律规范》、2010 年《个人可识别信息(PII)机密性保护指南》、2011 年《网络空间可信身份国家战略》、2012 年《数字全球隐私保护和促进创新框架:网络世界的消费者数据隐私》、2013 年《联邦信息系统安全与隐私控制》第 4 版。[⑥]

在隐私保护组织方面,美国有网络隐私联盟这样的倡议性隐私保护自律组织以及 TRUSTe、BBBonline 这样的知名隐私保护认证组织,联邦隐私保护执法

---

① 该指令是对《个人数据保护指令》的补充,这个指令主要适用于经由公众电信网络的与公众电信服务相关的个人数据处理,尤其是经由集成服务数字网络及公共数字移动网络的指令。

② 此项指令取代了 1997 年 12 月 15 日通过的《有关电信行业中的个人数据处理和隐私权保护的指令》(简称电信业隐私权指令),是欧盟基于电子商务及互联网发展现状,而制定的旨在规范电子商务消费者隐私权保护的最新立法。指令包含有一系列专门针对电子通信领域个人信息处理和隐私权保护的特别规范,其中部分内容对欧盟电子商务指令的规定也做了进一步的补充和完善。

③ 肖登辉著:《行政法中的个人信息保护问题探究》,湖北人民出版社 2011 年版,第 174 页。

④ 张萍珍、周五四:"评析我国网络隐私权之法律保护",载《广东培正学院学报》2008 年 12 月。

⑤ 提出了有关个人信息收集、加工、处理、再利用的基本原则。但报告仅仅表明政府保护个人信息的态度,并不具备法律效力。

⑥ NIST 800 - 53 发布的第 4 版中增加安全和隐私保护方面的内容。NIST 800 - 53 从管理上、运行上和技术上为信息系统规定防护设施或对策,以保护信息系统及其信息的保密性、完整性和可用性,以及抗抵赖性和可鉴别性。

机构是美国联邦贸易委员会(FTC),而FTC另一个重要的职能就是竞争执法。

4. 日本

作为亚洲国家,日本在个人信息与隐私保护的立法相对较为保守。日本颁布的个人信息及网络隐私保护方面的规定主要有:1988年《有关行政机关电子计算机自动化处理个人信息保护法》、2003年《个人信息保护法》。① 和我国相同,日本未设个人信息保护专门机关。

5. 国际经济组织

经合组织1980年9月23日通过《隐私以及个人资料跨界传输的保护指引》(Guidelines on the Protection of Privacy and Transborder Flows of Personal Data)代表了个人信息的收集和管理领域具普遍指导意义的国际共识。这些共识主要是:对个人资料的收集应当是有限的,且出于合法的目的;个人应当有选择是否披露自己资料的权利;个人应当有权获取其个人资料;个人数据应当被安全存放;执行隐私保护应当有问责和补救措施。② 即收集限制原则、数据正确原则、目的明确化原则、利用限制原则、安全保护原则、公开原则、个人参与原则、责任原则。这些共识在帮助政府、企业和消费者代表保护隐私和个人数据以及数据的跨境传输免受不必要的限制方面扮演着较为重要的作用。

二、竞争法与互联网用户信息及隐私保护

互联网在我国发展很快,根据CNNIC发布的《第32次中国互联网络发展状况统计报告》,截至2013年6月底,我国网民规模达5.91亿人。③ 对普通大众来说,互联网已经成了一种基本社会生存方式,从日常信息获取到人际交流沟通、从娱乐手段到购买商品、获取企业服务的重要渠道等,互联网商业公司提供的服务已经承载了诸多人的基本权益,包括通信自由权、名誉权、隐私权、财产权、创作自由权等。因此,互联网公司已经不仅为满足自己的商业利益而存在,更多时候需要承担社会群体的公众利益。

在这些权益中,互联网用户个人信息或者说网络隐私权的保护备受关注。

① 是一部对于个人信息持有处理者的企事业单位的规制法。

② OECD Guidelines on the Protection of Privacy and Transborder Flows of Personal Data, available at http://www.oecd.org/document/18/0,3343,en_2649_34255_1815186_1_1_1_1,00.html#part2.

③ "CNNIC第32次互联网报告:网民规模达5.91亿",载http://tech.163.com/special/cnnic32/。

因为随着互联网及其带来的信息革命,电子商务、电子政务、网络教育以及其他网络应用的发展使得人们在互联网上停留的时间越来越长,能够在网上办理的事务也越来越多,这其中涉及大量个人信息——包括 IP 地址、email 地址、购物时留下的家庭住址、手机号码等。现有技术手段收集和利用这些信息的便利性使得网络隐私很容易被侵犯。

目前看来,国内外互联网公司侵犯用户信息及隐私的现象层出不穷,而我国互联网行业的隐私保护及相关不正当竞争行为更是基本处于一种失范状态。根据我国法律制度的划分体系,隐私权受民法相关法律法规的保护,通常不会纳入竞争法的视野。然而搁置这些部门法的人为划分我们会注意到,随着互联网经济模式的发展,支配企业对消费者隐私的侵害问题也进入了竞争执法机构的执法观察中。

(一)个人信息及隐私保护与竞争法交集

竞争法在我国主要指反垄断法与反不正当竞争法。前者主要规制垄断企业的市场行为;后者则适用于几乎所有参与市场竞争的企业。个人信息及隐私保护与竞争法交集主要体现在两个方面:

1. 获取消费者信息与互联网企业竞争优势地位之间的正相关性

数字化技术的基础经济学决定了免费模式在数字世界比在模拟世界中更容易大行其道,免费越来越成为一种有效的商业模式。作为注意力经济的典型代表,数量巨大的免费用户构成了互联网企业营利的基础。越是占据竞争优势地位的企业,获取的用户信息就越加丰富和详细。

互联网普及后,信息和隐私保护问题之所以比起以往任何时候更加突出主要是因为大多数的互联网公司就是一个数据发掘公司,穷尽一切机会收集数据是其商业模式所决定的。互联网的免费服务是建立在对用户个人信息收集的基础上的,即进行数据挖掘来获得广告资助。① 免费是互联网的表象,追求利润是企业经营不变的规律,在主要产品实行免费策略的同时,互联网企业必然要通过其他渠道来获取利润。

互联网企业获利的重要因素在于有针对性地发布精准广告。在向广告商提供广告服务时,为了使得广告服务更加精准以及获取更高的广告费用,通过向广

① Lisa Madelon Campbell, Antitrust and Privacy: Internet Intermediaries, Cloud Computing and Geospatial Data: How Competition and Privacy Converge in the Mobile Environment, 7 No. 2 *Competition L. Int'l* 60, 61(2011).

告商提供用户信息以进行针对性广告发布是互联网广告区别于以往传统媒体广告的极大优势。互联网发展之初的名言"在互联网上,没人知道你是一条狗"已不复有效。随着数据分析工具的发展,广告主不仅能知道网络上的是不是只"狗",而且可以知道这只"狗"的性别、地区,知道它喜欢什么口味的"骨头",从而有针对性地发布"狗"感兴趣的广告。由于互联网企业很少秉承明确告知和许可原则来使用消费者隐私,因此这种做法必然时刻存在着泄露消费者隐私的担忧。

当前的互联网运营模式决定消费者在享受免费的内容和服务的同时需要付出私人信息作为隐藏的代价。目前大多数提供免费产品的互联网企业是通过广告来实现盈利的,而且支配地位企业通过这种方式获得的利润不菲。互联网企业获取的私人信息越丰富、准确、数量越庞大,就越容易得到广告商的青睐从而获取广告费用,同时这些费用又可以优先用于企业开发新产品以及完善现有产品,进一步巩固其产品的市场优势地位。因此,在获取用户信息与互联网企业获得市场支配地位之间具有一种正相关性,垄断互联网企业获得最大量、最充分的用户信息及隐私资料。而一旦这些企业对用户信息与隐私保管不善,其造成的负面影响也是最广阔和深远的,这一点需要得到反垄断机构的充分认知。

2. 宣传用户隐私遭侵犯可以是一种不正当竞争手段

如果说第一点是用户隐私保护与反垄断法之间的交集,那么第二点则体现用户隐私保护与反不正当竞争法之间的互动。正是由于互联网企业获取、利用用户信息及隐私行为的普遍性、非公开性以及用户对个人隐私保护知识、现有个人信息保护状态了解的匮乏,近几年来一些互联网企业通过网络爆料、媒体公开的方式来曝光竞争对手收集、侵犯用户隐私的行为,这些曝光材料不免有所夸大,内容真真假假,但每一次都吸引了大量的注意力,在彰显消费者个人隐私保护乏力的同时,也对被曝光企业的商誉造成较为严重的影响。

2010 年 3Q 大战中,360 声称 QQ 在用户毫不知情的情况下,扫描用户电脑中其他即时通信软件如 MSN、阿里旺旺以及网银文件,涉嫌窃取用户隐私。其后腾讯公司起诉 360,认为 360 捏造事实来宣传 QQ 软件侵犯消费者隐私,损害了腾讯的竞争优势,构成不正当竞争并赢得了诉讼。①

当然这并不意味着竞争对手的曝光行为均是虚假。利用隐私保护来打击竞

① "腾讯就不正当竞争起诉 360",载 http://www.chinadaily.com.cn/hqgj/jryw/2012-09-19/content_7044391.html。

争对手虽然是一种竞争手段,但是客观上揭露了一些行业现实,并能引起消费者的关注,从而改变这种现象。例如,微软2010年4月在Tech Net Edge博客上针对Google发布了一段网络视频,声称谷歌开发的浏览器Chrome将地址栏与搜索栏合二为一。尽管这一设置符合操作习惯,但根据默认开启的自动完成功能,用户的每一次键盘动作都将被Google记录和传送,用来提供搜索建议,这将导致用户隐私泄露。微软同时称IE等浏览器采取地址栏与搜索栏分开的措施有助于保护隐私。虽然微软的爆料带有宣传自身产品的目的,但如果没有行业内人士的提示,普通用户很难了解这一设置习惯带来的隐私泄露危险。

因此,简单用对错来评判这种曝光行为的合理合法性也是不正确的,因为其本身具有正面和负面效果。一方面,由于互联网运作涉及较为专业的技术,竞争对手的曝光可能是当前揭露企业滥用消费者隐私的重要手段;另一方面,在缺乏网络隐私保护标准和规范的现状下,这种曝光有时将企业合理使用用户信息以及非法利用用户隐私混为一谈,加上用户本身对于复杂的计算机和网络技术无法了解而产生误解,影响被曝光企业的商誉,因此成为企业打击对手的手段之一。就后者而言,反不正当竞争法可以依据现行法律处罚该类行为。

(二)竞争法实施与互联网用户信息及隐私保护

通过前述分析我们发现,在互联网用户信息及隐私保护领域,传统上被纳入民法范围的隐私权会分别与反垄断法及反不正当竞争法发生关联。

1.反垄断法与互联网用户信息及隐私保护

传统反垄断法注重的是产品价格、产量对消费者福利的影响,而互联网企业多数产品体现为软件形式,且以免费、不限量的方式提供给消费者。因此我们在处理互联网企业滥用市场支配地位行为时,可能需要关注一些与价格和产量无关的其他要素,这其中包括消费者的隐私保护问题。反垄断法已经慢慢地认识到隐私是产品质量的一个方面,而竞争既可以加强隐私保护,也可能会削弱企业隐私保护。

互联网企业的垄断基于规模庞大的用户群,那些拥有最大规模用户群的企业对互联网用户隐私存在潜在最大威胁可能。互联网服务的提供企业面临着不断的技术变化以及增加收入的巨大压力,可能会继续加强网络监控。[①] 因此,反垄断分析可以考虑为由支配地位互联网企业引发的隐私担忧提供一些适宜的解

① Jon D. Michaels, All the President's Spies: Private-Public Intelligence Partnerships in the War on Terror, 96 *Cal. L. Rev.* 901, 913 (2008).

决方案。

例如,反垄断机构会可能在合并审查及对企业滥用市场支配地位行为进行处罚时考虑企业合并或行为对用户隐私的影响,在相关协议或者处罚措施中要求企业加以整改。2007 年谷歌和 DoubleClick 公司合并时,欧洲消费者组织表示,两家公司的合并会侵犯欧盟隐私权,同时限制消费者对互联网内容的选择。该组织认为,两家公司拥有互补的用户私人数据库,合并后将建立任何同行都无可匹敌的用户资料库。新公司"有能力、而且有可能"侵犯浏览网页用户大量私人数据信息,这明显侵犯了用户隐私权。此外,其对网络广告资源将形成强大垄断,从而使消费者选择度大大降低。而谷歌公司提供的网页搜索记录免费服务将有关用户浏览网站的数据存储于公司服务器,未设定清除有关数据的固定时限,这也引发了人们对谷歌侵犯用户隐私权的忧虑。① FTC 审理该合并案的大部分担忧也来自于合并对消费者隐私的影响。因为两家企业主要从事的都是广告,在线广告很大程度上依赖于对用户信息的收集。最终 FTC 拒绝考虑对隐私问题的关注,认为"反垄断审查并购的唯一目的是识别和纠正损害竞争的交易"。但这并不排除今后在涉及互联网行业的反垄断审查中适度地考量用户隐私的保护问题。

就反垄断执法另一重要领域"滥用市场支配地位"而言,支配地位企业行为是否构成"滥用"一般观察其对竞争对手及消费者福利的影响。而现代反垄断法的核心是关注消费者福利,但消费者福利并不仅仅局限于价格等经济性影响。反垄断在滥用市场支配地位执法中可以考虑互联网企业经营行为对消费者生活的整体性影响。

从对消费者保护的目标来看,反垄断法实施中适度纳入消费者隐私保护并不与其立法目标相违背。有学者认为,维护市场竞争是反垄断政策的基本目标,提高企业效率是反垄断政策的激励目标,消费者福利最大化是反垄断政策的终极目标。② 消费者福利近来日益成为反垄断的核心价值,并在美国和欧盟等反垄断执法经验丰富的国家和地区得到确认。Bork 的《反垄断悖论》一书中甚至将"消费者福利"作为反垄断政策的唯一目标。我国反垄断法的价值目标是"保护市场公平竞争,提高经济运行效率,维护消费者利益和社会公共利益,促进社

---

① "欧洲消费者组织:谷歌、双击合并会侵犯隐私权",载 http://news. xinhuanet. com/world/2007 - 07/05/content_6332895. htm。

② 吴玉岭:"反垄断政策目标与消费者福利最大化:美国经验",载 http://www. chinavalue. net/Finance/Article/2004 - 9 - 17/956. html。

会主义市场经济健康发展”。而隐私保护属于消费者的重大利益之一,即使竞争法不提供直接的保护,但提供辅助的、间接的保护与其立法目标一致。

随着互联网对于传统经济模式的转变,支配地位企业滥用其经营活动中获取的消费者隐私来谋求商业利润的做法可能会越来越受到反垄断执法机构在对企业滥用市场支配地位行为方面的关注。滥用垄断市场权力有两种表现形式:一是对买方或卖方的剥削;另一种就是干预竞争者的自由。[①] 当然,由于隐私保护问题主要还是一个民法问题,因此可能不会直接由支配地位企业滥用消费者隐私来启动反垄断调查,而是在对企业滥用市场支配地位行为的调查过程中,加入对消费者隐私侵害严重性及后果的考量,并影响到调查和处罚的结果。

2. 反不正当竞争法与互联网用户信息及隐私保护

反不正当竞争法与互联网用户信息及隐私保护的关系主要体现在两个方面:一是依法打击利用“隐私侵犯”借口损害竞争对手商誉的行为,即实体法上的联系;二是反不正当竞争法执法主体执法内容中纳入用户隐私保护。各级工商行政管理部门作为《反不正当竞争法》与《消费者权益保护法》的执法部门,在亚洲国家普遍不重视个人隐私保护且短期内不可能设置专门的隐私保护机构的背景下,是我国当前在网络用户信息及隐私保护方面最合适的一般性执法主体。而工信部作为互联网行业主管部门,其执法目的、模式、处罚及效果与工商机关有差异,因此并不冲突。

就第一点而言,根据我国《反不正当竞争法》第14条的规定:“经营者不得捏造、散播虚伪事实,损害竞争对手的商业信誉、商品声誉。”现实生活中,囿于技术知识的匮乏,用户自身使用互联网行为不够谨慎,并不了解哪一类行为、哪一类网站容易泄露个人信息及隐私。因此用户一旦了解自己的隐私被泄露往往表现得极为恐慌。对于互联网企业侵犯用户隐私行为的新闻,用户本身很难了解真假。对此,反不正当竞争法对于通过宣传隐私侵害行为来达到损害竞争对手商誉的做法应依法予以制裁。

就第二点而言,虽然用户个人信息和隐私权属于公民的民事权利,并主要通过民法、侵权法等民事法律予以保护,但仅仅民事法律并不足以提供完善的保障。刑事、民事以及行政法三者的结合方能针对不同层次的侵害行为有针对性地予以保护。对于严重的侵犯用户信息,如利用用户金融信息等实施犯罪的,应

---

① [德]曼弗里德·诺依曼著:《竞争政策——历史、理论及实践》,谷爱俊译,北京大学出版社2003年,第168页。

上升到刑法层面予以规制；受侵害公民个人提起民事侵权诉讼，法院应予以受理并依法维护受害者的民事权利。同时，考虑到互联网信息泄露及侵犯用户隐私权行为一旦发生，影响的绝不是单个用户，结合我国当前集体诉讼制度的不完善、用户取证的困难，以及行政执法具有取证、执法资源和处罚的警戒优势，行政处罚必不可少。行政处罚还可以成为用户未来提起民事诉讼的依据，可大大减小民事诉讼的难度。

当前我国对于互联网企业侵犯用户信息及隐私的行为尚无专门的执法机构，工信部作为行业主管机关，其行业监管并不能取代一般性执法。总体而言，用户信息安全与隐私权属于消费者权益的一种，因此，在我国短期内不可能设立保护公民隐私专门机构的现实背景以及消费者权益、反不正当竞争法执法机构均为全国各级工商行政管理部门的情况下，当前各级工商行政管理部门是侵害用户信息与隐私权行政执法的较好选择。

三、结语

个人信息保护与互联网产业发展密不可分。随着信息技术的发展，互联网产业细分出多个分支，并逐渐深入社会各个领域，在社会各个层面中发挥越来越重要的作用。互联网产业的发展需要使用包括用户数据在内的各种信息，而个人信息的保护需要立法确定最低标准；尤其是移动互联网时代的来临，随身携带的智能终端和穿戴设备涉及更多的个人信息处理。

明确个人信息收集、使用的界限，推动个人信息保护，有利于促进互联网产业发展随着社会文明的进步。竞争法在自己的法律框架下也应重视在反垄断法及反不正当竞争法执法过程中对互联网用户隐私的关注。在这个过程中，公民的信息安全和隐私保护会逐步受到个人、社会和国家的重视，并建立全方位的措施来防范公民的信息和隐私被不适当使用。

网络时代的广告法

——简评广告法修订草案征求意见稿相关条款*

姚志伟 **

2014年2月21日,国务院法制办正式公布了《广告法(修订草案)(征求意见稿)》(以下简称为草案),并面向社会公众征求意见。此次修订,是自1995年广告法生效以来,首次重大修订。①

法律的修改是为了适应现实的需要,就广告法而言,广告活动自20世纪90年代以来已经发生了巨大变化,其中最大的变化可谓是网络广告的兴起。

网络广告是伴随网络技术发展而兴起,并且成为广告行业中的后起之秀,开始超越传统的广告产业。根据艾瑞咨询的数据显示,2013年中国网络广告市场规模已达到1100亿元。② 谷歌作为全世界最大的互联网公司,

---

* 本文系作者主持的第54批中国博士后科学基金之阶段性成果。本文仅代表作者的学术观点,不代表作者所供职机构的立场、观点或看法。

** 广东金融学院法学研究所所长,副教授,法学博士、华东政法大学博士后流动站研究人员。

① 广告法的修订工作自2004年已启动,参见《工商行政管理》编辑部:"逐条梳理修改意见,积极推进《广告法》修订工作——《广告法》修订座谈会在京召开",载《工商行政管理》2011年第14期。

② 艾瑞咨询:"2013年中国网络广告市场规模突破千亿大关,达到1100亿元",载 http://www.iresearch.com.cn/View/224661.html。

2011 年的广告收入达到 365 亿美元，占其全部收入的 96%。[①] 按照德国数据公司 Statista 的统计，2012 年上半年，谷歌的广告收入已经超过同时段内美国所有印刷媒体的纸面广告收入之和。[②]

网络广告的发展，极大地改变了广告行业的生态，也给现行广告法的实施带来巨大的挑战，[③]因此这次广告法修订，也对网络广告所涉及的问题作了部分回应，主要涉及自然人（网络广告发布的重要主体）被纳入广告发布者范畴、网络广告登记及网络广告发布平台的义务等问题，下文就草案关于这些问题的规定作简要评述。

一、自然人纳入广告发布者范畴

草案第 2 条第 5 款规定："本法所称广告发布者，是指为广告主或者广告主委托的广告经营者发布广告的自然人、法人或者其他组织。"与修改前相比，该条主要是将自然人纳入广告发布者的范畴。这个变化主要是回应网络时代广告发布的变化。

现行广告法中的广告发布者只限定了法人和其他经济组织，将自然人排除在外，这个规定和广告法制定年代的背景是相关的。在 20 世纪 90 年代，发布广告的主要是传统媒体，例如，报纸、电视、杂志、户外媒体等，这些一般都不是由自然人所主办的，因此自然人没有列入广告发布者范畴是可以理解的。进入网络时代后，广告发布的格局发生了重大变化，发布的门槛大大降低，自媒体时代兴

---

① 《Google 2011 年年报》，第 30 页，载 http://www.sec.gov/Archives/edgar/data/1288776/000119312512025336/d260164d10k.htm。

② Felix Richter：Google Rakes In More Ad Dollars Than U.S. Print Media，available at http://www.statista.com/topict/1001/google/chart/709/google-s-ad-revenue-since-2004。谷歌 2012 年上半年的广告收入达到 208 亿美元，全美所有印刷媒体（包括杂志和报纸）的印刷广告收入为 192 亿美元。当然，这种比较对印刷媒体有不公平，因为谷歌的收入来源于全球的，而美国印刷媒体的收入仅来源于美国，并且这个比较中摒除了印刷媒体的线下广告收入。

③ 笔者认为面临的主要挑战有：(1)网络广告参与主体众多，且关系复杂，现行广告法对广告主体的三分法（广告主、广告经营者、广告发布者）在网络广告领域相当程度上失效。(2)现行广告法对于广告发布者的审查义务及相应侵权责任的规定在网络广告领域变得极不合理。因为网络广告是海量的，并且具有实时化的特点，发布者（发布平台）往往没有能力进行审核，在这种情况下要求其承担责任也是不合理的。(3)网络广告的形式多样，并且往往具有隐蔽性，使得按广告法进行概念界定出现困难。(4)网络广告发布的门槛极低，大量自然人参与进来，使得广告登记制度难以维系。(5)互联网的无国界性，使得网络广告很容易跨越国界，带来监管的困难和法律适用的困难。相关讨论还可参见陈煜、彭俊瑜："探究网络广告之法律规制"，载《网络广告评论》2008 年第 1 期；林承铎、杨彧苹："网络广告监管法律问题研究"，载《华北电力大学学报》（社会科学版）2012 年第 5 期。

起,自然人(个人)成为重要的广告发布主体。借助各种网络技术和网络平台,例如,论坛、微博、微信、博客、个人网站等,自然人(个人)可以非常便捷地发布广告,并从中获取利益,职业化的自然人广告发布者也开始成为网络广告市场的重要参与者。①

自然人成为重要的广告发布者,但又在广告法的规制范围之外,这就造成了巨大的监管真空,在国家立法没有修改之前,一些地方性的网络广告监管办法开始尝试弥补这一监管空隙,典型的是《北京市网络广告管理暂行办法》和《浙江省网络广告登记管理暂行办法》。

《北京市网络广告管理暂行办法》第2条规定:"本办法所称网络广告,是指互联网信息服务提供者通过互联网在网站或网页上以旗帜、按钮、文字链接、电子邮件等形式发布的广告。"该办法回避了广告发布者的概念,代之以"互联网信息服务提供者",后者就可以很自然地将个人纳入其中,实现对个人发布网络广告的监管。

与北京市的办法相比,浙江的规定更为直接。《浙江省网络广告登记管理暂行办法》第3条规定:"本办法所称网络广告经营者是指受委托利用网络或网站为他人提供广告设计、制作、代理、发布服务的法人、其他经济组织或者个人。"这里的网络广告经营者实际上融合了广告法所界定的"广告经营者"和"广告发布者",②因为传统广告经营者的概念中就包含了"个人",从而自然地将"个人"带入了这个混合的"网络广告经营者"之中,最终实现了"个人"纳入广告发布者之目的。

自然人纳入广告发布者的概念后,使得广告发布者的概念相对适应网络时代广告发展的趋势,填补了之前的监管真空。但接下来的问题是,作为自然人的广告发布者,是否应受到法人和其他经济组织一样的监管待遇?例如,要不要实行一样的登记。毕竟,在更为重要的网络零售行业,法律也没有强制自然人做工商登记。如果不要求登记,应采取怎样的监管措施,这些都需要进一步探讨。

① 对于自媒体广告现状的介绍,可参见林波、曾志森、曾学明:"'自媒体'广告监管的初步思考",载《中国工商管理研究》2013年第9期。

② 现行《广告法》第2条第4款、第5款规定:"本法所称广告经营者,是指受委托提供广告设计、制作、代理服务的法人、其他经济组织或者个人。本法所称广告发布者,是指为广告主或者广告主委托的广告经营者发布广告的法人或者其他经济组织。"

二、网络广告发布登记问题

草案第29条规定："广播电台、电视台、报刊出版单位、互联网站从事广告发布业务的，应当依法办理广告发布登记。广播电台、电视台、报刊出版单位的广告业务，应当由其专门从事广告业务的机构办理。"

现行广告法对广告的经营、发布实行准入制度，采用登记的方式实行准入控制。此次修改，把网络广告的发布同样纳入登记制度之中，规定互联网网站从事广告发布业务，应当同广播电台、电视台、报刊出版单位一样，办理广告发布登记。

需要指出的是，该条只是简单地规定需要进行登记，因此还存在一些尚待进一步确定的问题。

其一，登记的程序。这里的广告登记是指的发布者的工商登记中的经营范围写明广告发布，即将广告发布登记与工商登记程序融合，还是指独立的、专门的广告登记程序？即发放独立的广告发布（经营）许可证。笔者认为，从现有法律规定进行推理，指后者的可能性较大。理由如下：第一，按照《广告管理条例》第6条的规定，兼营广告的事业单位，办理广告登记手续，发给《广告经营许可证》，这是一个独立的登记程序。这里的兼营广告事业单位，指的是广播电台、电视台、报刊出版单位，草案第29条只是在这些单位的基础上加入了互联网站，应该还是遵循原有的独立登记程序。第二，上文所述北京和浙江两个网络广告管理办法都规定独立的网络广告经营登记程序，这里的经营涵盖了广告发布。①

其二，广告发布登记对主体资质的要求，即广告发布主体具备什么样的条件才能进行广告发布登记。这里的主体资质要求主要是针对网站而言，因为广播电台、电视台、报刊出版单位作为事业单位通常是符合资格的。网站的情况则很复杂，举办主体情况多样，大量网站由个人举办，没有工商登记，仅有基本的非经营性互联网信息服务备案。以现行北京和浙江的网络广告管理办法为例，都对网络广告发布（经营）的登记设置了较高的门槛。《北京市网络广告管理暂行办法》规定，经营性的互联网信息服务提供者必须进行工商登记，且经营范围中有互联网信息服务。② 浙江的要求更高，必须具有法人资格，并且必须获得省、自

---

① 分别参见《北京市网络广告暂行管理办法》第7条、《浙江省网络广告登记管理暂行办法》第6条。

② 对非经营性的互联网信息服务提供者，则无此要求，但规定不允许为他人进行广告发布，参见《北京市网络广告暂行管理办法》第6条。

治区、直辖市电信管理机构或者国务院信息产业主管部门批准的经营许可证。[①]如果广告法对广告发布登记也设立类似的门槛,则必然会导致大量没有进行工商登记的个人网站排除在广告发布登记的范围之外,并不利于网络广告行业的发展和监管。

其三,这里仅规定了网站进行广告发布的时候要进行广告发布登记。那么网站以外的主体进行广告发布时,是否需要登记呢?例如,个人通过论坛发布广告,此时,个人是网络广告发布者,其是否需要进行广告发布登记呢?此外,除了网站外,作为网络广告发布平台的互联网信息服务提供者,例如,微信、微博等,这些是否也要进行广告发布登记呢?这些都是需要进一步明确的。

三、网络广告发布平台的义务

草案第46条规定:"对利用其场所或者信息传输平台进行的广告活动,公共场所的管理者或者电信运营商、互联网信息服务提供商,有权要求利用其场所或者信息传输平台发布广告的主体依法提供相关证明文件;对明知或者应知利用其场所或者信息传输平台发布违法广告的,应当予以制止。"

这一条是规定的是公共场所管理者、电信运营商、互联网信息服务提供者的义务,第62条是规定的相应法律责任。[②] 由于法律责任的设计相对简单,这里主要讨论第46条,即法律义务问题。

其一,规范的主体是公共场所的管理者、电信运营商或互联网信息服务提供者。这三个主体的共同特征是他们不直接参与广告发布,仅为广告发布提供场所或发布平台,他们对广告内容的控制能力是很低的。这里特别值得注意的是互联网信息服务提供者的概念,这个概念类似于《侵权责任法》第36条所规定的"网络服务提供者",应是指提供网络中介服务的第三方主体,即所谓的"ISP"。[③]

---

① 参见《浙江省网络广告登记管理暂行办法》第6条。需要说明的是,这两个办法的登记规定,并非专门针对广告发布登记,但都涵盖了广告发布登记,即网络广告发布登记需要满足办法中设立的条件。

② 第62条规定:"违反本法第46条规定,公共场所的管理者和电信运营商、互联网信息服务提供者,明知或者应知广告活动违法不予制止的,由工商行政管理部门没收违法所得,违法所得5万元以上的,并处违法所得1倍以上3倍以下的罚款,违法所得不足5万元的,并处1万元以上5万元以下的罚款;情节严重的,由有关主管部门吊销有关经营许可证。"

③ 对网络服务者概念的界定可参见王利明主编:《中华人民共和国侵权责任法释义》,中国法制出版社2010年版,第158页。

不论是按照国际还是国内的通行规则,ISP由于不直接控制内容,因此对内容不承担主动审查义务,仅在有限的条件下承担一定义务和责任。① 因此,第46条的规定是顺应了这一通行规则,也符合网络广告行业的实际。

其二,这三个主体承担的法律义务有两个:

(1)要求利用其场所或平台发布广告的主体提供相关证明文件。

这里的相关证明文应该是指的草案第33条所要求的提供相关证明文件义务,相关证明文件包括广告主生产、经营文件;推销的生产或服务所需的行政许可文件;广告审查部门的批准文件。② 因此证明文件的范围是很广的。作为场所提供者或者信息平台提供者,上述三个主体,特别是电信运营商和互联网信息服务提供者,要履行这个义务是非常难的,这势必迫使他们对用户的内容做实质性的审查,并且是事先审查,这才能知道广告需要提供哪些文件;必须具备专门的审查人员对海量的信息进行审查,事实上,这个义务已经相当于草案给广告经营者、广告发布者设定的义务。③ 这样的义务已经明显超过了电信运营商和互联网信息服务提供者的能力范围,也违反了ISP不承担主动信息审查义务的通则。

(2)对明知或应知利用其场所或平台发布广告的,应当予以制止。这个义务与《侵权责任法》第36条为网络服务提供者设定的义务和责任十分类似,仅仅只是草案用了"明知或应知",而《侵权责任法》用的是"知道"。④ 这个义务的设定是合理的,照顾到了电信运营商和互联网信息服务提供者难以审查和控制

---

① 例如,《侵权责任法》第36条规定:"网络用户、网络服务提供者利用网络侵害他人民事权益的,应当承担侵权责任。网络用户利用网络服务实施侵权行为的,被侵权人有权通知网络服务提供者采取删除、屏蔽、断开链接等必要措施。网络服务提供者接到通知后未及时采取必要措施的,对损害的扩大部分与该网络用户承担连带责任。网络服务提供者知道网络用户利用其网络服务侵害他人民事权益,未采取必要措施的,与该网络用户承担连带责任。"

② 草案第33条第1款规定:"广告主自行或者委托他人设计、制作、发布广告,应当具有或者提供真实、合法、有效的营业执照以及其他生产、经营资格的证明文件。推销的商品或者服务依法需要取得行政许可或者认证的,应当提供相关许可或者认证文件。发布的广告需要经有关行政主管部门审查的,应当提供有关批准文件。广告内容真实性依法需要有关材料证明的,应当提供相应的证明材料。上述生产、经营资格证明文件,许可或者认证文件,有关批准文件或者证明材料统称为证明文件。"

③ 草案第35条规定:"广告经营者、广告发布者应当建立、健全广告审查管理制度,配备熟悉广告法律、行政法规的广告审查人员。广告经营者、广告发布者接受他人委托设计、制作、发布广告,应当依法查验有关证明文件,核对广告内容。"

④ 学界对《侵权责任法》第36条的"知道",是应该理解为"明知或应知",或仅仅只是"明知"还存在分歧。

传输内容的现状。

第46条设置的两个义务有存在冲突之嫌。既然电信运营商和互联网信息服务提供者是在明知或应知情况下,才有制止的义务,就默认了他们没有主动审查内容的义务,这也符合国际通则;但是要求提供证明材料的义务又要求他们对内容进行实质的、事前性的审查,这显然是一个过重的义务。

四、小结

通过上述讨论可以看出,此次广告法的修订,回应对网络广告带来的部分挑战,并且解决了一些问题,例如,自然人纳入广告发布者主体、网站纳入广告发布登记,都填补了监管的空白;对电信运营商和互联网信息服务提供者的义务和责任进行单独规定,并设置类似于ISP的义务和责任,适应了现实的需要,也符合国际通则。但是,仍然要看到,这些规定也存在过于抽象,尚需要细化的问题,例如广告发布登记;有些规定的合理性尚待探讨,条款之间内在冲突的嫌疑,例如,第46条。还需要指出的是,此次修改对于广告法在网络广告时代所面临的一些问题仍然没有涉及,例如,广告主体三分法不能适应网络广告主体众多且复杂的问题;网络广告发布者审查义务和侵权责任过重的问题;①跨国网络广告的法律适用问题等。当然,广告法作为规则整个广告领域的基本法,不可能规定得过细,也不可能解决网络广告规制面临的所有问题,这些问题可能有待于后续出台专门针对网络广告的监管办法来得到解决。②

---

① 当然,这个问题也可以通过区分网络广告发布者与网络广告发布平台(相当于第46条规定的互联网信息服务提供者)得到部分解决,即网络广告发布平台不再承担审查义务和相应侵权责任。但是草案对两者的区分是不够明确,且对网络广告发布平台仍然附加了要求广告主提供证明材料这一明显不合理的义务。

② 国家工商总局正在拟定针对网络广告管理的《互联网广告监督管理办法》,参见无锡工商管理局:"北塘分局配合国家工商总局广告处对《互联网广告监督管理办法》相关问题进行调研",载 http://www.wxgsj.gov.cn/baweb/show/shiju/bawebFile/181886.html。

浅析《网络交易管理办法》对网络不正当竞争行为的规制

段婷婷*

有市场的地方就会有竞争,有竞争的地方就会有不正当竞争。在网络经济这片广袤的市场中,由于其独有的特点,使不正当竞争找寻到了一片肥沃的土壤。近几年,网络不正当竞争行在传统不正当竞争行为的基础之上,结合网络的特点,展示出日趋多样化的不正当竞争形式,并呈现出"井喷式"的发展趋势。面对应接不暇的网络不正当竞争行为,我国法律、法规无法及时作出有效并且全面的规制。2014年3月15日,同新《消费者权益保护法》配套实施的《网络交易管理办法》(以下简称"办法")最重要的一个亮点,就是对我国网络交易不正当竞争行为进行了扩充性描述,这对于我国网络不正当竞争行为的监管,有序地网络交易环境的建立以及网络交易消费者权益的保护都影响深远。

一、"办法"对网络不正当竞争行为的规制及分析

"办法"是为规范网络商品交易及有关服务,保护消费者和经营者的合法权益,促进网络经济持续健康发展而制定的。在"办法"中,虽然涉及的网络不正当竞争行为的规制并没有占据过多篇幅,但是却对网络不正当竞

* 华南师范大学法学院2013级法律硕士研究生。

争行为的主体、内容以及责任的承担作出了详细规定。

(一)网络不正当竞争行为的主体

同我国《反不正当竞争法》将传统不正当竞争行为主体的界定仅仅限定在进行经营活动的经营者身上不同,“办法”扩大了不正当竞争行为主体的范围。根据“办法”第19条的规定,网络不正当竞争行为的主体包括网络商品经营者、有关服务经营者。而对于有关服务的内涵,“办法”第3条是这样规定的:为网络商品交易提供第三方交易平台、宣传推广、信用评价、支付结算、物流、快递、网络接入、服务器托管、虚拟空间租用、网站网页设计制作等营利性服务。

“办法”对于网络不正当竞争行为主体的界定,改变了传统意义上以经营者的经营活动为出发点的方式进行定义,结合了网络不正当竞争行为的特点,将网络不正当竞争行为的主体范围扩大,这也是更好地规制网络不正当竞争行为的有力途径。

首先,营利方式发生转变。在传统经济中,经营者主要通过经营活动营利,因此,将不正当竞争的主体限定为进行经营活动的主体。然而,在网络经济中,并非所有经营主体进行经营活动。许多经营主体并不是通过直接的经营活动来获取利润的,比如360、新浪等。他们往往对消费者提供免费服务,获得较高的点击量,以此得到较高关注度。在赢得了关注之后,再吸引商家投入广告,并以此获得盈利。这种营利方式与传统意义的经营活动有所区别,若再以传统标准进行区分,则会遗漏一部分十分重要的网络经济中的主体。

其次,竞争方式多样。网络不正当竞争行为方式方法存在多样性,行为对象并不是只针对同行业竞争者。传统反不正当竞争法规制的是相同行业经营者之间的正常竞争秩序,而网络不正当竞争行为的目的主要在于提高本公司网站的点击率,其不正当竞争因其手段可能针对不同的对象。①

(二)网络不正当竞争行为的内容

“办法”对于网络经济中不正当竞争行为的内容主要体现在其第19条、第20条之中,其中明确规定了五种不同的网络不正当竞争行为。这五种不正当竞争行为已成为现阶段网络经济中十分典型的不正当竞争行为,它们既有传统不正当竞争行为在互联网环境下衍生的产物,也有在互联网环境下产生的新型不正当竞争行为。通过对这些不正当竞争行为的类型化区分,主要包括以下几种行为:

---

① 杨婷婷:“论网络不正当竞争及其法律规制”,北京邮电大学2010年硕士学位论文。

1. 网站混淆

在传统的不正当竞争行为中,市场混淆是其中的一个典型,是指经营者使用与他人相同或相似的商业标识,致使自己的商品或服务与他人的商品或服务产生混淆,造成购买者误认误购,减损他人商业标识的市场价值的行为。① 在网络经济中,由于载体的变化,传统的市场混淆行为演变成擅自使用知名网站特有的域名、名称、标识或者使用与知名网站近似的域名、名称、标识,与他人知名网站相混淆,造成消费者误认的网站混淆行为。这类不正当竞争行为在网络经济中出现的时间较早,并且存在与知识产权竞合的情况,是网络不正当竞争行为中产生纠纷较多的一种类型。这其中,因为域名引发的网络不正当竞争尤为显著。

域名是指因特网上用户在网络中的地址和名称。② 在我国司法实践中,域名被视为一种识别性商业标识,发挥着与商标和企业名称一样的区分功能,具有知识产权的特性。随着网络经济的发展,域名内在的商业价值逐渐显现,将他人的域名或者商标,尤其是与驰名商标相同或者相似的文字注册成域名,从而起到"搭便车"效果的域名仿冒行为逐渐增多,这造成了不同域名持有人之间以及域名与商标持有人之间的冲突。被誉为"2009 年互联网不正当第一案"的"开心网(kaixin001. com)诉千橡互联公司(kaixin. com)"的不正当竞争案中,就是域名仿冒行为的一个经典案例。在本案中,开心人信息技术有限公司在创办开心网初期,发现与其更贴近的域名 kaixin. com 已被注册,故申请了与其相近的 kaixin001. com 作为域名。然而,在"开心网"成为知名商标,具有很高的商业价值之后,千橡互联公司便买下了 kaixin. com 的域名,并且也开通了相同名称的"开心网"(kaixin. com),该网站的网站名称、服务功能、服务对象、服务内容与开心人公司的网站完全相同,使网民难辨真假,导致开心人公司损失的注册用户上升趋势明显减缓,大量潜在用户流失,开心人公司的合法利益遭受巨大损失。俨然千橡互联公司这种故意"搭便车"的行为已经造成了严重的网站混淆。其经营的范围也同开心网具有同质性,完全符合网络不正当竞争行为的特征。

2. 商业诋毁

商业诋毁行为,又称商业诽谤行为,是指经营者自己或利用他人,通过捏造、散布虚伪事实等不正当手段,对竞争对手的商业信誉、商品声誉进行恶意的诋

---

① 漆多俊、冯果主编:《经济法》,武汉大学出版社 2011 年第 3 版,第 170 页。

② 谢晓尧著:《在经验与制度之间:不正当竞争司法案例类型化研究》,法律出版社 2010 年版,第 191 页。

毁、贬低,以削弱其市为自己谋取不正当利益的行为。①

作为不正当竞争行为的“经典”形式之一,商业诋毁行为在网络不正当竞争中依然保持着十分旺盛的“生命力”。同传统的不正当竞争行为一样,在网络经济中,首先,商业诋毁行为表现为一种不公正的说法,这种说法既有可能是不真实的说法,即言说者无中生有,凭空捏造,对受害人及其产品(服务)和活动作不真实、不客观的虚构性陈述;也可能是不恰当的说法,这种说法虽然建立在一定客观事实基础之上,但是陈述方式的不恰当,可能会出现断章取义、以偏概全等情况。其次,商业诋毁行为必须是针对特定对象,针对行为既可以是直接的以指名道姓的方式指出,也可以是含沙射影般的间接描述。最后,诋毁行为一定要存在散布的行为,即将虚假或者不适当的说法要以一定的方式传递给受害人以外的第三人,通常面对的第三人指的是社会公众,使人们对其产生不良的评价。②

在备受关注的“3Q”大战中,奇虎360在公司在自身发展受到腾讯公司严重威胁的情况下,迅速发起强烈反击,发布了专门针对QQ的软件“隐私保护器”。在这一款软件的推广和使用过程中,多次体现出腾讯公司侵犯用户个人隐私的情况(如图1所示)。奇虎360借助绝大多数用户对计算机软件或者服务的知识并不丰富,同时又对所接受的产品或者担心等安全以及是否会侵犯自己的隐私等问题比较担心的心理状况,散布这些片面陈述真实而容易引人误解的事实,作出与实际情况不符的陈述,使广大的用户因此陷入对腾讯公司的错误认识,对腾讯公司的认可度降低,构成商业诋毁的行为。面对奇虎360公司的商业诋毁,腾讯公司也作出了有力回应,强制用户作出“二选一”的行为(如图2所示)。两家公司的这种恶性竞争的行为,严重影响了用户的商品体验和自由选择权,同时也对网络经济的市场的稳定形成破坏,造成网络经济市场竞争秩序的扭曲。

---

① 漆多俊、冯果主编:《经济法学》,武汉大学出版社2011年第3版,第174页。

② 谢晓尧著:《在经验与制度之间:不正当竞争司法案例类型化研究》,法律出版社2010年版,第338~353页。

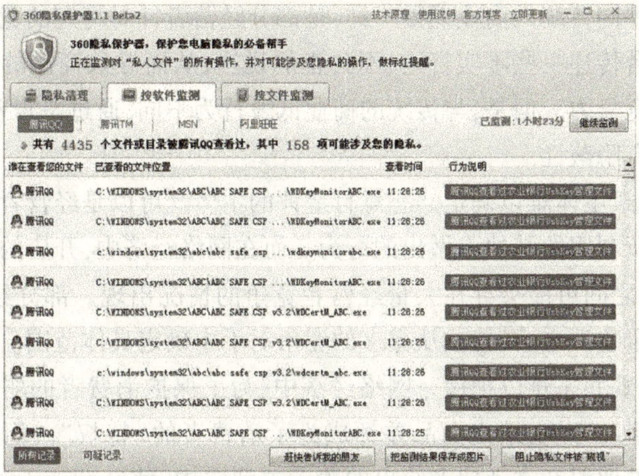

图 1

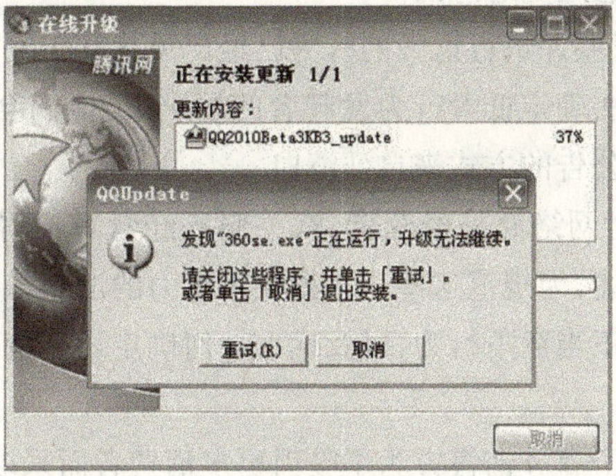

图 2

在历经了四年的“鏖战”之后，这场旷日持久的“3Q 大战”以最高人民法院判决奇虎 360 公司构成不正当竞争，并赔偿腾讯 500 万元的经济损失而告终。作为国内最大的两个互联网客户端软件，双方应当本着诚实信用的原则，遵守网络竞争的秩序，树立表率作用。但是，两家公司却利用了广大用户心理上的弱点，发起攻击，对双方的商品声誉和商业信誉都造成了极大损失。

在网络经济中，商业信誉和商品声誉是获得市场竞争优势的基本保证。由于在网络经济中，消费者是无法直接接触到商品的，因此，良好的商品声誉、商业信誉可以为经营者和消费者搭建一座信任的桥梁，为经营者提供更多的销售机会。然而，在网络经济的特殊环境下，正是由于商品声誉的重要性，一些不法经营者看到了其中进行不正当竞争行为的新途径。恶意差评，职业差评师的出现，成为商业诋毁行为在网络经济过程中衍生出来的一种新的形态。

恶意差评同传统的商业诋毁一样,是部分经营者针对特定的竞争对手,利用网络交易平台传递一些不实言论、不公正的说法,从而导致商品的吸引力降低,降低商品的竞争力。但是,与传统的商业诋毁行为不同,通过恶意差评进行的诋毁行为更具有隐蔽性。

其一,诋毁主体难以确定。恶意打差评的主体既可以是经营者本身,也可以是为经营者所利用的其他人做出的行为。而在网络经济中,开店的门槛较低,因此,同一行业之间可能会存在大量经营者竞争的情况出现。部分经营较好的网店在收到大量差评之后,无法从繁多的竞争对手中确定具体范围。

其二,主观心态难以把握。网络经济中,为了保护消费者的弱势地位,构建有序的网络经济环境,给出商品差评成为了消费者的"特权"。但是,竞争对手恶意给出的差评混杂在消费者给出的善意差评之中,使经营者无法判定差评的给出究竟是基于善意还是恶意的。

然而,这种恶意差评进行诋毁的行为已经严重扰乱了网络市场经营秩序,一些网络经营者在无法确定诋毁行为发起者的情况下,他们会选择通过在自己商品的介绍网站发布公告的方式来自证清白。

对此,"办法"对网络商品经营者,有关服务经营者不得从事的不正当竞争行为进行了扩充描述,为规范这些行为提供了有力的法制依据,但是如何认定恶意差评这一网络不正当竞争行为,以及标准如何确定还有待商榷。

3. 信用炒作

信用炒作是电子商务销售方为了吸引更多消费者而采取的以不正当的手段提高信用度的行为,是网络经济中特有的一种网络不正当竞争行为。在网络交易过程中,消费者对于信誉度高、规模大、产品齐全的店铺总是青睐有加,这对于一些新进卖家而言是极为不利的。为了改善这种不利的竞争局面,买方、卖方双方以抬高信用为目的,或双方在无实际成交的情况下做出"满意"、"好评"评价的信用炒作行为应运而生。

它与"给差评"的商业诋毁行为相对应,都是注意到了信用评价对于网络经营者具有的重要意义。但"给差评"是通过对竞争对手的恶意诋毁,降低竞争对手的市场吸引力,从而抬高自身的地位。而信用炒作是经营者通过花钱购买工作团队等方式进行炒作,提高产品的影响力。虽然,信用炒作这一行为并没有对竞争对手进行直接攻击,但是不符合商业道德,对于其他的竞争者而言,仍然是一种不公平的竞争行为。

除此之外,虚假宣传和网络不正当有奖销售这两类在传统不正当竞争行为在网络不正当竞争环境中依然存在。他们基本上保持了传统经济环境中的基本特征，只是在网络环境之中，因为载体的不同，而呈现出更加多样化的形式。

（三）网络不正当竞争行为应承担的责任

“办法”对于网络不正当竞争行为应当承担的法律责任在第52条作出了具体规定。对于“办法”前4款中所规定的与《反不正当竞争法》规定的存在交集的行为，分别参照《不正当竞争法》的对应条款承担相应的法律责任。对于网络经济中特有的信用炒作这一网络不正当竞争行为则规定予以警告，责令改正，并处一万元以上三万元以下的罚款。

二、规制网络不正当竞争行为的意义

在《网络交易管理办法》出台并实施前，我国法律、法规对于网络不正当竞争行为并没有明确规定，我国对于网络不正当竞争行为的调整，主要依据的还是1993年制定的《反不正当竞争法》。虽然该法的制定在当时具有一定的超前性，并且现在网络上出现的不正当竞争行为与传统不正当竞争行为存在相似之处。但是，网络不正当竞争行为随着电子商务的迅猛发展，不断衍生出新的竞争形式，《反不正当竞争法》已不能遏制住网络不正当竞争行为“井喷”式的发展趋势。《网络交易管理办法》对于网络不正当竞争行为的规制具有十分重要的现实意义。

（一）为网络不正当竞争行为的监管提供依据

“办法”对当前网络经济中较为普遍存在的五种不正当竞争行为进行补充。在《反不正当竞争法》并未明确规定的情况下，“办法”对其加以明确可以对违法行为有效地形成制约，法院在相关案件的审判中也能加以参考，为相关部门在进行网络不正当竞争行为的监管提供有力依据。

（二）有利于构建有序的网络交易秩序

“办法”对于网络不正当竞争行为进行规制，明确了网络不正当竞争行为的具体类型，有利于使网络经营者及相关服务经营者明晰各自的权利、义务，鼓励和支持网络商品经营者、有关服务经营者创新经营模式，提升服务水平，本着诚实信用的原则，遵守网络经济活动中的行为准则，共同构建一个诚信有序的信用体系，推动网络经济的发展。

（三）维护网络交易消费者的权益

“办法”作为与《消费者权益保护法》配套实施的部门法规，其实施的一个重要目的也是对网络交易消费者权益的保护形成保障。“办法”通过对网络不正当竞争行为规制,可以有效地规范网络经营主体的经营行为,使他们自觉遵守网络秩序,促成与网络交易消费者的平等协商地位的形成,逐步改变网络交易中消费者弱势地位的现状,更好地维护竞争机制和提高经济效益,从整体上实现产品质量的提高和价格的适度降低,实现消费者福祉的最大化。

三、进一步规制网络不正当竞争的建议

"办法"的实施对于我国网络不正当竞争行为的监管提供了有力依据,在一定程度上可以实现对我国《反不正当竞争法》的补位。但是它仅仅是由国家工商行政管理总局出台的部门规章,同《反不正当竞争法》相比,效力层级较低,保护的范围窄,保护方式有限,惩罚力度不够。

然而,我国《反不正当竞争法》于 1993 年公布并实施至今,并未进行过修改。而这 20 年正是互联网开始起步并高速发展的 20 年,网络不正当竞争行为也随着互联网技术的发展而深入网络经济中,相较于传统的不正当竞争行为,隐蔽性更强,专业性更高,并且呈现形式更为多样。这对于《反不正当竞争法》修改和完善提出了更高要求,因此,在传统不正当行为的基础上,增加专门的一章对网络不正当竞争行为进行规制显得尤为举足轻重。

(一)扩大网络不正当竞争行为的主体

"办法"将网络不正当竞争的主体由传统交易中的经营者扩展至经营者和有关服务经营者,是反不正当竞争行为规制上的一大进步。但是,这仅仅是在"横向"上扩张了网络不正当竞争行为的主体的范围。鉴于网络经济与传统经济是同时存在的两个既紧密联系又存在竞争的交易环境,网络不正当竞争的内容囊括了传统企业之间利用网络进行经营活动过程中发生的不正当竞争行为、网络服务商与传统企业之间的不正当竞争行为以及网络服务商之间的不正当竞争行为。因此,我们还应当将网络不正当竞争的主体进行"纵向"上的延伸。对于网络不正当竞争的主体应当从"线上"发展到"线下",不仅局限于网络交易的经营者和有关服务的提供者,还应当将传统经济环境中的相关主体包括进来。

(二)增加网络不正当竞争行为的内容

网络不正当竞争行为的内容应当包括但不限于以下三类行为:第一类是传统的不正当竞争行为,具体而言,是指我国《反不正当竞争法》中详细规定的 11 种不正当竞争行为。这一类不正当竞争行为在传统经济环境和网络经济环境中表现出来的特征都是相似的,仅仅是存在载体、客体的细微差别,如不正当有奖销售。第二类是传统不正当竞争行为与网络经济融合后衍生出的新的形态,这

类不正当竞争行为保留了传统不正当竞争行为的基本特征，但是展现出了不同的竞争形式。比如，恶意差评，从本质上来讲，该行为依然是捏造、散布虚伪事实，损害竞争对手商业信誉、商品声誉的诋毁行为，但是却选择了较为隐蔽的形式，与原来公然散布的诋毁行为有所区别。第三类是网络经济中独有的不正当竞争行为，如信用炒作。

纳入"办法"规制范围内的网络不正当竞争行为主要为市场混淆、商业诋毁、不正当有奖销售、信用炒作等几种常见的行为，对于侵犯商业秘密、商业贿赂等不正当竞争行为并没有作出界定，但是这类行为在网络经济中是存在的，因此也应当纳入《反不正当竞争法》中进行具体规制。

另外，互联网技术发展日新月异，网络不正当竞争行为层出不穷，但是法律是具有一定滞后性的。就算修改、完善的《反不正当竞争法》出台能对详尽现阶段网络不正当竞争行为的所有内容，它也不能为以后的网络经济的发展保驾护航。因此，我们有必要在《反不正当竞争法》中增加一些原则性、制度性的规范，将这些规范作为衡量网络不正当竞争行为的标准，以此来应对应接不暇的网络不正当竞争行为的出现。

（三）完善法律责任

我国法院在对网络不正当竞争行为的审理中，关于不正当竞争经营主体责任的认定依然使用的是《反不正当竞争法》中的相关规定。这其中主要包括两种罚款方式，一种是1万元以上20万元以下的固定限额，另一种是根据违法所得处以1倍以上3倍以下的罚款。对于前一种罚款金额的认定，遵循的是20年前的标准，这使得有些案件中出现了对经营者惩罚力度不够，犯罪成本过低的情况出现。对于后一种罚款金额的确定也往往缺乏有力的判断标准。在网络经济中，由于其潜在性、隐蔽性的特点，不正当经营者违法所得的金额是很难确定的，只能给出一个大概的估量值。但是这个估量值如何认定，能否真实地反映出对受害人造成的损失，都难以确定。同时，对于一些新兴的网络不正当竞争行为，《反不正当竞争法》是没有界定的或者参照的，如"办法"中规定的信用炒作行为。因此，增加新型网络不正当竞争行为的责任规制，加大网络不正当竞争行为的罚款金额，确定网络不正当竞争行为违法所得的判定标准等都是十分必要的。

"办法"对我国网络不正当竞争行为的规制，为我国对网络不正当竞争行为的监管提供了有力依据，但是仅仅依靠它是不足以根除我国网络交易过程中出现的不正当竞争行为的，我们只有通过多方共同努力，创造一个安全、诚信、健康、有序的网络经济环境，从而有力地推动我国网络经济健康和谐的发展。

网络信息立法应注意的几个问题

范丽颖*

在科学技术迅猛发展的今天,互联网正以惊人的速度广泛而深入地介入人们的生活,强烈地改变着人们的生活和工作方式,并已成为人们社会生活的重要组成部分。据中国互联网络信息中心(CNNIC)测算显示:截至2013年5月底,中国网民数量达到5.84亿人,互联网普及率为43.6%。① 当人们对网络的依赖逐渐加深,网络信息的安全、健康、通畅等问题就凸显出来。正如德国作家尼古拉斯·鲍恩所言:"直到现在,没有任何一个国家、政府或者别的什么人能够拒绝或想拒绝这个电子文明世界里的怪物。她新奇的自由性、便利性、快捷性和挑战性,掩盖了她潜在的强暴性和危险"。② 面对信息时代的推动,我国现行网络信息立法是否为网络的运行和发展提供了足够的法律保障是一个值得反思的问题。

一、我国网络信息立法概述

(一)我国网络信息立法的现状

网络信息立法旨在以法律的形式保护网络用户的信息安全和基本权益,明确网络信息服务提供者的权

* 华南师范大学法学院2013级经济法专业硕士研究生。

① "互联网发展信息与动态",载http://www.cnnic.net.cn/hlwfzyj/hl-wfzzx/qwfb/201306/W020130614603405171795.pdf。

② 刘渊著:《互联网信息服务理论与实证——用户使用、服务提供与行业发展》,科学出版社2007年版,第138页。

利、义务与责任，对网络信息内容进行规范与管理，并赋予政府主管部门以必要的监管手段。我国自1994年正式接入国际互联网以来，相应的网络信息立法就一直相随左右。据不完全统计，到目前为止，我国已出台的涉及网络问题的法律、法规和规章超过800部。

从立法覆盖范围上看，由全国人大及其常委会制定的法律主要有3部，即全国人大常委会《关于维护互联网安全的决定》、《电子签名法》和《全国人大常委会关于加强网络信息保护的决定》；由国务院制定的行政法规共计17部；两高制定的司法解释共计52部；国务院各机构制定的部门规章共计142部，涉及商务部、教育部、文化部和信息产业部等多个部委；各地方制定的现行地方性法规多达335部，地方政府规章274部。除此之外，还有规模更为庞大的地方性规范文件，仅以北京市为例，从2000年至今出台了6部涉及互联网的地方性法规，3部地方政府规章和约572份地方规范性文件。[①]

从立法内容上看，主要涵盖以下几个方面：一是关于网络信息安全的保护，例如，国务院1994年最早颁布的《计算机信息系统安全保护条例》及其公安部1997年发布的《计算机信息网络国际联网安全保护管理办法》等均对此内容作出明确规定。二是关于网络信息服务与管理，主要颁布了《互联网信息服务管理办法》、《电信管理条例》等一系列法规、规章，对通过网络向上网用户提供信息的经营性和非经营性服务活动进行规范。三是关于网络著作权的保护，这类法律法规主要是针对各类作品信息的著作权在网络上的管理与保护。四是关于电子商务的规范与保护，全国人大常委会2004年颁布的《电子签名法》首次确认了电子签名与文本签名具有同样的法律效力，规范了电子签名在电子商务中的应用。[②]五是关于个人信息的保护，全国人大常委会于2012底作出的《关于加强网络信息保护的决定》凸显了对个人信息保护的重要性。六是关于未成年人的保护，鼓励研究开发有利于未成年人健康成长的网络信息产品，推广用于阻止未成年人沉迷网络的新技术。七是关于网络信息侵权以及预防和惩治网络犯罪等方面的诸多规定。

---

① 陈纯柱、王露："我国网络立法的发展、特点与政策建议"，载《重庆邮电大学学报》（社会科学版）2014年第1期。

② 卞保武："电子签名法对电子商务的影响"，载《农业网络信息》2007年第5期。

(二)我国网络信息立法的特点与不足

1. 我国网络信息立法的特点分析

从上述分析不难看出,我国网络信息立法在不断发展进步的过程中,逐步显现出自己的特点:一方面,我国网络信息立法打破传统立法载体,具有开放性特征,具体表现为立法内容、主体和过程的开放性。网络空间本身所具有的多样性和边界模糊性特征,使我国网络信息立法内容涉及民法、刑法、诉讼法、经济法等诸多法律部门;就立法主体而言,全国人大及其常委会、国务院及其各部委、各级地方人大及其常委会、各级地方政府等都出台相关的法律、法规和规章等来规范网络信息内容和相关网络行为,其中法规和规章数量庞大,以适应现实中行政管理实践的需要;在网络信息立法过程中,各级立法主体本着开放的心态把立法草案及修订草案向社会公开,积极听取公众意见,例如,2012 年 6 月 7 日国家互联网信息办公室、工业和信息化部对《互联网信息服务管理办法(修订草案征求意见稿)》公开向社会征求意见,引起民众广泛关注。①另一方面,我国网络信息立法所规制的范围广泛,已初步形成了涵盖网络信息安全保护、网络信息服务管理、网络著作权保护、电子商务以及对个人信息和未成年人保护等领域的网络信息法律体系。从调整对象上看,法律法规涉及网络用户、电信业务经营商、网络接入服务提供商、网络信息服务提供商、网络监管部门等多个对象。同时,随着我国互联网大规模普及和网络问题日益严重,网络信息立法的呼声不断高涨,我国相关立法日益增多,特别是近些年立法速度明显加快,且其中许多法律法规都具有开创性和引导性的特点。

2. 我国网络信息立法的不足

虽然我国网络信息立法在近几年的迅速发展中取得了不少进步,但正如王利明教授所指出的,“网络信息安全亟待立法,我国相对其他一些发达国家已经明显滞后”,②目前我国网络信息立法仍存在一些差强人意之处,主要包括:一是我国网络信息立法层次普遍偏低,有关规定多为法规和规章,缺乏基本立法;二是多头管理、多头立法,法律法规兼容性差,缺乏整体性与协调性;三是对现实问题覆盖范围较窄,存在不少立法空白;四是部分法规缺乏可操作性;等等。总的来看,我国目前关于网络信息立法还存在一些模糊地带,立法现状还不能完全适

① “互联网信息服务管理办法修订草案公开征求意见”,载 http://tech. ifeng. com/telecom/detail_2012_06/07/15120831_0. shtml? _from_ralated。

② 张航:“我国网络信息安全立法明显滞后”,载《北京晚报》2012 年 12 月 24 日。

应信息网络健康快速发展的客观要求。

二、我国网络信息立法应注意的问题

从现阶段我国互联网健康发展的客观需要、广大民众的普遍呼声及网络信息领域中存在的诸多问题出发，我国网络信息空间运行确实需要通过不断完善立法规范以期进入稳步推进、可持续的发展阶段。通过上述多角度分析，目前我国网络信息立法应注意的问题主要包括以下几个方面：

（一）坚持符合我国国情的网络信息立法指导思想与基本原则

保护网络主体的基本权益和政府加强网络管理，是贯穿于网络信息立法的两个基本指导思想。随着互联网的高速发展，我国网络信息立法指导思想由以往强调以政府为中心对互联网进行管制，逐渐转变为在党和政府的统一领导下，有效地将互联网参与各方组织起来，实现网络发展与治理的协调统一。[①]党的十八大报告提出："推进网络依法规范有序运行"。[②] 显然，我国现阶段网络信息立法的指导思想应彰显法治精神，一个基本共识是将网络管理纳入法制轨道，维护网络法治，满足网络法治的创新实践要求。具体来说，应结合我国基本国情，正确处理好政府、网络信息服务运营商和网络用户之间的关系，做到三者之间的平衡发展；在坚持社会主义政治和意识形态、维护网络安全的同时，统筹兼顾，切实保障网络服务商的利益、重视网民的合法权益，最终达到各方利益的最大化与均衡化。

就健全和完善我国网络信息立法具体工作而言，应树立宏观的基本立法原则，为整个立法过程乃至以后的执法过程指引方向。一是坚持保障网络信息安全与鼓励引导信息网络健康发展相结合的原则；二是坚持立法现实性与前瞻性相结合的原则；三是坚持技术中立与科学立法相结合的原则；四是坚持立法统一性与协调性相结合的原则；五是坚持保障网络用户的合法权益与自由的原则。

（二）选择统一立法模式，尽早制定网络信息基本立法

完善的网络信息立法应包括从基本法律、专门法律（或单行法律）、法规到规章制度等各层次法律法规，用于调整不同对象和范围的网络信息问题。从前述我国网络信息立法的现状不难看出，现阶段我国网络信息立法虽增长比较迅

---

① 钟忠著：《中国互联网治理问题研究》，金城出版社2010年版，第38页。

② "加强网络社会管理 推进网络依法规范有序进行"，载 http://news.china.com.cn/live/2012-12/06/content_17527042.htm。

速,但大多集中于管制性为主的部门规章及地方性法规,立法层次普遍偏低,属于法律层面的网络信息立法目前只有三部,即全国人大常委会《关于维护互联网安全的决定》、《电子签名法》和全国人大常委会《关于加强网络信息保护的决定》,但这几部法律也不具备基本法性质,难以发挥网络信息立法龙头的作用。由于缺乏上位法指导和规范,目前与网络问题相关的法律法规多以"解决问题"、"管制问题"为导向,存在网络信息立法的结构性缺陷,由此也面临着网络信息立法模式的选择。

从世界范围来看,目前已初步形成了两种基本的网络立法模式:一是以日本为代表的统一立法模式,即国家通过颁布网络基本法,指导相关法律法规的立改废工作,系统地规范和保障网络发展;二是以美国为代表的分散立法模式,主要针对电子商务、知识产权保护、网络犯罪等问题开展专门立法,保障网络健康发展。① 虽然世界上大多数国家目前采用分散立法模式立法,但就我国具体情况而言,弊端已显而易见,无论从立法角度还是司法角度都容易造成法治的矛盾与冲突,缺乏整体性与协调性。从中长期网络信息立法进程来看,网络发展初期那种"头痛医头、脚痛医脚"式的网络信息立法模式显然难以适应网络迅猛发展的需要,选择统一的立法模式,颁布网络信息基本法,不仅有利于政府各部门之间协调配合网络信息监管工作,做到依法行政,提高执法效率;同时也有利于系统指导和规范我国信息网络发展方向,全面提升信息网络行业创新力和竞争力,切实保障公民基本权利。正如前文所述,我国网络信息立法具有的开放性特征,其所涉内容超出了任何一部部门法所能调整的范围,因此,有必要尽早制定一部基本法意义上的网络信息法,以进一步指导和规范其他网络法律、法规和规章的立法工作。

具体而言,应由全国人大或其常委会制定专门针对网络信息问题的基本法律,用以规范与网络信息相关的基本问题,其主要内容应包含以下几个部分:一是明确网络信息的定义、立法原则等基本问题。二是明确网络各方主体的权利义务关系,应具体规定网络信息服务使用者、网络信息服务提供者以及网络监管者的权利义务。三是针对网络使用过程中出现的安全、维护以及管理问题作出明确规定。四是配套制定其他针对网络问题的专门法律,针对我国网络信息立

① 林凌:"网络立法模式探析",载《编辑之友》2014年第1期。

法存在失衡问题，偏重于网络管理立法而不能覆盖由网络引起的诸多法律问题，[①]目前在电子商务、个人信息保护、[②]网络犯罪等方面存在或多或少的立法空白，应尽早出台如《电信法》、《个人信息安全法》、《网络安全法》等目前现实急切需要且立法条件已经成熟的法律。在这些法律出台的基础上，国务院及其各部委、地方各级人大和政府结合自身的实际情况，进一步细化出台相应的法规、规章，使相关法律法规形成统一协调的法律体系，以期在实践中能够较好地得以施行。

（三）修改和完善现有网络信息法律法规

我国目前现有的网络信息法律法规除了存在立法层次低、覆盖范围较小的问题之外，还存在多头立法、内容相互之间冲突等情况。传统上，我国针对网络信息采取"多头管理"的方式，涉及公安部、信息产业部、商务部、文化部、教育部、新闻出版总署、国家版权局、国务院信息化工作领导小组等多家管理主体。各级管理机构都肩负有特定的管理职责并对此制定了相应的管理法规和规章，一方面，这种现象反映出各方主体力图促使网络健康发展的决心和积极性；而另一方面，实践中往往会出现相关立法分属不同法律部门、体系庞杂、兼容性差，进而导致主管机构权责不明，各自为政的情况。主要表现为各地方立法之间交叉管理、合作障碍、互相冲突，[③]前法与后法相互矛盾，上位法与下

---

① 王梅、伍万坤："浅析我国网络信息立法存在的若干问题"，载《中国科技信息》2011年第8期。

② 比如，在公众广为关注的个人信息泄露问题上，就存在着法律法规明显缺失的现象。据央视网2012年的调查显示，有超过八成的网民担忧个人信息和隐私在网络上泄露，认为网络是隐私泄露的重灾区，有超过六成的网民关注我国网络信息安全立法的进展。《中国青年报》2012年年底刊登的社会调查报告则显示，有高达93.8%的人因个人信息泄露而感到困扰，86.0%的人期待国家尽快出台《个人信息法》。

③ 例如，针对计算机网络安全的保障范围这个概念来说，在2009年杭州市出台的《杭州市计算机信息网络安全保护管理条例》中明确将计算机网络安全的保护范围确定为"计算机信息网络的安全，包括计算机信息系统及互联网络的运行安全和信息内容的安全"。而在2012年贵阳市出台的《贵阳市计算机信息网络安全保护管理办法》中则将计算机网络安全的保护范围限定为"计算机信息网络安全，包括计算机信息网络的运行安全和信息内容安全"。无疑，两者在计算机安全是否包括计算机信息的系统本身这一关键问题上产生了分歧。这种细微问题上的认知差别实际上反映了两地在对于计算机网络安全这个问题上的不同理解。

位法发生冲突[①]等情况。

由此反映出现有关于网络问题的各级法律法规本身存在一定的缺陷,应在颁布实施国家层面的网络信息基本法律基础之上,一方面,结合各地方信息网络发展的实际情况,对现有的相关法规和规章进行相应的修改和完善;另一方面,针对网络发展中所出现的新问题,对现有的网络信息法律法规进行更新和补充,使其能更好地适应当前司法实践中的新要求。同时,对于目前涉及网络信息问题的法律法规的相关条款,如《未成年人保护法》、《著作权法》、《统计法》、《保守国家秘密法》、《合同法》等法律,也需要根据网络信息基本法及信息网络发展的现实状况对其中的相关条款进行修改和完善。

(四)实现网络信息相关立法规范的可操作性

我国网络信息立法中,一些法规条款表达模糊、过于原则笼统,缺乏可操作性。如《互联网等信息网络传播视听节目管理办法》、《互联网新闻信息服务管理规定》、《互联网视听节目服务管理规定》等行政法规中关于"九不准"或者"十不准"的禁止性条文规定比较概括,对于"淫秽、色情信息""损害国家荣誉和利益"等规定缺乏明确的判断、分级和执行标准,可执行性不强。[②] "徒法不足以自行",网络信息立法必须符合实际,具有现实的可操作性和针对性,才能得到贯彻执行。一方面,要符合中国国情,把网络信息立法中的规范性与现实可操作性结合起来;另一方面,在加快相关立法的同时,一定要确保新的立法能够使网络信息立法与网络技术发展相衔接,使制定出的规范能够被有效、低成本地贯彻实施,避免法律规范成为不切实际的空中楼阁或劳民伤财的根源。[③] 实践证明,只有符合现实可操作性的网络信息立法才是高效的、有生命力的。

(五)推进法律法规与行业自律相结合

我国网络信息法律法规本身所具有的滞后性使行业自律显得尤为重要。世界上许多国家在规范和管理网络问题时,都十分注重发挥民间组织的作用,将行业自治看作对法律法规的重要补充。如美国著名的互联网自治组织——计算机

---

① 以论坛经营者对网民发表诽谤性、侮辱性言论是否要承担法律责任为例,有关部门先后颁布了三个行政法规和部门规章,即2000年9月的《互联网信息服务管理办法》、2000年10月的《互联网电子公告服务管理规定》、2002年8月的《互联网出版管理暂行规定》,它们对论坛经营者承担过错侵权责任的规定不尽一致。而这三个法规和规章立法时间有先后之分,法律位阶有高低之分,容易造成执法混乱。

② 林凌:"网络立法模式探析",载《编辑之友》2014年第1期。

③ 王春英:"浅谈我国的网络信息安全立法",载《大众科技》2007年第9期。

协会(ACM)、信息系统审查与控制协会(ISACA)等均从各角度制定了相关的自律规范,如以"不应利用计算机去伤人"、"不应偷窥他人计算机文件"等为主要内容的"计算机伦理十诫"。[①] 而在英国,对互联网的监督与管理主要由具有半官方色彩的自治组织"网络观察基金会"(Internet Watch Foundation,IWF)来进行,它制定的《安全网络:分级、检举、责任》(即3R安全规则[②])在其国内得到广泛认可并在世界范围内都享有盛誉。[③] 在亚洲国家中,日本具有完备的行业自律体系,它的行业自律规范《网络事业者伦理准则》将行业自律视为解决网络问题的重要途径。新加坡政府则鼓励行业自治,建立自己的评判标准,一部经过政府管理机构、互联网业界协商和用户调查共同完成的《行业内容操作守则》已被新加坡三家最主要的互联网服务提供商采用。[④]

与这些国家相比,目前我国的网络行业自律组织还存在参与范围不够广泛、管理机制欠完善等不足。应鼓励更多的网络从业人士和公众参与到网络自律规范的建设中来,健全分支机构,建立对违规会员的有效制约机制,完善互联网举报制度,加强行业自律的主动性,提高网络自身的治理能力,从源头上阻止违法行为的发生。从真正意义上重视行业自律建设,将行业自律与法治相结合。

三、结语

随着互联网的快速发展,计算机网络已在我国大规模应用普及,人们在接受网络信息服务的同时,也面临着越来越多无法回避的问题和挑战,完善网络信息立法已势在必行。目前,我国网络信息立法中还存在诸多问题,急需我们发现并正确面对,同时借鉴域外与网络信息立法相关的有益经验,寻求解决途径,以切实有效地运用法律法规来指引和规范我国网络的运行,使得规范与网络信息相关的问题有法可依而不再是"法外之地"。

---

① 孟威:"惩防网络谣言是国际社会共同选择",载《人民日报》2013年6月13日。

② 3R分别代表了分级认定、举报告发和承担责任。"网络观察基金会"以该规则为基础制定了一系列有关从业人员行为守则及相关的网络管理措施,如对外开设接待公众投诉的热线、对网络内容进行分级、由用户自行选择等。

③ 张恒山:"英国网络管制的内容及其手段探析",载《重庆工商大学学报》(社会科学版)2010年第3期。

④ 牛静:"新加坡网络管理体制探究",载《中国传媒报告》2007年第4期。

日本《高速信息通讯网络社会形成基本法》对我国的启迪与借鉴

常　磊*

一、日本《高速信息通讯网络社会形成基本法》的法律意义

（一）着眼于立法规划的顶层设计，具有纲领性的特点

日本《高速信息通讯网络社会形成基本法》（以下简称日本《IT 基本法》），是一部全新的、创造性的法律。在日本的法律体系中，它的法律层次比较高，仅次于宪法，并且创制了一个全新的法律部门即信息通讯法。《IT 基本法》于 2000 年 11 月 29 日颁布，于 2001 年 1 月 6 日正式实施。它标志着日本信息通讯法律制度框架的基本确立，并且对日本产生了巨大作用和深远影响。

《IT 基本法》是一部规定构建 IT 社会基本理念以及基本方针的纲领性法律，该法全文由 4 章 35 个条款及附则组成，这些条款及附则主要确立了立法目的，确定了建成高速信息通讯网络社会的基本理念以及制定其措施规则的基本方针，明确了中央政府和各级地方政府的权利和义务，最后则设置了 IT 战略推进本部，负责制定具体的规划并加以落实。由此可以看出，它是一部原则性、纲领性、指导性非常强的法律，它不是一部可以在司

---

* 华南师范大学 2013 级法律硕士研究生。

法实践中直接进行操作使用的法律，而是规定了一些原则性、纲领性、指导性成为立法依据的条款。作为日本法律体系中的“基本法”，它具有母法的性质，有造法的特点。它是一切和信息通讯领域相关的法律法规立法的依据。①

（二）改变了应急性的立法局面，具有主动性的特点

以往针对信息通讯领域的立法，大多是在互联网领域出现问题之后，传统的法律规范对其无法规制之后，才颁布相应互联网法，主要是为了解决司法实践的当务之急，呈现出了明显的被动性、滞后性，并且随着互联网的迅速发展，各种问题层出不穷。这些法律颁布不久，就呈现出严重滞后和不能适应的问题。法律法规具有相对稳定型，要持续调整信息通讯领域出现的矛盾和问题，缺乏前瞻性的立法非但不能有效地解决矛盾和问题，反而容易成为没有可执行性的“废法”。

《IT 基本法》的颁布，改变了日本信息通讯领域应急性的立法局面，呈现出了信息通讯领域立法主动性的特点。不再是仅仅为了应对急迫需要解决的问题而制定相应法律，而是主动地对整个信息通讯领域分门别类地进行立改废活动。针对信息化过程中出现的需要进行立法的法律空白，进行调研，按照法定程序进行立法。对于现存的比较完善的法律，根据实际需要进行增加条款或删除条款。并且废除那些束缚阻碍信息通讯产业发展的法律。

信息通讯技术的发展日新月异，司法实践中出现的新问题也是层出不穷。针对这种情况，必须迅速修订相关法律才能够适应司法实践的需要，才能够更好地推动高速信息通讯网络社会的建设。因此该法附则明确中明确规定，政府在该法实施后的 3 年之内，在调查、研究实施该法实际状况的基础上，针对具体的情况，应当采取必要措施，加以改进和完善，并对其予以修订，使得该法能够不断与信息通讯网络社会的变化相适应。这一规定也反映出了日本在信息通讯领域立法主动性的特点，主动地、机动灵活地适应司法实践的需求去修订相关法律。

（三）改变了针对某一领域单一立法的局面，具有综合性的特点

在《IT 基本法》颁布之前，日本在信息通讯领域虽然也进行了一些立法活动，颁布了一些法律，但却基本上只是在某些领域进行，例如，1999 年颁布的《关于禁止不正当登录行为的法律》，1999 年通过的《禁止非法接入行为法》等。这些法律只涉及信息通讯领域的某些方面，而其他方面的立法就显得滞后和薄弱。并且随着信息通讯领域的快速蓬勃发展，应当有一个完善的法律体系对其全部

---

① 李柯著：《日本信息通讯法研究》，光明日报出版社 2011 年版，第 19 页。

领域予以规范。

该法的最终目的是建立高速信息通讯网络社会,高速信息通讯网络社会的定义规定在该法第2条:"本法所称的高速信息通讯网络社会,是指通过互联网和其他的高速信息通信网络,自由而安全地从世界范围内获取、共享、上传各种各样的信息或者知识,因而成为能够在所有的领域获得充满活力的、具有创造性和发展可能性的社会。"为了建成这样的社会,就必须涉及信息通讯领域的方方面面,这些领域主要包括基础设施的发展、整合,加快IT专业技术人才的培养,促进电子商务的发展,促进电子政务的发展,在公共领域灵活应用信息通讯技术,保护个人信息安全,确保信息通讯网络的安全性,进一步加强信息通讯领域的研究与开发,加强国际协作与交流。

《IT基本法》的颁布,改变了信息通讯领域中针对某一领域单一立法的局面,该法几乎涵盖了信息通讯领域的所有方面,从而能够更好地促进信息通讯领域的各个方面的协调发展。

二、日本信息通讯的立法制度框架

(一)日本信息通讯立法的基本原则

第一,造福于民原则。

该法立法的首要原则就是造福于民。造福于民不仅是该法的立法基本原则,而且也符合日本宪法的精神。该法第5条规定:"构建高速信息通讯网络社会,通过利用国际互联网和其他高速信息网络,向国民全方位提供涉及生活各个方面的高质量的信息传播渠道及低廉的上网费用以及相关各种类型的服务,提高国民生活的便捷性,促进生活方式的多样化,扩大消费者自主合理选择的机会,并且应当以此为实现具有真切实感的舒适而富裕的国民生活作出贡献。"该法第3条、第6条、第17条等也有类似的规定。由此可以看出,日本信息通讯立法的基本原则之一便是使全体国民能够享受到建成高速信息通讯网络社会而带来的福利。

第二,公众治理原则。

该法第7条规定:"构建高速信息通讯网络社会,以民间机构担任主导职能为原则,中央政府和地方公共团体的职能主要是为了促进公平竞争,修订规范,消除阻碍构建高速信息通讯网络社会的因素,以为了充分发挥其他民间机构的活力而进行的环境治理作为中心规划,并予以付诸实施。"第10条至第15条规定了中央政府与地方公共团体的职责。由此可见,在构建高速信息通讯网络社会的进程中,参与治理的主体不仅仅是政府,还包括其他民间机构,而且政府最主要的职能是构建一个公平竞争,消除阻碍构建高速信息通讯网络社会的因素的环境,在此前提下,最大限度地发挥民间机构的能动性、创造性。

第三,促进信息通讯产业发展原则。

该法第2章为制定规划的基本方针,第3章为高速信息通讯网络社会推进战略本部,第4章为构建高速信息通讯网络社会相关的重点计划。通过归纳总结这些条文,可以明确该法的一个基本原则就是促进信息通讯产业发展。政府通过设立信息通讯领域的领导决策机构,制定构建高速信息通讯网络社会相关的重点计划,同时施行基本方针,采取具体措施,其直接目的就是促进信息通讯产业发展,建成高速信息通讯网络社会,增强日本的综合国力。

(二)日本信息通讯立法的基本制度和实施体现

日本信息通讯立法的基本制度由以下五个制度组成:电子商务法律制度、电子政务法律制度、信息安全法律制度、网络安全法律制度、关于社会生活的规定。《IT 基本法》第25条规定:为了迅速有重点地推进构建高速信息通讯网络社会的相关规划,在内阁设置高速信息通讯网络社会推进战略本部(简称IT战略本部)。2001年1月6日该法正式实施,IT战略本部也正式宣告成立。IT战略本部是日本为了构建高速信息通讯网络社会而成立的最高决策和指挥机构,凡是一切和信息通讯领域相关的事务都要由其领导。

根据《IT 基本法》的有关条文,IT战略本部由高速信息通讯网络社会推进战略本部长、副本部长、本部员组成。其中本部长由内阁总理大臣担任,全面负责本部的工作,领导指挥本部的全体人员。副本部长由内阁国务大臣担任,并辅佐本部长进行工作。本部员则由两部分人员组成:第一部分由除了担任本部长、副本部长以外的其他内阁国务大臣担任;第二部分则由内阁总理大臣任命信息通讯领域的社会精英予以担任。由此可以看出,IT战略本部由日本国内的最高行政权力者与民间的社会精英分子组成。IT战略本部的职责为:推进构建高速信息通讯网络社会相关的重点规划的制定以及实施,推进构建高速信息通讯网络社会相关的规划以及重点计划的审议和相关规划具体措施的实施。

依据《IT 基本法》的规定,设立后的IT战略本部先后颁布了三项重大的国家战略:《e—Japan 战略》(2001年)、《e—Japan 战略Ⅱ》(2003年)、《u—Japan 战略》(2004年)。《e—Japan 战略》的目标是集合政府与民间的力量,大力开展信息基础设施建设,为推动国民经济和信息社会打下良好的硬件基础。这一战略的重点领域主要有以下四个:第一,网络宽带;第二,电子商务;第三,电子政务;

第四,人力资源。《e—Japan 战略Ⅱ》以提高 IT 技术的高效运用为重点,进行 IT 结构改革,提高国民生活质量,增强企业竞争力。在前一战略所建成的信息基础设施的基础上,重点推进教育、医疗、就业、行政等 7 个重点领域的应用。

《u—Japan 战略》则期望在日本建成"无所不在"的网络社会,抓住信息通讯技术的制高点,在更广的范围和更深的程度拓展信息通讯技术的应用。通过这些战略的实施,日本推进了信息通讯领域的建设,同时也为下一阶段网络社会的发展奠定了基础,随着战略规划的实施,日本的信息通讯法律制度逐步建立并且日益完善了起来。

三、《高速信息通讯网络社会形成基本法》对我国的启示

(一)我国信息通讯领域立法的现状

调整因互联网应用而产生的各类社会关系的法律规范即互联网法,其调整手段涉及公法和私法领域,是一个正在成长中的兼具特异性范畴和共同性范畴的综合性法律部门。①

截至 2012 年 5 月 31 日,我国有 196 部与互联网有关的相关的重要文件,包含了法律、行政法规、司法解释和部门规章、规范性文件,按内容可以分为互联网安全法、互联网基础设施与基础资源法、电子政务法、互联网服务法、互联网民事法、互联网知识产权法、互联网竞争法、互联网刑事法、互联网救济法、互联网产业促进法、电子商务法。

目前我国信息通讯领域立法所存在的问题主要有:

第一,立法被动、滞后,缺乏前瞻性。

我国的互联网法大多是在互联网领域出现问题之后,传统的法律规范对其无法规制之后,才颁布相应互联网法,呈现出了明显的被动性、滞后性,并且随着互联网的迅速发展,这些法律颁布不久,就又落后于网络社会的实际发展。② 随着互联网社会的飞速发展,当互联网、电信网、广播网三网融合,网络法律问题变得更加纷繁复杂,此时,采用传统的分行业专项内容立法已落后于实际的发展,会产生一系列管理难度增加、各个主管部门间为争夺利益而相互推诿等问题。而我国目前的相关立法严重缺失。

---

① 张守文:"论经济法学的特异性范畴",载《北京大学学报》2006 年第 3 期。

② 余秀才、徐颖:"我国互联网的法制管理问题及其完善",载《三峡大学学报》(人文社会科学版)2010 年第 32(1)期。

第二,立法层级低,没有自成体系。

目前我国网络立法层次较低,大多停留在部门规章的层面之上,直接涉及互联网的专门法律只有《全国人民代表大会常务委员会关于维护互联网安全的决定》和《电子签名法》两部。其他绝大部分属于国务院及其相关部门颁布的行政法规、规章以及地方性法规、司法解释。表面上看,我国有关互联网领域的法律法规在数量上已形成一定的规模,但是还没有构成一个以基本法律为主干,以其他法律、行政法规和地方性法规为补充的系统、完整、条理清晰的体系。现有的关于互联网领域的相同法律效力位阶或者不同法律效力位阶之间的法律文件的协调性存在较大问题。立法层级低的直接后果是法律效力低,适用范围有限,尤其是地方性法规,效力仅限于本地区,直接影响实施效果。

第三,法律制度的内容存在失衡。

通过分析我国的信息通讯领域的立法,我们能够发现,在这一领域的立法存在失衡现象。所涉及的内容多为网络安全与网络服务方面,而互联网运行过程中的权利保障,互联网产业的发展促进等方面则需要进一步完善。有关虚拟财产、个人信息保护、电子商务税收等许多问题尚待法律规范进一步明确。并且目前的互联网立法重管理而轻权利,权利义务不对称,"管制"的色彩较重。

第四,部门立法色彩浓厚,存在着立法重复和法律冲突的现象。

由于缺乏统一的规划,没有纵向的统筹考虑和横向的有效协调,对于涉及多个职能部门权限范围的事项,牵头部门往往不能考虑相互之间的协调和统一,导致立法内容交叉重复,不同部门制定的规章之间往往会出现冲突和矛盾。① 现有的网络立法存在着立法凌乱的现象,规范网络的条款分散于不同的法律法规,条例办法之中,并且没有明确的判断、分级和执行标准,实践中难以执行。

(二)我国信息通讯领域立法的必要性

21 世纪是一个以计算机信息网络为核心的信息时代,信息化已经成为 21 世纪的特征。计算机信息网络从其诞生至今,几乎广泛而深刻地涉及和影响了人类生活的方方面面,包括政治、经济、社会、文化等。并且迅速推动着人类社会由资本经济向信息经济转变。正如美国前总统克林顿所言:"从小企业到工厂,至遥远的乡村,信息革命正在改变人们的工作、学习、生活方式、相互关系以及与世界其他地方的关系。"

---

① 谢永江、纪凡凯:"论我国互联网管理立法的完善",北京邮电大学移动互联网信息安全法律问题研究。

计算机信息网络是一把“双刃剑”,在极大地改变着人们的工作、学习、生活方式,改变着世界方方面面的同时,也产生了诸多问题。如利用网络侵害国家安全、信息安全、交易安全,侵害他人名誉权、隐私权、知识产权以及其他网络犯罪行为。互联网本身技术的发展与自我完善可以减少它本身所带来的消极与不良影响,人类社会固有的道德伦理可以实现人们行为的自我约束,互联网行业的行业规范也可以有效规范网络社会的行为。但是,随着互联网社会的飞速发展,当互联网、电信网、广播网三网融合,网络法律问题变得更加纷繁复杂,以后上述手段不可避免地会失去作用,此时就要通过法律对互联网领域加以规范和控制,以使得互联网更好地发挥其积极作用。

互联网产业是新兴的朝阳产业,是最新一代科技革命的核心成果,它的健康快速发展影响我国以互联网产业为核心的新兴产业经济能否迅速发展,关系我国能否占领全球的科技制高点。信息化是引领国家未来发展的大战略,在国家现代化建设的新一轮发展中居于突出地位。党的十八届三中全会多次强调信息化手段的运用,并对信息通信领域提出了“坚持积极利用、科学发展、依法管理、确保安全的方针,加大依法管理网络力度,加快完善互联网管理领导体制,确保国家网络和信息安全”的改革要求。但是,我国目前关于信息通信的立法及其理论研究严重滞后,在信息通信法的顶层设计抑或具体问题上与先进国家存在较大差距,远不能适应信息网络健康快速发展的客观要求。因此,有必要借鉴国外先进经验,从信息通信法的顶层设计着手,构建完善我国的信息通信法体系,从而推动我国信息化的发展。

(三)《高速信息通讯网络社会形成基本法》对我国的启示

第一,我国应当选择统一立法模式来进行信息通讯领域的立法。

随着互联网的快速发展和影响深远,世界各国纷纷加强对互联网的管理。对于信息通讯领域的立法方式,理论上一直存在着不同的观点,在实践中各个国家大多采用了分别立法的模式,针对电子商务、知识产权保护、网络犯罪等单一领域进行立法,比如,美国颁布了《1996 年电信法》、《1998 年儿童在线隐私保护法》、《反网域名称抢注消费者保护法》、《反垃圾邮件法》等,英国颁布了《电子通信法》、《信息自由法》、《通信法》,德国颁布了《信息和通信服务规范法》,韩国陆续通过了《促进信息化基本法》、《信息通信保障法》,联合国陆续颁布了《电子商务示范法》、《关于网络犯罪的公约》、《关于打击信息系统犯罪的框架决议》。目前只有日本采用了总括式加分立式相结合的立法模式。

针对单一领域的分别立法,虽然能够解决司法实践的当务之急,并且在一定程度上也促进了这些领域的发展，但是其弊端也是显而易见的：首先，无论是在立法还是司法角度，都容易造成法治的冲突和矛盾。其次，这种“头痛医头、脚痛医脚”的立法模式无法解决信息通讯领域层出不穷的新问题。信息通讯领域的立法涉及了诸如民法、刑法、经济法、行政法等诸多法律部门，超出了一部部门法所能调整的范围，[1]此时应当借鉴日本，在信息通讯领域制定一部基本法，然后根据这部法律的立法精神、立法原则、立法目的，进行分门别类的立法，或者对现有的法律进行增删和修改，或者对过时的法律条文予以废止。这种模式向上可以找到立法的法律依据，向下可以针对司法实践中的具体问题进行立法或者修订现行的法律。这样的模式脉络清晰，便于把握和操作。这样的立法模式也能够协调不同部门之间的立法和执法工作，避免立法重复和法律冲突的现象，从而进一步提高执法效率。

第二，我国应当建立和完善信息通讯领域的基本制度。

我国正处于信息化发展的初级阶段，要想全面推动我国信息化科学、快速、可持续的发展，增强综合国力，仅仅依靠制定一部信息通讯领域的基本法是远远不够的，还需要建立和完善信息通讯领域的基本制度。

日本信息通讯立法的基本制度由以下五个制度组成：电子商务法律制度、电子政务法律制度、信息安全法律制度、网络安全法律制度、关于社会生活的规定。在《IT 基本法》确立的基本原则、基本方针、基本理念的指导下，在这五个制度当中分别对其分支领域进行一系列的立改废活动，制定一系列的战略规划与实施方针。通过促进信息通讯领域各分支领域的发展从而促进信息通讯领域总体的发展。

当然，我国的国情与日本有所不同，建立和完善信息通讯领域的基本制度不能完全照搬日本的模式，应当从我国的具体国情出发，再充分地考虑信息通讯领域的特性，科学合理地构建我国信息通讯领域的基本制度。

第三，我国应当建立信息通讯领域的综合性领导决策机构。

目前，我国在信息通讯领域的立法和管理机关众多，涉及全国人大和国务院诸多部门，已基本形成了以工业和信息化部为互联网行业主管部门，公安部、教育部、国家广播电影电视总局、国家新闻出版总署等部门专门负责专项管理的互联网管理体制。此外，官方的非行政性机构也参与互联网的治理，如国家计算机网络应急技术处理协调中心、中国互联网络信息中心、中国科学院等。

---

① 林凌：“网络立法模式探析”，载《编辑之友》2014 年 1 月 5 日。

由于缺乏一个类似于日本高速信息通讯网络社会推进战略本部的综合性领导决策机构、缺乏统一规划,未能做到纵向的统筹考虑和横向的有效协调,当涉及多个职能部门职权范围的事项时,容易引起多头执法的弊端,也导致我国的网络管理立法机关执行机关和监督部门往往是同一部门,存在着维护自身利益,争取最有利于自己的规则的现象,致使所制定和执行的网络管理立法缺乏应有的科学性、客观性和公开性。[1]

因此,我国应当建立一个专门的类似于日本高速信息通讯网络社会推进战略本部的综合性领导决策机构。在我国通信领域基本法的指导下,管辖我国通信领域的所有重大事项,制定相关通信领域发展战略,计划与具体措施。并且因为由于这样一个强有力的领导决策机构的存在,能够更好地促使有关通信领域的其他相关职能部门积极配合,协调工作,提高效率,避免互相争夺利益、推诿责任的情况发生。从而切实推动我国通信社会的向前发展。

我国正处在工业化尚未完成,信息化刚刚起步的历史阶段,信息化发展的道路任重而道远,而没有法律保障的信息化是无法完成的,因此我们有必要借鉴发达国家的成熟法律和具体做法。日本的以《IT 基本法》为基础的一系列法律的颁布,促进了通信领域的发展,取得了瞩目的成就,因此,参考和借鉴该法,能够使我们避免走一些弯路,并且获得有益的启迪和宝贵的经验,从而更好地推动我国通信领域的立法进程。

---

① 何精华:《网络空间的政府治理——电子治理前沿问题研究》,上海社会科学院出版社 2006 年版,第 185 页。

案例研究

我国互联网市场垄断案中的消费者利益保护

——基于已有案例的研究

麦文杰*

一、我国涉消费者的互联网垄断案例概况

表1

案名	当事人		一审结果	二审结果
	原告	被告		
“北京书生电子技术有限公司诉上海盛大网络发展有限公司等垄断纠纷”案	书生电子技术有限公司	盛大网络发展有限公司、玄霆娱乐信息科技有限公司	不认为两被告具有市场支配地位,未构成滥用市场支配地位的行为	驳回上诉,维持原判
“北京掌中无限信息技术有限公司诉深圳市腾讯计算机系统有限公司垄断纠纷”案	北京掌中无限信息技术有限公司(以下简称掌中公司)	腾讯计算机系统有限公司(以下简称腾讯公司)	不能证明被告构成垄断行为,驳回诉讼请求	没有上诉
“李方平诉中国网通(集团)有限公司北京市分公司垄断纠纷”上诉案	李方平	中国网通(集团)有限公司(以下简称网通公司)北京市分公司	被告不具有市场支配地位,驳回李方平的诉讼请求	驳回上诉,维持原判

* 广东省东莞监狱工作人员。

续表

案名	当事人		一审结果	二审结果
	原告	被告		
“唐山市人人信息服务有限公司诉北京百度网讯科技有限公司垄断纠纷”案	人人信息服务有限公司	百度网讯科技有限公司(以下简称百度公司)	未能证明被告占据了市场支配地位,驳回原告全部诉讼请求	驳回上诉、维持原判
“郑敏杰诉互联网名称与数字地址分配机构计算机网络域名纠纷”案	郑敏杰	互联网名称与数字地址分配机构	不属于本院管辖,驳回原告郑敏杰的起诉	没有上诉

(一)垄断涉消费者案件已经客观存在

据相关机构统计,截至2011年中,我国网络域名数量为786万,网民数量达到4.85亿元。如此庞大的网络用户群体,必然会产生巨大经济效益,如何保护这一群体的利益成为法律工作者所需要迫切解决的问题。

从中国互联网实验室推出的《中国互联网行业垄断状况调查及对策研究报告》(2010年)可以看到,市场集中度较高的六大领域分别是搜索引擎、即时通信、电子商务(细分为B2B, C2C)、网络游戏、网络安全和第三方网上支付。[①] 在这些领域里,市场份额最高的企业分别为,百度在搜索引擎市场的市场份额达到72.3%,腾讯在即时通信市场的市场份额达到76.56%,阿里巴巴在B2B市场的市场份额为54.39%,淘宝在C2C市场的市场份额达到94.71%,支付宝在第三方网上支付市场的市场份额达到71%。通过分析上述的集中度数据,我们可以了解到整个行业的竞争现状,可以看到,在互联网产业中,各领域市场份额最高的企业所占的市场份额均远高于60%,说明该行业的垄断程度相当高。其他企业不容易打败行业前几名的对手,甚至不容易进入这一行业。

上述的这六大领域都与广大网络用户的日常生活息息相关,在这些领域内发生垄断,必然会造成广大消费者的利益受损,我国的垄断涉消费者案件已客观存在。有鉴于此,本文将结合这些案件进行分析,从而了解我国互联网市场垄断案中的消费者利益保护情况。

(二)我国互联网垄断涉消费者案件数量不多的原因

我国的互联网由1997年开始蓬勃发展,至今历时15年,从2002年至2010

---

① 互联网实验室《中国互联网行业垄断状况调查及对策研究报告》(2010),2010年11月30日。

年,中国的互联网网民从5910万人猛增到4.57亿人,平均年增长率达到29.1%,在通信类用户中具有较高的增长速度。① 网民基数以及网络经营者的数量都已经有了极大发展。理论上,在一个垄断程度如此高的市场,人群基数越大,该领域内的垄断案件诉讼应该会越多。但事实上,我们看到的情况却不是这样。笔者通过各种途径进行收集整理,发现互联网垄断案件的数量并不多。确切地说,笔者能够找到的互联网垄断案件只有上述五例。为什么会出现这样一种情况呢?笔者认为主要原因如下:

1. 诉讼意识不足。每一个市场的发展与成熟都随着市场内部各方利益的相互角力以致相互共存。互联网市场作为一个新兴市场,消费者对其中的运作机制以及相关的救济手段并不熟悉,对于在这一市场内所发生的争端,消费者往往对诉诸法律存在着顾虑。

2. 相关法律法规不完善。互联网在这10年间,经历了飞速发展。我国相关部门在互联网进入我国之初,也曾为了规范网络行为出台了相关规范,最典型的莫过于《电信条例》。但10年来,我国的相关立法工作却止步不前。目前看来,我国的相关法律法规早已不适应目前的互联网环境。由于缺乏相应的法律依据,在发生互联网垄断时,消费者即使想通过法律途径维护自己权益,也显得力不从心。长此以往,消费者自然对司法途径丧失信心。

3. 司法救济效果不理想。由表1可以得知,在5个互联网垄断案件中,被告均未被法院认定为实施了垄断行为,这意味着案中消费者受损的利益得不到保护。退一步来说,即使在互联网垄断案中原告胜诉,互联网垄断案件的执行也存在着困难。这是因为,网络环境的开放性、虚拟性和技术性等特征使大多数人在进行互联网活动的时候能够隐藏自己的真实身份,同时由于互联网的服务器布置具有全球性,为互联网活动加入了国际性因素。这种种因素导致消费者虽然在诉讼中取得胜诉,但在执行时要寻找相关责任人却相当困难。这必然会严重打击消费者对司法途径的信心。

(三)研究我国互联网垄断涉消费者案件的意义

我们可以看到,我国目前还没有一份专门针对互联网垄断而设立的法律文件。其他相关文件,如《电信条例》,也早已经落后于目前的互联网发展程度,起不到规范作用。缺乏相关法律文件,导致在相关市场界定,网络垄断主体范围确

---

① 张媛媛:"我国互联网发展现状及对国民经济推动作用研究",载《现代电信科技》2011年第11期。

定等方面都没有一个明确标准,严重打击了消费者将案件诉诸法律的积极性。另外,在案件审理的过程中,法院处理案件的主观能动性发挥不足,这主要体现在法院在审理案件时,特别是在双方当事人在诉讼地位上存在不平衡的情况下,消费者在诉讼能力上往往难以企及那些占据着市场支配地位的经营者,使其在诉讼中处于劣势。最后,互联网垄断案件在救济方面存在着问题,由于互联网的特性,消费者的利益保护在最后关头往往不能落实。本文旨在通过对案例的研究,结合我国相关立法,提出合理的建议,希望能够对上述情况提出一些实际性的意见。

二、我国涉消费者的互联网垄断案例的类型

在分析我国互联网垄断案之前,我们首先要了解我国法院已审理的互联网垄断案中,主要包含哪些类型的垄断行为。结合我国《反垄断法》的相关规定以及相关著作的观点,笔者认为,我国的互联网垄断行为,主要包括以下三种:

(一) 歧视性垄断①

我国《反垄断法》第 17 条第 1 款第 6 项规定,"没有正当理由,对条件相同的交易相对人在交易价格等交易条件上实行差别待遇"。属于滥用市场支配地位的行为,这也是我们经常所说的"歧视性垄断"。在我国的互联网垄断案件中,"歧视性垄断"普遍存在。如在"唐山市人人信息服务有限公司诉北京百度网讯科技有限公司垄断纠纷"案中,原告在判决书中诉称:

> 2008 年 5 月,原告由于公司自身经营需要开始减少投入额。2008 年 7 月 10 日,原告发现自己所经营的全民医药网(mvw. qmyyw. com)的日访问量骤减,以该日为分界点的前后两个月的访问量也出现大幅降低。2008 年 9 月 25 日,原告通过对谷歌搜索和百度搜索收录情况进行查询后发现,谷歌搜索对全民医药网(www. qmyyw. com)的收录为 6690 页,而百度搜索仅收录了 4 页,且百度搜索收录这 4 页的原因还是由于原告参与了百度搜索的竞价排名。以上证据充分证明,由于原告于同一时期降低了对百度搜索竞价排名的投入,被告即对全民医药网进行了全面屏蔽,从而导致了全民医药网(www. qmyyw. com)访问量的大幅度降低。

对于百度公司的行为,笔者认为其已经构成了歧视性垄断。原因在于,在互

---

① 互联网的歧视性垄断,一般表现为在为用户提供免费或同样价格产品的前提下,为用户提供质量不同的服务,这是滥用市场支配地位的一个重要表现。

联网市场上,所有的经营者都应该是平等的。百度公司作为全国最大的搜索引擎平台提供者,本应该依据访问量、网站真实程度等因素,给出公正客观的搜索结果。而在本案中,百度公司对条件相同的网络经营者实施"竞价排名",对搜索结果进行歧视性处理。实质上就是在交易条件上实行差别待遇,这种行为已然构成了歧视性垄断。

同样被指涉嫌歧视性垄断的还有"李方平与中国网通(集团)有限公司北京市分公司垄断纠纷"上诉案中的被告网通公司。原告李方平主张:

捆绑小灵通和 ADSL 的后付费固定电话服务比预付费固定电话及小灵通和 ADSL 服务在付款时间和付款数额上有所优惠。

对于网通公司在此案中的实施的差别待遇,一审法院认为:

网通公司北京分公司出于经营安全的考虑,对于后付费固定电话客户范围进行合理限制具有正当理由,李方平的诉讼请求于法无据。

笔者也基本同意法院的判决,网通公司北京分公司作为一个市场经营者,具有趋利性。趋利性是人的本性之一,即绝大多数人在一般情况下都重视和计较个人利益,在遇到利害关系时会自觉不自觉地维护与争取个人的最大利益。[①]预付费用户对于公司的经营安全性方面显然要优于后付费用户,网通公司北京分公司使用优惠的手段引导用户选择预付费的业务具有正当性。后付费用户与预付费用户不不属于条件相同的交易相对人。因此,应该认为,本案中,网通公司的行为并未造成"歧视性垄断"。但值得注意的是,我国网络市场上确实存在着不正当的消费者差别对待。同样是我国网络基础服务供应商,中国电信由于其对消费者的歧视而遭受到反垄断调查。该公司针对不同的宽带接入用户,特别是对于有竞争关系的其他基础运营商,采取了严格的管控措施。这一行为,旨在打击竞争对手,从而能够有效地维护其市场支配地位。

(二)拒绝互通互联

我国《电信条例》第 17 条规定:电信网之间应当按照技术可行、经济合理、公平公正、相互配合的原则,实现互联互通。主导的电信业务经营者不得拒绝其他电信业务经营者和专用网运营单位提出的互联互通要求。"互通互联"这一要求的产生是基于电力、电信、铁路等部门市场竞争的特点,是一种特殊的滥用市场支配地位行为。电信网全程全网、联合作业和服务全社会的基本属性决定

① 史策:"廉政建设与人的趋利性",载《中共福建省委党校学报》2003 年第 8 期。

了任何一个电信运营商都不可能孤立发展,只有合作运营互联互通才能最大化网络效率。[①] 在"北京掌中无限信息技术有限公司诉深圳市腾讯计算机系统有限公司垄断纠纷"案中,原告掌中公司就提出了关于互联互通的诉讼请求:

根据广大用户的合理需求,原告在PICA软件中为被告的QQ用户提供了一个通道,QQ用户通过PICA提供的这个通道可以登录QQ,与自己的QQ好友实现互通,进行实时交流,为QQ用户又提供了一个方便登录QQ的途径和选择,以兼容方式实现了与被告的互联互通。但2006年6月,被告却针对原告的互联互通行为向法院提起了诉讼,拒绝了原告的互联互通要求。

要了解互联互通,首先我们要弄清一个概念,什么是"主导的电信业务经营者"?由《电信条例》第17条第3款可以得知,"主导的电信业务经营者"是指控制必要的基础电信设施并且在电信业务市场中占有较大份额,能够对其他电信业务经营者进入电信业务市场构成实质性影响的经营者。本案中,腾讯公司的即时通信业务显然不属于基础电信设施,事实上,在法院的判决书中,我们可以看到:

对本案原、被告经营的即时通信产品进行分析,该产品是用户利用终端设备运行厂商开发的即时通信软件,通过互联网、移动通信网络与其他用户进行实时交流。该服务是搭载在电信业务上的通信产品,属于电信增值业务,服务经营者本身没有控制基础电信设施。被告不属于主导的电信业务经营者。因此本案不能适用《中华人民共和国电信条例》第十七条的上述规定。目前我国尚无法律明确规定即时通信产品的经营者必须履行互联互通义务,不能认为该义务是被告必须履行的法定义务。

法院不认为即时通信软件提供者属于主导的电信业务经营者,因此不构成滥用市场支配地位。法院作出这一判断是依据正式的立法文件,无可厚非。合法,但是否合理呢?笔者则认为有待商榷。即时通信软件在今天早已非少数人群的联络工具,根据中国互联网络信息中心《第27次中国互联网络发展状况统计报告》调查显示,截至2010年12月,中国即时通信用户规模达到3.53亿人。[②] 如此庞大的用户群体,如果腾讯公司坚持不实现互联互通,必然会导致数量庞大

① 李楠著:《中国电信产业互联互通接入定价研究》,中国社会科学出版社2011年版,第3页。

② 中国互联网信息中心(CNNIC):《第27次中国互联网络发展状况统计报告》,2011年1月19日。

的群体只能使用QQ一个软件,不利于网络间的即时通信市场发展,也侵犯了消费者的自主选择权。我国《电信条例》颁布于2000年9月25日,距今已有11年之久,相比互联网的急速发展,该条例显然已不适合我国目前的互联网市场。腾讯公司凭借用户对其的黏性,滥用其市场支配地位,而我国的各种立法文件目前对我国的电信增值业务却没能实现有效的监管。全国增值电信业务经营单位数量由1997年的2200余家增加至14000多家。① 面对如此迅猛的增长势头,相关规定的发展速度远远落后于我国互联网的发展速度,更加纵容了相关经营者的行为,导致我国互联网消费者在发生垄断时,权利受到了极大损害。要限制这样的垄断行为,事实上只能依靠权力机关的再立法,通过新规定,重新予以规管。相关建议笔者将在后面加以详述。

(三)附加条件进行交易

我国《反垄断法》第17条第1款第5项规定:"没有正当理由搭售商品,或者在交易时附加其他不合理的交易条件"属于滥用市场支配地位的行为。处于市场支配地位的经营者,往往在交易时对交易相对人在交易条件上施加各种不合理的条件,或为牟取不正当利益,或为排除竞争。如在"北京书生电子技术有限公司诉上海盛大网络发展有限公司等垄断纠纷"案中:

北京书生网络技术有限公司于2008年5月开始委托寇彬(笔名"不吃西红柿")创作作品《星辰变后传》,并授权原告在经营的读吧网上陆续发表。该作品发表后引起了广大读者良好的反响,点击量日渐高涨。但日前,《星辰变后传》的作者受到被告的无理威胁,迫于被告在行业中的地位,不得不任其摆布,否则就会被排挤出这个圈子,在无奈之下停止了为原告的创作,并应被告要求在其旗下的网站上发表了致歉信。其后,被告公然捏造、散布自己拥有系争作品的著作权的事实,并以此为由要求相关网站删除该作品。

本案中,被告上海盛大网络发展有限公司利用其在行业内的市场支配地位,在交易中对交易相对人附加不合理的条件,并通过这些条件排除竞争,属于典型的滥用市场支配地位的行为。合同自由原则保证了经营者在经营活动中能够通过意思自治订立合同。但是,如果具有市场支配地位的经营者凭借其市场地位限制竞争,那就是滥用了合同自由,须予以禁止。

① 戴荣惠:"试论影响我国增值电信业务发展的因素及其对策",载《通信世界》2005年第24期。

三、互联网垄断案例的消费者利益损害分析

在了解了我国互联网案件的垄断类型后,我们可以进一步了解在互联网案件中,受损的通常是消费者的哪些权益呢?竞争法的一个重要立法宗旨就是保护消费者。但是,与反不正当竞争法不同,反垄断法中的消费者利益主要体现在消费者有选择商品和自主交易的权利。因为在限制竞争的情况下,消费者选择商品的权利实际上受到了限制。① 结合本文中所探讨的案例,笔者总结了下列几种在互联网垄断中最容易受到损害的消费者利益。

(一) 自主选择权

我国《消费者权益保护法》第9条规定:"消费者享有自主选择商品或者服务的权利。"这里的自主选择,既包括对商品的自主选择,也包括对交易对象的自主选择。自主选择权作为消费者最重要的一项基本权利,在出现垄断时却是最为脆弱的。由于实施垄断行为的主体基本上都是具有市场支配地位的经营者,在交易时,消费者往往处于明显的劣势地位。我国公用企业滥收费用,强制交易等就是最典型滥用优势地位的行为。回到互联网产业上,我国互联网市场者尚属新兴市场,行内缺乏有力的竞争。滥用市场支配地位,侵犯消费者自主选择权的行为屡见不鲜。例如,在"北京掌中无限信息技术有限公司诉深圳市腾讯计算机系统有限公司垄断纠纷"案中,腾讯公司拒绝互联互通,强迫消费者只能使用其公司研发的即时通信软件"QQ"进行登录,这在一定程度上限制了消费者对于软件的选择权。虽然最终,法院的判决结果为:

> 关于限制用户选择权问题。消费者有权自主选择提供商品或者服务的经营者,自主选择商品品种或者服务方式,自主决定购买或者不购买任何一种商品、接受或者不接受任何一项服务。本案中原、被告在庭审中均确认移动即时通信产品用户可以同时在手机上安装原告PICA产品和被告移动QQ产品,两者并不冲突。原、被告上述产品没有互联互通并没有间接限制用户选择权和损害消费者的合法权益。

但我们可以看到腾讯公司这一行为确实已经在即时通信领域内限制了竞争,同时,最重要的是限制了用户的自主选择权。

为了更好地理解腾讯公司的垄断行为模式,以及对消费者的自主选择权的

---

① 王晓晔著:《王晓晔论反垄断法》,社会科学文献出版社2010年版,第67页。

损害模式。我们不妨结合"QQ与360之争"来进一步分析。腾讯公司在2010年11月与奇虎公司发生矛盾,为了排除竞争,腾讯公司要求用户在其产品QQ软件和奇虎公司的产品360安全卫士之间进行"2选1",腾讯还针对奇虎360发表《致广大QQ用户的一封信》,引发了被统称为"3Q体"的热潮。[①] 作为消费者,本来有权选择自己使用的软件,腾讯公司这样强迫用户进行选择的做法,直接侵害了消费者的自主选择权。腾讯公司之所以敢这样做,并且有信心能在这次斗争中获胜,主要是因为其拥有超过70%的市场份额,如此庞大的用户资源以及长期养成的依赖性和人际网络关系,导致即便目前市场上有各种各样的即时通信软件,由于迁移人际关系网络难度较大,用户往往只能被迫卸载掉奇虎公司的软件从而能够继续使用腾讯公司的软件。腾讯公司这样的行为,一方面违反了《消费者权益保护法》中规定的消费者的自主选择权,损害了用户利益;另一方面也违反了《反垄断法》中,拥有市场支配地位的企业不得滥用市场支配地位的原则。

(二)公平交易权

《消费者权益保护法》第10条规定:"消费者享有公平交易的权利。消费者在购买商品或者接受服务时,有权获得质量保障、价格合理、计量正确等公平交易条件,有权拒绝经营者的强制交易行为。"在互联网垄断案件中,垄断主体常常会利用其支配地位,在交易过程中对交易相对人提出不公平的条件,而消费者由于种种原因,往往只能被迫接受。例如,在"唐山市人人信息服务有限公司诉北京百度网讯科技有限公司垄断纠纷"案中,原告就诉称:

根据业界的相关报道及《中华人民共和国反垄断法》(以下简称《反垄断法》)第19条的规定,百度搜索已经具有了中国搜索引擎市场的支配地位。被告利用这种地位,对原告的网站进行屏蔽,给原告造成了巨大的经济损失,违反了《反垄断法》第17条的规定,构成滥用市场支配地位强迫原告进行竞价排名交易的行为。

本案是典型的侵害消费者公平交易权的案件。在本案中,百度公司通过"竞价排名"的手段,对搜索结果进行差别处理。使得没有进行竞价排名交易的网站不能在搜索结果上得到公平对待,从而导致相关网站在访问量上出现下降,造成利益受损。同时,百度的竞价排名制度也被指过多地人工干涉搜索结果,引

① 李宝珊、成晓丽:"网络流行体的'5W'解析",载《新闻世界》2012年第2期。

发公众质疑,并引来谷歌等搜索巨头的"围攻"。[①]百度搜索引擎作为我国最大的互联网搜索引擎,其搜索结果将会对相关经营者的利益产生重大影响。这事实上是在变相地强迫交易相对人进行竞价排名交易,严重侵害了消费者的公平交易权。

同样被指侵犯消费者公平交易权的还有"李方平与中国网通有限公司北京市分公司垄断纠纷"上诉案中的网通公司北京公司,虽然笔者在前文中已有分析,网通公司北京公司的差别对待是合理的商业行为,不属于滥用市场支配地位。但是,我们可以看到,网络基础服务提供商对消费者实施不同收费,也是一种互联网滥用市场支配地位侵犯消费者公平交易权的方式。

(三)知悉权

最后一种互联网垄断所侵犯的消费者权益为消费者的知悉权,这一权益受侵犯的情况较为特殊,本文中主要指搜索引擎使用竞价排名的方式,对搜索结果进行歧视性处理。这一行为导致用户在搜索时所获得的结果并非真实的排名结果,实际上是在产业链顶端控制了互联网用户的流向。正如法院判决书所说的:

> 自然排名是一种非营利搜索服务模式,被收录网站无须交纳任何费用,具体的排名顺序由百度网站所设定的算法规则决定。竞价排名是搜索引擎服务商的一种营利模式,客户付款的数额与排名的顺序直接相关,付款数额越多排名顺序越靠前。

这一行为事实上在一定程度上可以视为为搜索用户提供不真实的信息。这里我们出现了一个必须解决的问题,使用百度公司提供的免费服务的互联网用户算不算传统意义上的消费者?免费的搜索服务市场算不算传统意义上的相关市场呢?这点我们可以借助判决书中的一句话来解答:

> 搜索引擎服务商向用户提供的免费搜索服务不能等同于公益性的免费服务,它仍然可以通过吸引用户并借助广告等营销方式来获得现实或者潜在的商业利益。因此北京百度公司以免费提供搜索服务为由主张本案中不存在《反垄断法》意义上的相关市场,缺乏依据,法院不予支持。

因此,我们可以得知,在互联网活动中享受免费服务的消费者,也是我们日常理解的,互联网市场上的消费者。侵犯了网民的知悉权,事实上也就是侵犯了广大网络消费者的知悉权。

---

① 龙诗思:"李彦宏:从专注到求新",载《互联网周刊》2011年第23期。

四、我国涉消费者的互联网垄断案的司法难点

要保护好消费者的利益，关键是要对经营者的垄断行为进行认定，否则后续的一切保护手段都无法展开。我国目前的互联网垄断案件中消费者权益保护情况不尽如人意，很大部分原因是因为我国法院在对互联网垄断行为的认定上存在着一定困难。结合相关著作以及上述案件的判决结果，笔者作出了以下几点总结：

（一）相关市场界定困难

相关市场的界定是判断一个经营者是否具有市场支配地位的基础。而互联网市场作为一个新兴市场，具有开放性、虚拟性和技术性，①，在界定相关市场时往往具有其特殊的地方，其中与现实市场区别最大的一点就是互联网活动中存在着大量的"免费服务"。"免费服务"顾名思义，就是网络经营者为消费者提供服务，并且不需要消费者支付对价。由基础的网页浏览到衍生的搜索，多媒体以及空间储存等服务，"免费"充斥着互联网的每一个角落。前面已经讨论过，享受免费服务的消费者，也属于传统意义上的消费者。那么，在大量提供免费服务的这一互联网市场，能不能像传统的市场一样进行相关市场界定呢？我们可以看一下在"唐山市人人信息服务有限公司与北京百度网讯科技有限公司垄断纠纷"上诉案中，一审法院的判决理由：

"中国搜索引擎服务市场"是本案中《中华人民共和国反垄断法》（以下简称《反垄断法》）意义上的"相关市场"。搜索引擎服务商向用户提供的免费搜索服务不能等同于公益性的免费服务，它仍然可以通过吸引用户并借助广告等营销方式来获得现实或者潜在的商业利益。因此北京百度公司以免费提供搜索服务为由主张本案中不存在《反垄断法》意义上的相关市场，缺乏依据，法院不予支持。

可见，一审法院承认免费服务存在《反垄断法》意义上的相关市场。但是，当案件审理进入到二审阶段，二审法院却没有对这一观点表示认同，我们可以看到：

根据已经查明的事实，北京百度公司所经营的搜索引擎服务的对象不仅限于那些提出搜索请求的普通用户，还包括那些意图通过付费方式实现商业价值

① 刘大洪："论高科技时代民商法的创新"，载《佛山科学技术学院学报》（社会科学版）2003 年第 1 期。

的网站,因此其仅仅以普通用户免费搜索为由主张其提供的是免费的搜索引擎服务是缺乏事实依据的。

二审法院在对百度公司的服务进行市场界定时,并没有明确承认免费服务存在相关市场,而是以否认百度只存在免费服务的方式来否定百度公司的主张。同样是法院,为什么对一个问题作出不同的处理方式呢?笔者认为,主要是因为法院在判决时没有一个统一的标准来进行互联网相关市场范围的划分,难以确定一个产品的相关市场。如前文所述,互联网市场主要分为搜索引擎、即时通信、电子商务等若干个领域,但这些领域的划分也仅仅是某些机构的标准。事实上,我国无论是现行法律还是其他司法文件都没有就互联网领域划分作出具体规定。我国反垄断法传统上对于相关市场的划分主要是依据两点:一是相关的产品生产,即产品的竞争关系;二是相关地域市场,即被告产品的销售地理范围。两者需要考虑的均为产品的合理可替代性以及需求交叉弹性。① 而落实到互联网这一新兴市场,沿用这一划分方法是否合适呢?笔者认为不尽然,原因是:首先,免费产品虽然也存在着产品竞争,但在考虑合理可替代性以及需求交叉弹性时,却难以像现实市场一样有一个确切可供参考的价格数据进行分析。其次,在地域市场方面,互联网市场作为一个开放性、全球性的市场,在地域上划分往往存在着很大困难,这也为相关市场的划分增加了难度。

针对我国互联网管理存在的难题,我国工业和信息化部(以下简称工信部)起草了《互联网信息服务管理规定(征求意见稿)》(以下简称《意见稿》),正式对外征求意见,其中我们可以看到,这份文件对我国互联网市场的市场界定具有很好的指导意义。《意见稿》中的第2条规定:在中华人民共和国境内提供互联网信息服务及与服务相关的产品,应当遵守本规定。前文笔者提到一点,我国互联网垄断案件认定市场支配地位时,很大的一个困难就是对主体的认定。而本条就是针对这一情况而作出的一个规定。条文的对象主要针对的是"中华人民共和国境内"所"提供"的服务或者产品。可以看到,条文所规范的客体范围相当广泛,只要是在我国境内提供服务或产品的主体,理论上都必须受此规定的约束。但笔者认为,本条文在实施上存在着困难。互联网具有开放性、全球性,一个经营者在我国互联网市场提供服务,而法人注册或者服务所依赖的服务器在国外的情况相当普遍。要对这一部分经营者进行监管,显然不现实。因此,笔者认为,这一条文对客体的规定应该更加具体,使其在实施时更具可操作性。

---

① 王晓晔著:《王晓晔论反垄断法》,社会科学文献出版社2010年版,第164页。

(二) 滥用市场支配地位行为认定困难

如何认定一个经营者的行为属于滥用市场支配的行为呢？我国《反垄断法》第17条规定了滥用市场支配地位的7种情况。在实践中，人们主要使用市场结构标准，但也辅助其他因素，如影响企业竞争力的其他因素。那么，对于互联网这一特殊市场，我国法院在审理案件时是如何对滥用市场支配地位行为进行认定呢？我们看一下“李方平与中国网通(集团)有限公司北京市分公司垄断纠纷”上诉案中，法院对网通公司的行为作出了怎样的认定：

李方平虽主张网通北京分公司滥用市场支配地位的行为侵犯其合法权利，但其并未举证证明网通北京分公司具有市场支配地位。网通北京分公司出于经营安全的考虑，对于后付费固定电话客户范围进行合理限制具有正当理由，李方平的诉讼请求于法无据。

本案中，法院并不认为网通公司实施了滥用市场支配地位的行为。理由是网通公司行为具有正当性。笔者认为本案中的判决关键在于举证责任的所在，我国《民事诉讼法》第64条第3款规定，“当事人对自己提出的主张，有责任提供证据”，即“谁主张，谁举证”[①]的原则，特殊的举证责任倒置必须在法律条文上明确规定。但是，本案中对于相关市场的界定，是否适用“谁主张，谁举证”这一原则呢？笔者认为不尽然。首先，垄断案件中，被告往往是在行业内具有市场支配地位的大企业，自然人作为当事人的一方，由于本身的个体性以及分散性，[②]在诉讼能力、信息收集等方面上必然处于劣势。例如，本案中，法院要求原告承担界定相关服务市场的责任，作为一个普通的消费者，只具有有限的知识以及信息收集能力，往往不具有能够清晰界定相关市场的能力。而不能承担这一责任，消费者只能接受其带来的不利后果，也就是不能够证明被告经营者实施了滥用市场支配行为。对于这样的情况，笔者有以下观点：一方面，证明涉案相关市场的责任，笔者认为不属于举证责任的范畴，不应该由处于劣势地位的消费者承担这一证明义务。另一方面，法院应该因人而异，在双方当事人地位明显不平等的情况下，应该发挥主观能动性，对一些必须证明的内容主动进行调查，而不是消极依赖当事人。

我们再看《意见稿》第5条，该条文有6项，主要针对互联网经营者侵犯其他

---

① 彭水兰、肖日栋：“行政不作为诉讼举证责任之思考”，载《法制与经济(上旬)》2012年第2期。

② 李际均：“信息制胜与不战屈人之兵的辨析”，载《解放军报》2005年6月21日。

互联网信息服务提供者合法权益的行为。显然,这是工信部对近期的“3Q”之争所作出的官方回应。这实际上也是对互联网中的滥用支配地位行为进行规制。在本条中,我们可以看到《意见稿》将互联网经营者产品间的不正当竞争行为划分得非常详细,而其中与消费者利益关系最密切的莫过于对于软件间不兼容的规定,因为这直接关系消费者的自主选择权。条文中规定,恶意实施不兼容或者正当但未经提醒的不兼容行为都属于侵犯其他经营合法权益的行为。对于上述的禁止行为,笔者当然同意。但是,笔者认为,除了这两种,对于正当的不兼容行为,在《意见稿》中也应该加以限制,以避免被恶意利用。例如,对于正当的不兼容行为,应该分为在客观上不能实现兼容和主观上的不兼容。在都属正当的情况下,要对后加增加限制,以及赋予相应的责任,防止被滥用。

(三) 消费者的司法救济困境

我国的《反垄断法》第50条规定了经营者实施垄断行为,给他人造成损失的,依法承担民事责任。前文说过,由于互联网垄断案件的救济效果不理想,很多情况下哪怕通过了司法途径,还是没能够获得应有的赔偿,而获得损害赔偿是私人实施《反垄断法》的最主要利益驱动方式,[①]因此消费者往往放弃司法救济。我国司法救济不力,主要是因为难以确定责任者,前面已说过,《意见稿》中的第2条已经对互联网主体作了一个定义,这能够在责任者确定上给予很好的参考。

除了确定责任者,互联网垄断案件中消费者的司法救济困境还体现在对消费者所受损利益种类的认定。前文已经提到,我国互联网垄断中消费者受损的利益主要有三种,但事实上并没有明文作出规定。这点体现到审判上就是法官在案件判决时只能通过自身判断,没有一个统一的标准。针对这一情况,《意见稿》中也作出了相关规定。《意见稿》的第8~10条,这三条都涉及互联网活动中的消费者利益保护。也算是对我国《消费者权益法》的一个补充。三个条文中涉及了消费者的公平交易权、知悉权、自主选择权等与互联网垄断息息相关的基本权利。可以看到,更好地保护消费者权益是《意见稿》制定的一个重要目的,三个条文中对用户日常的互联网应用,包括软件安装、运行、升级、卸载等操作进行了详细规定。这对于互联网活动中的消费者保护确实是一个重要进步。

五、结语

总的来说,我国互联网市场经历了10年的发展,旧的规定早已不能发挥作

---

① 谭金可、羊淑青:“我国消费者反垄断民事诉讼的困境与突破”,载《中国社会科学院研究生院学报》2012年第1期。

用。《意见稿》适应了形势的发展,十分必要和及时。当然,除了立法,要更好地实践互联网的反垄断,还需要政府做好正确引导,引入竞争打破垄断。司法机关也应该继续完善反垄断法律法规体系,通过加强反垄断的司法威慑力,营造良好的司法监督环境。行业自身也应放宽市场准入,对具有市场支配地位的企业进行监督。企业自身也应该重视自己的垄断地位,通过各种手段开放市场,以形成良好的行业竞争氛围,同时也能够提高企业形象,达到“双赢”。

互联网的精神是自由,但是自由不意味着能够为所欲为。“我们认同自由、宽容的互联网精神,但我们更应该明白:宽容和自由绝不是肆意践踏他人的权利。”①垄断这个一直困扰着中国的问题,延伸到互联网市场更加凸显了自由与垄断的矛盾。垄断经营本来是经营者意思自治下的经营行为,但事实上,它的另一面就是对网络自由这一核心价值观的最大限制。一个健康的市场需要各方积极参与和配合,互联网内的消费者作为弱势群体,更加需要政府以及相关司法部门的关注,只有在各方利益达到平衡的情况下,市场才能真正服务于其参与者。

① 颉艳萍:“信息网络传播权与公民阅读权的冲突与协调——以‘百度文库’事件为例”,载《新世纪图书馆》2011年第11期。

沃尔玛公司收购纽海控股33.6%股权经营者集中反垄断的案例分析

施　凡*

一、案情介绍

(一)案由

2011年12月16日,商务部收到沃尔玛公司收购纽海控股33.6%股权的经营者集中申报。经审核,商务部认为该申报文件、材料不完备,要求申报方予以补充。2012年2月16日,商务部确认经补充的申报文件、资料符合《反垄断法》第23条的要求,对该项经营者集中申报予以立案并开始初步审查。

经初步审查,商务部认为此项集中对中国B2C网上零售市场可能具有排除、限制竞争效果。本案进入进一步审查延长阶段。2012年3月16日,商务部决定对此项集中实施进一步审查。2012年6月13日,经申报方同意,商务部决定延长进一步审查期限。

审查过程中,商务部征求了相关政府部门、行业协会和相关企业的意见,了解了相关市场界定、行业特征及未来发展趋势等方面信息,并对申报方提交的文件、资料的真实性、完整性和准确性进行了审核。①

---

* 华南师范大学法学院2011级法学本科生。

① 参见《关于附加限制性条件批准沃尔玛公司收购纽海控股33.6%股权经营者集中反垄断审查决定的公告》(商务部公告2012年第49号)。

(二)基本事实

根据商务部2012年第49号公告显示,2011年11月24日,沃尔玛公司及其全资子公司GEC 2 PTE. LTD.与纽海控股、纽海控股的售股股东中国平安保险海外(控股)有限公司、美国自然人于刚先生,澳大利亚自然人刘峻岭先生,纽海控股的全资子公司新岗岭有限公司(以下简称纽海香港)及新岗岭香港的全资子公司纽海信息技术(上海)有限公司(以下简称纽海上海),以及上海益实多电子商务有限公司(以下简称益实多)及其售股股东深圳市平安创新有限公司签订了《购股协议》。

根据该协议,沃尔玛公司将通过其全资子公司GEC 2对纽海控股的持股比例从17.7%增加至51.3%。纽海控股将通过全资子公司新岗岭香港和纽海上海持有益实多的网上购物平台"1号店"(以下简称益实多1号店)的网上直销业务。交易完成后,沃尔玛公司将成为纽海控股的控股股东,并通过纽海控股取得对益实多1号店网上直销业务的控制权(见图1)。

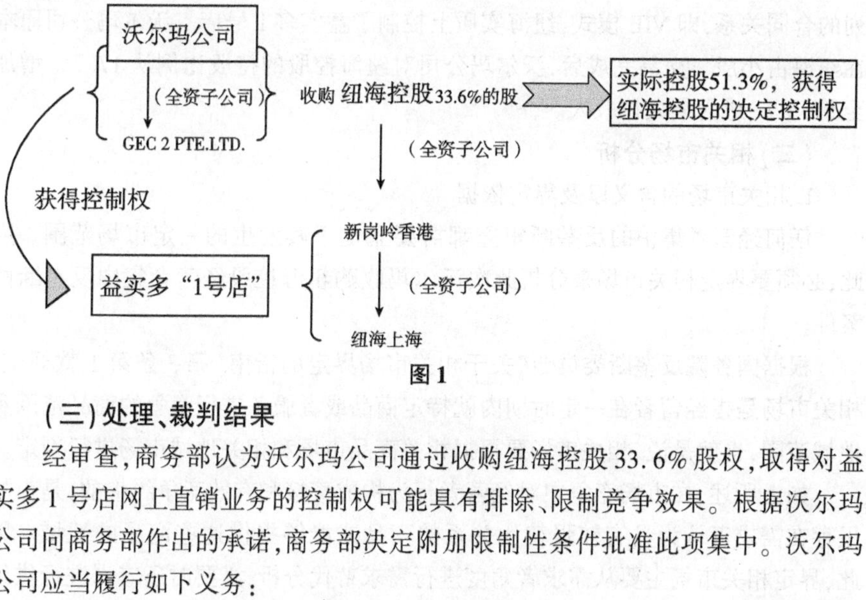

图1

(三)处理、裁判结果

经审查,商务部认为沃尔玛公司通过收购纽海控股33.6%股权,取得对益实多1号店网上直销业务的控制权可能具有排除、限制竞争效果。根据沃尔玛公司向商务部作出的承诺,商务部决定附加限制性条件批准此项集中。沃尔玛公司应当履行如下义务:

(1)纽海上海此次收购,仅限于利用自身网络平台直接从事商品销售的部分。

(2)在未获得增值电信业务许可的情况下,纽海上海在此次收购后不得利用自身网络平台为其他交易方提供网络服务。

(3)本次交易完成后,沃尔玛公司不得通过VIE架构从事目前由益实多运营的增值电信业务。①

二、法律问题及研究思路

本文涉及的主要是反垄断法中,相关市场应该怎么认定的问题?依据相关市场认定的依据,本次收购案件中沃尔玛与益实多1号店是否属于同一相关市场?该市场涉及的范围是否是B2C网上零售市场?沃尔玛是否有可能将线下实体经营的优势转移到线上网络销售,并以此占据市场优势地位?商务部对此次经营者集中申报的附加限制性条件产生的影响和作用?

三、案情评析

(一)主体介绍

纽海控股是一个离岸公司,同时在境内有子公司。益实多1号店是家中国公司,持有经营电讯增值业务的许可证(VATS)进行网上直销业务。通过一系列的合同关系,即VIE模式,纽海实质上控制了益实多1号店。沃尔玛公司原本在纽海占小股。交易完成后,沃尔玛公司对纽海控股的持股比例从17.7%增加至51.3%,成为最大控股人。②

(二)相关市场分析

1.相关市场的含义以及界定依据

任何经营者集中的反垄断审查都需要立足于其发生的一定市场范围。因此,必须要界定相关市场来分析此次沃尔玛收购纽海控股经营者集中反垄断的案件。

根据国务院反垄断委员会《关于相关市场界定的指南》第3条第1款规定,相关市场是指经营者在一定时期内就特定商品或者服务进行竞争的商品范围和地域范围,也就是说,相关市场要根据相关商品市场和相关地域市场进行判定。

如上所述,在市场竞争中对经营者行为构成直接和有效竞争约束的,是市场里存在需求者认为具有较强替代关系的商品或能够提供这些商品的地域。因此,界定相关市场主要从需求者角度进行需求替代分析,必要时还应当进行供给

---

① 参见《关于附加限制性条件批准沃尔玛公司收购纽海控股33.6%股权经营者集中反垄断审查决定的公告》(商务部公告2012年第49号)。

② 郭素平:"商务部附加限制性条件批准沃尔玛公司收购纽海控股股权的法律意义",载http://hk.lexiscnweb.com/clr/view_article.php?clr_id=70&clr_article_id=889。

替代的分析。①

(1)相关商品市场

在判定相关市场的时候,首先要判断相关商品市场,才能在此基础上进一步从空间上判断是否属于同一地域市场。

相关商品市场是根据商品的特性、用途及价格等因素,由需求者认为具有较为紧密替代关系的一组或一类商品所构成的市场。这些商品表现出较强的竞争关系,在反垄断执法中可以作为经营者进行竞争的商品范围。②

从需求替代的角度分析,还可以把相关商品市场具体分为相同产品市场和相似产品市场。相同产品市场顾名思义就是两个完全相同并具有竞争关系的产品所构成的市场。相似产品市场实际上是由商品的可替代性决定的。如果说一个用来替代的产品与原产品在用途、价格、质量等方面相近,并且在现有状况不变的情况下,消费者会用它来代替原产品,那么该替代品与原产品之间就具有替代性,两者便同属于一个商品市场。

本案中的益实多1号店是目前中国最大的网上超市,其销售商品涉及食品饮料、美容护理、厨卫清洁、电器等10大类,共计10万多种商品。而沃尔玛公司是一家世界性连锁企业,主要经营其遍布全球的连锁超级市场,进行零售兼批发业务,其商品范围涵盖众多,涉及的商品从食品、烟酒、家庭护理用品等日常快消品到家具、工艺美术品等。益实多1号店和沃尔玛,一个是线上超市;另一个是实体超市。两者的商品范围高度一致。当然沃尔玛作为一个覆盖全球、历史悠久的企业,它的发展比1号店更具规模,其商品范围自然比1号店更为广泛。

(2)相关地域市场

相关地域市场是界定相关市场的第二个要素。国务院反垄断委员会《关于相关市场界定的指南》第3条第3款规定,相关地域市场是指需求者获取具有较为紧密替代关系的商品的地理区域。也就是说,相关地域市场是具有相同商品或者相似商品相互竞争的空间范围。这些地域表现出较强的竞争关系,在反垄断执法中可以作为经营者进行竞争的地域范围。

而在实践中,企业的销售范围一般就等同于地域市场的范围。沃尔玛于1996年进入中国,在深圳开设了第一家沃尔玛购物广场和山姆会员商店。2002年在深圳设立了沃尔玛全球采购中心总部。经过10多年的快速发展,沃尔玛已

① 参见国务院反垄断委员会《关于相关市场界定的指南》第4条第2款。
② 参见国务院反垄断委员会《关于相关市场界定的指南》第3条第2款。

经在全国20多个省的90多个城市开设了超过180家的商场,其中沃尔玛购物广场占绝大多数,有少量的山姆会员店和沃尔玛社区店。[①] 由此可见,沃尔玛在中国面向的是整个国内市场。

另外,益实多1号店属于电子商务领域,因为网络交易不受地域和时间的限制,相对于沃尔玛这种实体经营的传统经济,网络交易导致界定相关市场的地域范围确定困难。因此可以说,网络交易面向的市场是全球市场。但是根据益实多1号店的现实的供货范围以及消费者对其的熟知程度,可以发现1号店面向的是中国国内的消费者,所以将本案中的相关地域市场定位为中国市场比较恰当。

2. 沃尔玛收购案相关市场的判定

商务部的竞争分析认为:"益实多1号店业务范围包括网上直销业务和增值电信业务。根据双方经营范围、经营模式及特点、需求和供给替代等方面因素,商务部认为B2C网上零售市场为相关商品市场。同时,考虑到消费习惯、运输、关税等因素,相关地域市场为中国市场。"[②]

从1号店的业务范围来看,它和绝大多数网购公司一样,从事着两种业务:(1)网上直销自己的产品,即从供应商处购入商品,省略中间商的环节,由商家在网上面向客户进行在线销售,直接从客户处接受订单;(2)增值电信业务,即给第三方公司提供网络平台以便第三方公司入驻,在该平台上销售产品。网上直销业务与增值电信业务相比,网上直销业务像一个超市,只有一个商家,只销售自己的产品;而增值电信业务则是提供一个平台,让其他小商家入驻其中进行销售,如同现实中的集市。

电子商务按照交易对象进行分类可以分为B2B模式、B2C模式、B2C模式、C2C模式四种基本交易模式,并由此派生出C2B、G2B等其他电子商务模式。其中B2C,是Business-to-Customer(商家对顾客)的缩写,顾名思义就是指企业与消费者之间的电子商务。详细地说,B2C电子商务是企业通过互联网向个人网络消费者直接销售产品和提供服务的经营方式,即网上零售。按照1号店的商品种类和经营形式,可以确认其属于综合类B2C电子商务和没有离线商店的虚拟零售企业。B2C电子商务是普通消费者广泛接触的一类电子商务,也是电

---

① 姚国章:"从沃尔玛看传统零售商的电子商务发展转型",载《南京邮电大学学报》(社会科学版)2011年3月。

② 参见《关于附加限制性条件批准沃尔玛公司收购纽海控股33.6%股权经营者集中反垄断审查决定的公告》(商务部公告2012年第49号)。

子商务应用最普遍、发展最快的领域。B2C电子商务由几个基本部分组成:为顾客提供在线购物场所的网上商场,负责为客户所购商品进行配送的物流配送系统,负责顾客的身份确认,贷款结算的银行和认证系统。[①] B2C交易模式是网上直销业务的表现方式。而网上直销业务是益实多1号店的主营业务,因此本案中的相关市场应为位于中国境内的B2C网上零售市场。

除了B2C网上零售市场之外,商务部还对本案可能涉及的中国增值电信业务市场进行了延伸调查。商务部调查认为,并购后实体如通过益实多1号店进入增值电信业务市场,将有能力依托现有实体零售市场与网上零售业务的综合竞争优势迅速扩展业务,在增值电信业务市场取得优势地位,实质性增强其对网络平台用户的议价权,从而在中国增值电信业务市场可能具有排除或限制竞争效果。

(三)强强联合,市场优势地位的增强:

1. B2C网上零售市场

B2C中主要影响用户选择的因素有价格、服务、库存、速度以及用户体验。低价竞争是所有网上购物网站经营的典型手段——通过价格优势来吸引更多用户,占有市场份额。无论是实体零售还是网上零售,价格要素都是最重要的核心竞争力。由于互联网的原因,用户在网上进行商品的选购十分方便,不像实体超市会因为区域的原因而各有生存空间,因此网上零售业的"价格战"尤为激烈。

研究沃尔玛的经营模式可以发现,沃尔玛一直坚持"天天平价"的策略。沃尔玛的采购网络遍布全球,且直接向厂家进货,免去中间商的环节,缩短了供应链,降低采购成本。不同于其他的B2C零售网站,益实多1号店的经营商品多为快消品和日用消费品,跟线下主营食品百货类的沃尔玛一拍即合,有利于沃尔玛将线下的价格优势转化为线上优势,增加自己的营业额,打击竞争对手。

其次,进行过网上购物的人都知道,物流配送是影响用户选择重中之重,人们进行网购讲究是时效性,商品送达时间越快越好。沃尔玛作为传统零售"巨擘"拥有出色的采购、物流等供应链管理能力与经验。

早在20世纪70年代末,沃尔玛就建立起了计算机配售体系,从计算机开出订单到商品上柜,就比竞争对手平均要快3天,节省成本2.5%以上。沃尔玛公司的计算机控制中心是一座外观形同体育馆的庞然大物,规模在美国仅次于美国国防部的五角大楼,甚至超过了联邦航天局。该系统与4000多家供货商实现

① 姚春荣、刘利华主编:《电子商务概论》,武汉大学出版社2009年版,第60页。

计算机联网,沃尔玛甚至利用自己掌握市场的优势,要求相关的供货商实现与沃尔玛同步的计算机管理,以做到"即时销售、即时生产",大大压缩了产品补给的时间成本。为了全面提高企业管理和运作的效率,沃尔玛公司还专门投入4亿美元的巨资委托美国休斯公司发射了一颗商用卫星,用于全球店铺的信息传送与运输车辆的定位及联络。沃尔玛公司的运输卡车全部装备了卫星定位系统,可以高效合理地安排运力和路程,以避免浪费、降低成本、提高效率,最大限度地发挥运输潜力。可以想象,要合理调度如此规模的商品采购、库存、物流和销售管理,没有现代信息通信技术的支撑是根本不可能的。①

益实多1号店则曾独立研发过多套具有国际领先水平的电子商务管理系统,在国内申请了多项专利技术并获得了124个软件著作权。物流仓储上,沃尔玛在美国的成功经验是先建配送中心,再围绕配送中心开店,保证物流配送半径最短、效率最快;目前益实多1号店拥有北京、上海、广州、武汉、成都5个仓储中心,在全国34个城市建有130多个自配送中心;2012年计划在内地二线城市再扩建5个仓储中心,加速全国布局。② 如果沃尔玛的一整套先进、高效的物流和供应链管理系统与益实多1号店的电子商务资源二者合一,其在物流速度方面也会更具竞争力。

除此之外,因为互联网是虚拟的,并不需要场地来容纳商品。但实际上商品需要备货、储存,从而产生了仓储费用,这也会转化为商品的成本。商品储备过多,仓储成本势必提高,而且有可能会出现商品滞销跌价的风险;商品储备过少又容易出现缺货现象。而沃尔玛的信息技术在减少库存并保持货架充实率方面也显著领先于其他零售商,可以为达到两者间平衡提供有力的帮助。

服务要素则同样是因为互联网的便利,使用户在进行线上购物的时候缺少选择成本,所以消费者在要求价格便宜的同时还期望有优质的服务。但是两者兼具的前提是B2C商家已经具有了一定规模,有足够的利润和资金达到消费者的期待标准。益实多1号店在被收购之前就在其服务方面有所作为,沃尔玛的加入更是如虎添翼。

另外,经过本次收购,沃尔玛的品牌效应也可以充分发挥其优势,成为消费者线上选择商品的有利因素。

---

① 姚国章:"从沃尔玛看传统零售商的电子商务发展转型",载《南京邮电大学学报》(社会科学版)2011年3月。

② 林瑞明:"沃尔玛:吃掉1号店的企图",载《新领军》2012年5月1日。

2. 增值电信市场

根据《电信条例》第8条第2款规定：增值电信业务，是指利用公共网络基础设施提供的电信与信息服务的业务。其所附的电信业务分类目录中增值电信业务包括：(1)电子邮件；(2)语音信箱；(3)在线信息库存储和检索；(4)电子数据交换；(5)在线数据处理与交易处理；(6)增值传真；(7)互联网接入服务；(8)互联网信息服务；(9)可视电话会议服务。

笔者认为，本案中所谓的增值电信业务，具体是指按照C2C(consumer to consumer)交易模式进行的网络交易，即消费者与消费者之间的电子商务，而益实多1号店在其中的角色是电子商务交易平台提供商。在C2C模式中，电子商务交易平台提供商扮演者举足轻重的角色。首先，平台提供商为买卖双方提供技术支持服务，包括帮助建立个人店铺，发布商品信息，提供制度手段等；其次，交易平台汇集了大量商务信息，将买卖双方聚集在一起；最后，平台提供商往往还担负监督和管理的职责，负责对交易行为进行监控，对买卖双方的诚信进行监督和管理。①

2012年5月，益实多1号店副总裁曾透露：益实多1号店拥有2000多家签约"入驻商户"通过益实多1号店网站平台进行销售，且以每月新增500家左右的速度持续增长。② 虽然益实多1号店没有公布与该业务相关的具体销售业绩，但是其经营中的确存在着一定分量的增值电信业务。根据2013年3月电商流量排名，C2C和B2C流量占比分别为66%和34%③。可见开展增值电信业务，益实多1号店将具有更强大的营利能力。而沃尔玛作为零售业巨子，也有能力依托现有实体零售市场与网上零售业务的综合竞争优势迅速扩展业务，在增值电信业务市场取得优势地位。

但数据同时显示66%的C2C中，淘宝依然以霸主姿态稳居第一，占据了97.5%的份额。④ 被沃尔玛收购的益实多1号店想在C2C市场中占据一定的市场份额绝非易事，需要长期的发展和积累。沃尔玛不可能仅仅通过收购益实多1号店就能在C2C市场上获得绝对优势地位，对其他的竞争者构成排除或限制竞争效果，但是针对沃尔玛强大的实体经营实力，以及将其转化为线上优势的可能性，商务部应当对此次收购中涉及的增值电信业务对沃尔玛进行限制。

---

① 杨坚争、杨立钒著：《电子商务基础与应用》，西安电子科技大学出版社2012年版，第22页。

② 数据载 http://tech.163.com/12/0524/20/82A07NAT000915BF.html。

③ 数据载 http://www.linkshop.com.cn/web/archives/2013/249858.shtml。

④ 数据载 http://www.linkshop.com.cn/web/archives/2013/249858.shtml。

(四)附加限制性条件分析

1. 两大业务只得其一

对于沃尔玛此次收购,从商务部附加的第一个限制性条件中可以看出其明确禁止沃尔玛控制益实多1号店的增值电信义务,仅限于利用自身网络平台直接从事商品销售的部分。这说明,纽海控股及沃尔玛不能利用自身的网络平台为第三方公司提供服务,成为像淘宝那样的集市平台,而只能是一个B2C网上直销的平台。这些限制性规定使沃尔玛网络直销和增值电信两大业务只得其一,绑住了益实多1号店及沃尔玛在中国电商市场的手脚。

2. 强调增值电信业务许可制度

除此之外,附加限制性条件的第2条、第3条也强调了沃尔玛不得进行增值电信业务。并且第二个条件中写明了"纽海上海在未获得增值电信业务许可的情况下,不得利用自身网络平台为其他交易方提供网络服务"。

根据《电信条例》第9条第2款和第3款规定:经营增值电信业务,业务覆盖范围在两个以上省、自治区、直辖市的,须经国务院信息产业主管部门审查批准,取得《跨地区增值电信业务经营许可证》;业务覆盖范围在一个省、自治区、直辖市行政区域内的,须经省、自治区、直辖市电信管理机构审查批准,取得《增值电信业务经营许可证》。运用新技术试办《电信业务分类目录》未列出的新型电信业务的,应当向省、自治区、直辖市电信管理机构备案。

也就是说,如果沃尔玛想获得从事电信增值业务的资格,则它必须向工信部申请许可证,即使收购了益实多1号店也不能逃避这道程序直接开展电信增值业务。可见,商务部是为了防止开创先例,假如无条件地通过了沃尔玛的并购申请,除了可能使其取得增值电信市场的优势地位,还会让其规避了增值电信业务许可制度,导致日后的申请者依据此例通过公司合并来逃避工信部的审批。

3. 对于VIE架构的限制

沃尔玛公司并购一案的第三个条件是,在合并之后,沃尔玛公司不得通过VIE架构从事益实多1号店正在运营的电信增值业务。VIE,全称为variable interest entities,即可变利益实体,指投资企业持有具有控制性的利益,但该利益并非来自于多数表决权。VIE结构通常是境外有特殊目的的企业通过其在国内的全资子公司以协议控制的方式,控制一家内资公司,是企业为规避政府的外商投资产业限制政策而发明的。

尽管批准本身并没有明确地表明VIE架构是违法的,但是这次有条件的批准却开启了中国政府包括商务部采取更多的措施或规则对VIE架构在中国的传播予以限制的先例。如果未来这种措施延伸到外汇管理、税收和外商直接投资等领域，VIE架构的存活可能面临更大的挑战。因此，所有的投资者需要在这一方面予以警觉，需要在它们未来的交易中找到更加谨慎和可适用的方法来设计它们的交易架构。①

① 郭素平："商务部附加限制性条件批准沃尔玛公司收购纽海控股股权的法律意义"，载http://hk.lexiscnweb.com/clr/view_article.php? clr_id=70&clr_article_id=889。

华为诉美国 IDC 公司垄断纠纷案

胡韵斐*

华为诉美国 IDC 公司垄断纠纷案被称为“中国标准必要专利反垄断纠纷第一案”，涉及多个法律问题：第一，涉外反垄断案件的管辖问题；第二，“标准必要专利”的性质；第三，必要专利许可的相关市场界定；第四，被告是否具有市场支配地位以及其是否滥用了市场支配地位。此外，本案开创性地在判决中适用了 FRAND 原则，对解决此类问题具有重大意义，值得关注。

一、案情概况

2011 年 12 月 6 日，华为技术有限公司（以下简称华为公司）向深圳市中级人民法院起诉，以美国 IDC 公司（Inter Digital Group of Campanies，中文翻译为交互数字集团，下称 IDC 公司）滥用市场支配地位为由提起反垄断诉讼，请求法院判令美国 IDC 公司停止垄断行为，并索赔人民币 2000 万元，此案被称为“中国标准必要专利反垄断纠纷第一案”。在该案的判决中，法院开创性地适用了 Frand 原则，引起国际社会广泛关注。2013 年 10 月 29 日，广东省高级人民法院对该案作出终审判决，判决美国 IDC 公司构成垄断，赔偿华为公司 2000 万元。

* 华南师范大学法学院 2011 级法学本科生。

(一)基本案情

本案原告华为公司是一家生产销售通信设备的民营通信科技公司。本案被告有三个,即被告方交互数字技术公司、交互数字通信有限公司和IDC公司(IDC公司旗下有交互数字技术公司、交互数字通信有限公司、交互数字专利控股公司和IPR许可公司等子公司)。三被告方存在人员混同情况,且实际控制人和管理团队相同,对外统称为"Inter Digital Group"(交互数字集团)。

原告在起诉前曾与被告方就标准必要专利许可进行谈判,但对于专利许可使用费问题谈判未果。被告方曾在美国特拉华州法院、美国国际贸易委员会起诉原告必要专利侵权。原告在本案一审中提出,认为被告在3G无线通信标准必要专利许可市场中具有市场支配地位。[①] 与苹果、三星等公司相比,被告对其标准必要专利的许可使用费存在过高定价和歧视性定价行为;[②]被告还要求原告将原告全球所有的专利无偿许可给被告方,这属于附加不合理交易条件的行为;[③]被告方提出将其标准必要专利和非标准必要专利、2G、3G、4G标准必要专利、全球专利打包许可,这属于搭售行为;在双方谈判过程中,被告突然在美国联邦法院和美国国际贸易委员会同时起诉原告,本质上是拒绝与原告进行交易的行为。上述滥用行为不仅损害了竞争秩序,也对华为公司造成实质损害,并威胁华为公司在相关市场的正常运营,已构成垄断民事侵权。

对此原告诉请法院要求被告方立即停止垄断民事侵权行为,包括停止差别定价行为、搭售行为、附加不合理交易条件行为以及拒绝交易行为,并连带赔偿华为公司经济损失2000万元。被告IDC公司则上诉称原审法院的裁定认定事实、适用法律错误,并且对原审法院关于本案具有管辖权提出了异议。

(二)处理结果

广东省高级人民法院对此案作出终审判决,维持原审法院关于驳回交互

---

① 市场支配地位是指:经营者在相关市场内具有能够控制商品价格、数量或者其他交易条件,或者能够阻碍、影响其他经营者进入相关市场能力的市场地位。

② 价格歧视(price discrimination)是指:实质上是一种价格差异,通常指商品或服务的提供者在向不同的接受者提供相同等级、相同质量的商品或服务时,在接受者之间实行不同的销售价格或收费标准。经营者没有正当理由,就同一种商品或者服务,对若干买主实行不同的售价,则构成价格歧视行为。价格歧视是一种重要的垄断定价行为,是垄断企业通过差别价格来获取超额利润的一种定价策略。

③ 搭售和附加不合理交易条件的行为是指:经营者利用其经济优势,违背交易相对人的意愿,在提供商品或服务时,搭售其他商品或附加其他不合理交易条件的行为。

技术公司、交互通信公司、交互数字公司提出的管辖权异议的裁定。认为上诉人交互数字技术公司、交互数字通信有限公司、交互数字专利控股公司的上诉理由不成立。依照《民事诉讼法》第38条、第152条、第154条的规定,裁定驳回上诉,维持原审裁定,判定IDC公司构成垄断,赔偿华为公司2000万元人民币。

二、法律问题及分析思路

1.原审法院,即深圳市中级人民法院对本案是否有管辖权

专利侵权纠纷的第一审案件,由各省、自治区、直辖市人民政府所在地的中级人民法院和最高人民法院指定的中级人民法院管辖。本案三被告的住所地均在美国,属于涉外民事诉讼,因此,应适用涉外民事诉讼的规定来解决本案的管辖权问题。

2."标准必要专利"的法律属性是什么

"必要专利"的认定是技术标准实施和相关专利许可中的首要问题,法院在审理专利许可合同纠纷等案件的过程中有权对专利技术是否构成特定技术标准的"必要专利"作出事实认定,由此来判断被告方是否具有市场支配地位以及是否实施了滥用市场支配地位的行为。

3.应如何界定本案相关市场的范围

相关市场是指经营者就一定的商品或者服务从事竞争的范围或者区域,主要包含了相关商品市场和相关地域市场两个要素。界定相关市场是反垄断执法的关键步骤,直接影响甚至决定着反垄断案件的处理结果。对相关市场的界定,主要取决于商品或服务市场的可替代程度,可以基于商品的特征、用途、价格等因素进行需求替代分析,必要时进行供给替代分析。

4.为什么要适用FRAND原则

在进行必要专利的授权许可谈判时,必要专利权人掌握其必要专利达成许可条件的信息,而谈判的对方不掌握这些交易信息,由于双方信息不对称,故必要专利许可合同交易的实现,依赖于必要专利权人在合同签订、履行时均应遵循公平、合理、无歧视的原则,因此要适用FRAND原则。

三、法律分析

1. 管辖权与域外效力

《民事诉讼法》第28条、①第259条、②第265条③以及最高人民法院《关于适用〈中华人民共和国民事诉讼法〉若干问题的意见》第28条④对涉外民事诉讼的管辖问题作出了规定。对于在中华人民共和国领域内没有住所的被告方提起的诉讼,合同签订地、合同履行地、诉讼标的物所在地、可供扣押财产所在地、侵权行为地或者代表机构住所地人民法院均可能具有管辖权。三被告的住所地均在美国,且本案的标的专利是与国际标准相关的全球专利组合,因此被告方于其间曾提出管辖权异议,但这一异议随后被法院裁定驳回。法院认为,原告华为公司的住所地在中国广东深圳,其产品会出口到美国,故被告方对原告的标准必要专利授权许可行为可能会对原告出口产品的市场竞争行为产生排除、限制性影响,因此原审法院作为侵权结果发生地法院对本案具有管辖权。

关于本案是否应该由北京市有管辖权的法院管辖的问题,北京市只是涉案专利的授予地、相关技术标准的颁布地、涉案证据的保全地,均不属于《民事诉讼法》第265条规定的管辖权连接点,因此不应由北京市有管辖权的法院管辖。

2. 关于"标准必要专利"

本案涉及的专利是有关3G的技术标准。所谓标准是指为在一定的范围内获得最佳秩序,经协商一致制定并由公认机构批准,共同使用的和重复使用的一种规范性文件。技术标准是指对一个或几个生产技术设立的必须得符合要求的条件以及能达到此标准的实施技术。技术标准实质上是一种统一的技术规范,能保障重复性的技术事项在一定范围内得到统一,以保证产品或服务的互换性、

---

① 《民事诉讼法》第28条规定:"因侵权行为提起的诉讼,由侵权行为地或者被告方住所地人民法院管辖。"

② 《民事诉讼法》第259条规定:"在中华人民共和国领域内进行涉外民事诉讼,适用本编规定。本编没有规定的,适用本法其他有关规定。"

③ 《民事诉讼法》第265条规定:"因合同纠纷或者其他财产权益纠纷,对在中华人民共和国领域内没有住所的被告方提起的诉讼,如果合同在中华人民共和国领域内签订或者履行,或者诉讼标的物在中华人民共和国领域内,或者被告方在中华人民共和国领域内有可供扣押的财产,或者被告方在中华人民共和国领域内设有代表机构,可以由合同签订地、合同履行地、诉讼标的物所在地、可供扣押财产所在地、侵权行为地或者代表机构住所地人民法院管辖。"

④ 最高人民法院《关于适用〈中华人民共和国民事诉讼法〉若干问题的意见》第28条规定:"民事诉讼法第二十九条规定的侵权行为地,包括侵权行为实施地、侵权结果发生地。"

兼容性和通用性,从而降低生产成本并消除消费者的"替换成本"以保护消费者的利益,并促进技术进步。① 标准能成为自主创新的技术基础,源于标准制定者拥有标准中的技术要素、指标及其衍生的知识产权。它以原创性专利技术为主,通常由一个专利群来支撑,通过对核心技术的控制,很快形成排他性的技术垄断,尤其在市场准入方面,它可采取许可方式排斥竞争对手的进入,达到市场垄断的目的。专利与技术标准结合后,经营者欲实施标准,必然要实施某专利技术,即标准必要专利。如实施标准时必然要实施某专利技术的某项权利要求,则该权利要求通常被称为标准必要专利权利要求。在专利制度的背景下,产品的制造商本来可以自由地选择可以实现特定效果的技术,也就有可能规避专利技术,但标准的制定就可能导致产品制造商必须使用某一专利技术,使专利技术规避不再可能。② 这意味着,当技术标准采用专利技术,从而使该专利技术成为必要专利以后,实施技术标准就意味着同时要实施专利技术,由于专利技术具有垄断性,因此,技术标准与专利技术的结合使专利的垄断性因技术标准的锁定效应而大大加强。一旦专利技术被采入相关的技术标准,产品的制造商为了使产品符合技术标准就不得不使用该专利技术,也就是产品的制造商也就不得不向专利人寻求专利许可。从专利人的角度看,当专利技术被纳入标准后,该专利技术是产品的制造商唯一且必须要使用的技术,于是专利权人成为该必要专利许可市场的唯一供给方。③

3. 本案相关市场范围的界定

原告主张的相关地域市场是中国市场和美国市场,相关商品市场是被告方在3G无线通信技术中的WCDMA、CDMA2000、TD-SCDMA标准下的每一个必要专利许可市场构成的集成束,即被告方在中国和美国的3G无线通信技术标准(WCDMA、CDMA2000、TD-SCDMA)中的每一个必要专利许可市场,均构成一个独立的相关市场,本案的相关市场是该一个个独立相关市场的集合束。

在标准技术条件下,每一个3G无线通信领域内的必要专利许可市场,均是

---

① 吴广海著:《专利权行使的反垄断法规制》,知识产权出版社2012年版,第318~319页。

② 马海生著:《专利许可的原则——公平、合理、无歧视许可研究》,法律出版社2010年版,第8页。

③ 叶若思、祝建军、陈文全:"标准必要专利权人滥用市场支配地位构成垄断的认定——评华为公司诉美国IDC公司垄断纠纷案",载《电子知识产权》2013年第3期。

唯一和不可替代的。原告与被告交互数字技术公司均是欧洲电信标准化协会[①]的成员。被告方向 ETSI 声称的必要专利和专利申请,包括在美国的专利权和专利申请权,以及在美国的相应同族专利权和专利申请权。被告方在 ETSI 声称的必要专利,对应中国电信领域的移动终端和基础设施之技术标准,对中国的标准使用人而言亦属于必要专利。同时,原告对被告方在中国和美国享有 3G 标准必要专利不持异议。鉴于此,能够认定被告方在中国和美国拥有 3G 标准必要专利。被告方对中国必要专利的授权许可,依法应受我国《反垄断法》的调整,同时,由于原告的生产活动主要在中国深圳,其产品会出口到美国,故被告方对原告关于 3G 标准必要专利的授权许可行为,可能会对原告出口的产品的市场竞争行为产生排除、限制性影响,根据《反垄断法》第 2 条[②]对《反垄断法》适用的规定,被告是我国《反垄断法》调整的适格主体。

对相关市场的界定,主要取决于商品或服务市场的可替代程度。在标准技术条件下,每一个 3G 无线通信领域内的必要专利许可市场,均是唯一和不可替代的[③]。本案被告方拥有全球(包括中国和美国)3G 标准必要专利,原告是全球范围内的无线移动终端和基础设施的生产商、销售商和服务商,原告在生产经营中必然要使用这些 3G 标准必要专利,每一个 3G 标准必要专利,都不能为其他技术或其他专利技术所替代,被告方亦未举证证明,原告如果不使用这些 3G 标准必要专利,其能够从其他人处获取替代技术或其他专利技术。

2G、3G、4G 标准是技术升级关系,2G、3G、4G 标准下的每一必要专利都是唯一的,不可替代的。因此,鉴于 3G 标准(包括 WCDMA、CDMA2000、TD-SCDMA)每一个必要专利的唯一性和不可替代性,故原告对本案相关市场范围界定的观点,符合《反垄断法》的规定。

---

① 欧洲电信标准化协会(European Telecommunications Standards Institute, ETSI):由欧共体委员会 1988 年批准建立的一个非营利性的电信标准化组织,总部设在法国南部的尼斯。ETSI 的标准化领域主要是电信业,并涉及与其他组织合作的信息及广播技术领域。ETSI 作为一个被 CEN(欧洲标准化协会,Comité Européen de Normalisation)和 CEPT(欧洲邮电管理委员会,Confederation of European Posts and Telecommunications)认可的电信标准协会,其制定的推荐性标准常被欧共体作为欧洲法规的技术基础而采用并被要求执行。

② 《反垄断法》第 2 条规定:中华人民共和国境内经济活动中的垄断行为,适用本法;中华人民共和国境外的垄断行为,对境内市场竞争产生排除、限制影响的,适用本法。

③ 张平著:《冲突与共赢:技术标准中的私权保护》,北京大学出版社 2011 年版,第 168 ~ 169 页。

4. 被告方在相关市场中的支配地位

《反垄断法》第17条第2款[①]对市场支配地位进行了界定,本案被告方拥有全球(包括中国和美国)3G无线通信领域WCDMA、CDMA2000、TD-SCDMA标准中的必要专利,基于3G标准中每一个必要专利的唯一性和不可替代性,被告方在3G标准中的每一个必要专利许可市场均拥有完全的份额,且具有阻碍或影响其他经营者进入相关市场的能力。由于被告方不进行任何实质性生产,仅以专利许可作为其经营模式,原告无法通过标准必要专利的交叉许可[②]来制约被告方。故被告方在与原告进行3G标准必要专利许可谈判时,具有控制原告使用其3G标准必要专利的价格、数量及其他交易条件的能力。鉴于此,应认定被告方在原告界定的相关市场中具有市场支配地位。

5. 关于原告指控被告方滥用市场支配地位实施垄断民事侵权行为是否成立的问题。[③]

滥用市场支配地位又称滥用市场优势地位,是企业获得一定的滥用市场支配地位以后滥用这种地位,对市场的其他主体进行不公平的交易或排斥竞争对手的行为,其表现形式有价格歧视、不正当的价格行为、强制交易、搭售和附加不合理交易条件等。在本案中,被告方拟授权给原告的专利许可费没有正当理由地远远高于苹果、三星公司等条件相同的交易对象,属于过高定价和歧视性定价的行为。同时被告方强迫原告给予其所有专利的免费许可进一步提高了原告的专利许可使用费对价。另外,被告方将自己的标准必要专利和非标准必要专利打包许可,由于非标准必要专利不像标准必要专利那样具有唯一性,而是可替代的,因此被告方的这一行为属于搭售。[④]

在标准与专利结合的情况下,为防止或减少必要专利权人滥用其市场支配

---

① 《反垄断法》第17条第2款规定:本法所称的市场支配地位,是指经营者在相关市场内具有能够控制商品价格、数量或者其他交易条件,或者能够阻碍、影响其他经营者进入相关市场能力的市场地位。

② 交叉许可是指:交易各方将各自拥有的专利、专有技术的使用权相互许可使用,互为技术供方和受方。

③ 叶若思、祝建军、陈文全:"标准必要专利权人滥用市场支配地位构成垄断的认定——评华为公司诉美国IDC公司垄断纠纷案",载《电子知识产权》2013年第3期。

④ 搭售也被称为附带条件交易,即一个销售商要求购买其产品或者服务的买方同时也购买其另一种产品或者服务,并且把买方购买其第二种产品或者服务作为其可以购买第一种产品或者服务的条件。在这种情况下,第一种产品或者服务就是搭售品(tying product),第二种产品或者服务就是被搭售品(tied product)。搭售行为往往是被消费者或者买方所厌恶的行为,但它们并不总是违法的行为。因为在市场交易中,卖方可能会出于各种动机进行搭售。

地位，各个无线通信领域的标准组织在其成员加入时，均要求该会员承担一定的加入义务（比如 ETSI，要求其会员按照公平、合理、无歧视的原则将其必要专利授权给标准组织的其他成员使用）。各个无线通信领域的标准组织要求其会员承担的加入义务，尽管在称谓或描述上有所不同，但本质上均可用"公平、合理、无歧视"的义务（或原则）来概括，即 FRAND 原则。

FRAND 是 Fair（公平）、Reasonable（合理）、Non-Discriminatory（非歧视）的首字母缩写。目前，包括 3GPP 在内的很多电信组织在把专利纳入电信标准时，都要求专利拥有者签署关于 FRAND 的声明，以便规制标准制定中的知识产权许可授权行为。①

从理论上看，FRAND 原则可以进行四个层次的理解：

第一，技术标准中的专利权人不以专利为手段阻止新的公司进入该行业，拥有专利的公司必须对外给予专利许可，不得拒绝许可或歧视许可。

第二，许可的条件，尤其是许可费率条款应当合理，例如，与摆脱技术标准约束，行业内大多数公司的实际许可费率相比应当更加优惠。

第三，在进行专利许可时，不得以"私有条款"限制某个公司实施技术标准中的专利。

第四，不得将其他专利与必要专利进行搭售。②

被告方在加入欧洲电信标准化协会（ETSI）时声明，被告方拥有无线通信技术领域中 2G、3G、4G 标准下的大量必要专利和专利申请，包括在美国的专利权和专利申请权，以及在中国的相应同族专利权和专利申请权。被告方承诺将按照 ETSI 知识产权方针第 6.1 条所规定的条款和条件来授予该知识产权下的不可撤销许可。

ETSI 知识产权方针第 6.1 条规定：当与某特定标准或技术规范有关的基本知识产权引起 ETSI 的注意时，ETSI 总干事应当立即要求知识产权所有者在三个月内以书面形式基于不可撤回的承诺。该承诺须说明知识产权所有者将准备根据该知识产权中规定的公平、合理和无歧视条件来授予不可撤销的许可，并且至少涉及以下范围：制造，包括制造或代工用于制造符合被许可人自行设计标准的定制组件和子系统；出售，出租或以其他方式处置按此方式制造的设备；维修、

---

① 舒文琼："FRAND 原则：国际专利竞争的通行准则"，载 http://www.cww.net.cn/news/html/2011/5/9/201159938177641.htm。

② 徐明："公平、合理、无歧视？浅谈华为与 InterDigital 案件"，载 http://m.sohu.com/n/384239516/。

使用或操作上述设备;以及使用方法。

本案原告与被告均是ETSI成员,被告在加入ETSI时,明确承诺要将其必要专利以公平、合理、无歧视的原则授权给ETSI的其他成员使用,而被告在ETSI声称的必要专利,对应中国电信领域的移动终端和基础设施之技术标准,对中国的标准使用人而言亦属于必要专利。因此,被告亦应将其必要专利以"公平、合理、无歧视的原则"授权给原告使用。在进行必要专利的授权许可谈判时,必要专利权人掌握其必要专利达成许可条件的信息,而谈判的对方不掌握这些交易信息,由于双方信息不对称,故必要专利许可合同交易的实现,依赖于必要专利权人在合同签订、履行时均应遵循公平、合理、无歧视的原则,故被告方负担的公平、合理、无歧视的义务贯穿于必要专利授权许可谈判、签订、履行的整个过程。

必要专利的交易价格,是反映必要专利权人是否按公平、合理、无歧视的原则进行授权许可的关键因素。将被告方授权给苹果、三星等公司的专利许可条件,与被告方向原告发出的要约条件进行比较,无论是按照一次性支付专利许可使用费为标准,还是按照专利许可使用费率为标准,被告方拟授权给原告的专利许可费远远高于苹果、三星等公司。被告不仅要求原告支付高昂的使用费,还强迫原告给予其所有专利的免费许可,使之可以获得额外利益。这表明被告方存在过高定价和歧视性定价的行为。案件查明的事实显示,原告所拥有的专利在质量上和数量上均远远超过被告。在移动通信领域,都拥有必要专利的权利人,相互间进行的交叉许可不是反竞争的,但由于被告方不进行任何实质性生产,仅以专利许可作为其经营模式,使之可以获得额外的利益,这将进一步加剧被告方收取过高的专利许可使用费对价。这表明了被告方违背了公平、合理、无歧视的义务。

在双方还处于谈判阶段时,在被告自身在缔约阶段违背公平、合理、无歧视的情况下,被告向美国特拉华州地方法院和美国国际贸易委员会对原告提出必要专利的禁令之诉,要求禁止原告使用其必要专利。由于原告在与被告方的谈判中一直处于善意状态,被告在美国提起诉讼的目的在于逼迫原告接受过高专利许可交易条件,必要专利权人不能禁止善意的谈判对方使用其必要专利,被告的行为属于滥用市场支配地位的行为。虽然原告的生产活动主要在中国深圳,但被告在美国提起的必要专利禁令之诉,会对原告出口产品的行为产生排除、限制性影响,所以被告的行为明显违背其作为3G标准之必要专利权人所负担的公平、合理、无歧视义务,属于滥用市场支配地位的行为,受我国《反垄断法》约束。

原告指控被告方向其发出的必要专利授权许可要约之条件,包括被告方将其必要专利和非必要专利捆绑搭售给原告。标准技术条件下的必要专利具有唯一性和不可替代性,各个无线通信领域的标准组织,均要求其成员在加入时履行声明义务,以披露加入成员的必要专利和专利申请,各相关主体为借助标准的力量拓展对外专利许可的范围,亦会积极向标准化组织披露。尽管各相关主体披露的专利和专利申请,未必就是必要专利和专利申请,但对于特定的标准组织成员来说,其享有的必要专利和专利申请权至少可以以其声明的范围为前提,因此其拥有的必要专利和专利申请权是可以确定的。专利权人不应当利用标准化的力量为自己的非必要专利寻求最大化的许可市场。本案被告利用其必要专利授权许可市场条件下的支配地方,将必要专利与非必要专利搭售,属于滥用市场支配地位。

四、法律启示

本案的成功意义即在于国内企业开始懂得利用反垄断法律武器来对抗国外的专利大鳄,维护自己的正当利益,是国内迈入市场支配地位案件中,第一起原告胜诉的案件,而且是国内反垄断诉讼中法院判决金额实际上最高的案件。

这个案件的审判长邱永清认为,华为公司善于运用反垄断法律武器进行反制,值得其他中国企业学习。赵占领表示,中国企业走出去,要学会更好地运用法律武器来保护自己。中国在走出去的过程中,经常面对很多这种纠纷,这里面实际上涉及的问题是,国内很多企业在走出去的过程中,不是非常了解国外的法律和规则,而国外的企业因为这方面的法律传统和法律制度比较完善,它们更擅长处理这种诉讼。

这起案件实际上是中国企业胜诉,而且是利用中国的法律,这给我们不少启示:第一,中国企业走出去首先需要有国际法律的意识,不仅要熟悉国际的规则,也包括中国的规则。第二,要善于运用法律武器去维护自己权益,去应对对方提起的一些诉讼,包括主动采取法律的手段去维护自己的权益。第三,采取的法律武器当中,不仅仅包括当地的或者是所在国的法律,实际上也可以利用中国自己的法律,比如知识产权的法律,反垄断的法律。①

但本案的局限之处也颇为明显。首先,案件的裁判者是中国法院,华为公司

① 央广网财经:"华为诉美国 IDC 垄断胜诉 评:国企应用法律武器保护自己",载 http://finance.cnr.cn/jjpl/201310/t20131029_513972616.shtml 。

仍或多或少处于国家贸易利益的庇护之下。事实上,华为公司已于2012年5月向欧盟委员会提交诉状,要求欧盟介入Interdigital对其"剥削式"的收费。华为公司在一份声明中说,华为公司决定采取这项措施是因为华为公司相信InterDigital要求的专利费是剥削性的和歧视性的,违反了公平、合理、非歧视(FRAND)的原则。华为公司还称,IDC公司的做法还违反了欧盟的反垄断规定,这些做法将使欧洲消费者的利益受到伤害,因为一旦交纳IDC公司所要求数目的专利费,华为移动设备的成本将大幅上升,甚至将限制消费者获得电信技术的能力。① 所以,华为公司在国际反垄断纠纷中的表现亟待关注。其次,华为公司作为原告无力举证损害赔偿数量,最终得到的赔偿数额无关因垄断行为带来的损害或获取的利益。但原告索赔的就是2000万元,法院判了2000万元,在金额上是完全支持了华为公司的诉讼请求。另外,对于这种垄断案件,实际上原告一般不是非常在意索赔的金额,它更看重的是制度侵权。从这起案件也可以看出来,法院一审、二审、最终都是判华为公司胜诉,实际上是要求被告IDC公司停止侵权行为,应该说基本实现了华为公司诉讼的目的。② 华为公司应加强此方面的举证能力,这对其在欧盟的起诉也将起到重要作用。

---

① 张帆森编译:"华为欧洲起诉InterDigital称其试图收过高专利费",载http://tech.ifeng.com/telecom/detail_2012_05/24/14787986_0.shtml。

② 央广网财经:"华为诉美国IDC垄断胜诉 评:国企应用法律武器保护自己",载http://finance.cnr.cn/jjpl/201310/t20131029_513972616.shtml。

书　评

为什么 Google 选择了我们

——关于数字音乐的读书札记*

李斯特**

题目是偷来的,好在书名不受著作权保护。原书名是“创业的旅程——为什么 Google 选择了我们?”,[①]陈戈先生在书中以亲历者的身份为我们保留了丰富和生动的第一手记录。

2012 年的某天,我在干不动活,习惯性地打开谷歌—巨鲸的页面下歌时,发现有这样的提示:“谷歌音乐搜索服务已经关闭,页面提醒请您在 2012 年 10 月 19 日之前登录并下载保存播放列表”。我一时怅然若失,如果时光倒流,我一定会贪得无厌地至少多下它几百几千首歌。于是想起了朋友推荐的这本书,巨鲸的一幕幕重现眼前:2007 年 11 月 17 日,谷歌向陈戈他们创办的巨鲸的第一笔投资到账;2009 年 3 月 30 日,谷歌音乐搜索在中国正式上线;此前是两年多的同唱片产业的沟通和上千个会议。然而仅仅到了 2012 年 9 月 21 日,Google 中国工程研究总经理杨文洛博士就在 Google 黑板报上宣告谷歌与巨鲸的合作终结。巨鲸在“资金支撑不到两

---

* 本文得到 2013 年度华南师范大学青年教师科研培育基金(13SK18)的支持,是广东省 2013 年度学科共建项目(GD13XFX07)的阶段性成果。

** 华南师范大学法学院讲师,法学博士。

① 陈戈著:《创业的旅程——为什么 Google 选择了我们?》,中信出版社 2010 年版。以下简称《旅程》并随文注明页码。

个月”的奄奄一息中得到谷歌注资游回大海,而短短几年内随着谷歌的退出再度搁浅,见证着数字音乐行业的“步步惊心”,用陈戈后来的话说“移动互联网的战争是以天计的”。① 数字音乐到底发生了什么?在发生什么?会发生什么?

带着上面的疑惑我细细重读了《旅程》。但我没有打算只评论这一本书,倒是想以《旅程》为线索,把自己一路走来遇到的几本书和文章来个“串烧”,述而不作,不在解自己的或别人的惑,只想讲述我的困惑。所以您要是觉得这篇札记只是收录别人文字的汇编作品,我是会老老实实并高兴地承认的。所选的书中,我认为共同的特点是没有学院派头,新鲜、爽脆,一口嘎嘣一声,像地里刚拔出来的带泥的萝卜。我的小小想法是还希望通过这篇读书札记,展现自己的思考过程和阅读标准并表明:知识未必只活在严肃得让你的脸部肌肉和大脑神经一起抽筋的学术专著和核心期刊之中。

一、收费者死?

Google 提出投资的前提是不能盗版,必须是正版免费下载,巨鲸要负责解决与四大唱片公司即华纳、环球、百代、索尼 BMG(以下称四大)的版权问题。四大的第一反应就是免费试听可以,免费下载怎么可能!思维再正常不过了,既然四大以唱片制作人的身份拥有对产品的版权,而看来著作权法是继续支持这项权利的,四大作为市场主体不可能放弃营利。时任 Google 中华区总裁的李开复事后说他当时认为成功率只有 15%。(《旅程》,第 137 页)15% 成为了现实。《旅程》中详细地记载了陈戈们与四大的漫长而艰难的谈判过程。但是,四大不是被说辞打动的,而是屈服于铁硬冰冷的现实。

要了解这个问题,先转向一本更详细地记录数字音乐历史的书——《网乐轰鸣》②——也许是适时的。1987 年,德国埃朗根市,沙通根研究院与埃朗根大学合作构思了一种压缩/解压数字图像的算法,后来经国际标准组织批准为 ISO-MPEG3 声音压缩码,但落后的计算机储存功能无法应用这项技术。(《轰鸣》,第 28 页)1993 年,美国加州圣克鲁斯市加利福尼亚大学圣克鲁斯学院的两名学生帕特森和劳德不满主流音乐垄断销售渠道的局面,多少出于恶作剧地去改善音乐文件的压缩技术和网络播放器,创办了第一家网上音乐公司。劳德在

---

① 腾讯采访陈戈:“谷歌跟巨鲸分手之后,CEO 陈戈想明白了这些事”,载 http://www.huxiu.com/article/4838/1.html。

② [美]奥尔德曼著:《网乐轰鸣》,贾文渊等译,辽宁教育出版社 2003 年版。以下简称《轰鸣》并随文注明页码。

报纸上宣传,“音乐行业行将消亡”,其时克林顿政府的“信息高速公路”刚刚提出,美国与互联网连通的教室还不到 3% (2000 年这个数字超过 50%)。(《轰鸣》,第 8 ~ 13 页)斯坦福大学的一名学生威克利深感网上搜索音乐的不便,不满足于帕特森和劳德的网站的那些另类歌曲,于是他决定自己办网站,将收藏的音乐上网,还有评论和聊天室。没过多久,威克利的计算机竟然占了斯坦福大学互联网流量的 80%。(《轰鸣》,第 2 章)

但当时,在线音乐的影响很小,因为带宽不足(14.4K),上网速度太慢,经高度压缩的音质很烂。可有人没耐性等待高速网的降临。1995 年,格拉泽编写了 realaudio 的音频播放程序,加速了流媒体的大潮。(《轰鸣》,第 40 页)1996 年,19 岁的弗兰克尔免费传播自己的 MP3 播放器。在两年时间里,他逗着玩设计出来的程序成为著名的 winamp 播放软件的先驱。MP3 播放器成为可能。(《轰鸣》,第 73 ~ 76 页)

到了 2000 年,故事情节开始为我们所熟知了,那就是举世关注的 Napster 网站及其诉讼案件。网站创始人肖恩·范宁,一名大学一年级的菜鸟,领头开发了一套旨在更方便 MP3 文件共享的软件并创建了 Napster 网站。不同于以往的网站,Napster 本身不提供内容,只是提供服务器让用户分享和下载其他用户电脑上的音乐文件。与 Napster 同时,第二代的分散式共享软件已经诞生,更进一步地消除了核心服务器的枢纽作用,形成更加对等的网络。继 Napster 之后,应用第二代技术的 KazaA 和 Grokster 很快又崛起了,[①]让唱片公司疲于奔命地折返于星火燎原的互联网上。

传统盗版开小灶,数字盗版开大灶的情形带给传统音乐公司的切身之痛,陈戈已经在《旅程》中总结了。1998 年陈戈回国创立普涞音乐娱乐公司,到 2004 年的 5 年间几乎做了所有传统音乐公司做过的事情,举办演唱会、签约乐人、制作专辑,为企业和影视公司提供音乐版权以及相关制作和推广服务,但做得越多,成本越大,利润率越低,唱片几乎全部被盗版,出一张赔一张。(《旅程》,第 251 页)这是整个传统音乐产业的缩影,据统计录音制品在美国的销售量于 2000 年下降 3.7%,2001 年下降 9%,2002 年下降 9.9%,2003 年下降 8.7%。(《说话算数》,第 21 页)曾经叱咤风云,而今像王小二过年的唱片公司面前摆着的无非三条道路:第一,以技术对抗技术,阻止数字音乐的传播;第二,以法律对抗技术,

① [美]费舍尔著:《说话算数——技术、法律以及娱乐的未来》,李旭译,上海三联书店,2013 年第 2 版,第 98 ~ 111 页。以下简称《说话算数》并随文注明页码。

阻止数字信息技术用于音乐传播;第三,与互联网合作,提供免费下载。

为什么不是收费下载?早试过了,巨鲸一开始做的就是收费服务。巨鲸在2006年的运营非常灰暗,虽然努力提供众多音乐产品和服务,同其他公司合作联手推广正版音乐下载,但预期的付费下载没有出现,繁琐的付费程序和加密的不能兼容的音乐文件使用户望而却步。巨鲸的大部分收入来自电信运营商等的捆绑和联想、苹果等大公司为促销产品而购买的点卡。(《旅程》,第4页)很快,巨鲸就面临着"休克"的危险。

这不是一家小公司的麻烦,而是横在数字音乐收费模式前的似乎不可逾越的天堑。《旅程》回顾了苹果的iTunes模式。名为iPod的苹果MP3播放器曾占据全球MP3播放器70%的市场份额,乔布斯第一个说服五大(索尼和BMG还没有合并)在苹果音乐下载店iTunes上以99美分的单曲下载。iTunes于2003年4月28日上线,到2006年2月下载量突破10亿次,收入10亿美元,唱片公司拿走7亿。(《旅程》,第15页)但是,iTunes的下载量增长快速减缓,盗版音乐下载试听仍占据着95%的市场份额,iTunes远远不能填补传统音乐产业的利润缺口,这让唱片公司感到绝望。很快,环球在2007年就不再与iTunes合作。微软、雅虎也同蹈苹果的覆辙。(《旅程》,第15~18页)目前看来,不管是国外的Spolify,还是国内的虾米网(已被阿里巴巴收购),走有偿服务模式的网站都不是数字音乐行业的主角。从什么时候开始使用正版要付费这种天经地义的事情会变得这样难?

答案是因为有盗版。

二、以技术对抗技术?

防止盗版有两种办法。很不幸,以技术对抗技术已被证明是死路一条。《旅程》提到了DRM(Digital Rights Management,数字权利管理)的彻底失败。2007年2月,乔布斯发表一封公开信倡议摒弃DRM技术,因为它并不能防止盗版。紧接着盖茨也表示DRM技术令人失望。而曾猛烈抨击乔布斯的华纳唱片总裁布雷夫曼,仅仅在几个月后就意识到自己的错误。(《旅程》,第157页)DRM大大限制了音乐文件的使用,使用户怨声载道,干脆骂声娘调头找盗版下载去了。DRM还激发了黑客们的斗志,他们的努力使DRM应用的结果永远是道高一尺魔高一丈。最讽刺的事件是,娱乐产业于2000年9月充满信心地把自己开发的四种水印模型放到网上接受挑战,率先破解并私下告知联盟破解方法者还将获得1万美元的赏金,普林斯顿大学的费尔顿教授及其团队仅仅在3个星期内就成功破解，却拒绝领取赏金并要公开破解方法。(《说话算数》，第 84 页)①想靠技术加密来增加复制难度从而维持版权，一句话——没辙，原因在于，加密技术是技术发展中的逆流。

《轰鸣》准确地点中了以技术对抗技术的命门。现代音乐早已开始使用电子合成器、音频采样、数码录音工作室等手段，所以现代音乐很多自始至终就是以数码形式存在的。这意味着，现代音乐作品已经可以与互联网实现“无缝接驳”，将数字信息刻录在光盘上完全是数字逆流。数字音乐的播放软件一日千里，不同于传统播放工具的是，它无须改造或重组硬件产品的配置。对于开放源代码的软件，用户就是程序员。(《轰鸣》，第 37 页)据陈戈说，在 Napster 时代，需要 15 个工程师才能做出像 Napster 的产品，现在只需要 3 个工程师花两个礼拜做一个音乐应用。②

在此我要真心实意地向大家推荐本文的另一位主角——《浪潮之巅》。③ 该书的作者吴军博士是转战美国硅谷和中国 IT 业界多年的沙场老将，对 IT 行业的发展是如数家珍侃侃而谈。在技术对抗技术的问题上《浪潮》给予我两点重要的启发。第一点，互联网时代，兼容是生存法则。英特尔之所以从低端产品的代名词成为全世界“奔腾的芯”，是因为设计出完全兼容 IBM 机的处理器，其他厂家为了和 IBM-PC 兼容，就全部采用英特尔的处理器。(《浪潮》，上册，第 5 章)微软之所以能打败技术上起步在先的对手如苹果，就在于它专注于软件，打破苹果的封闭式路线，确立了兼容的方向，而且一开始还采取近乎免费的低价销售手段加速兼容策略的实施，最终微软成功地成为微机操作系统的霸主。(《浪潮》，上册，第 6 章)兼容的重要性不始自数字时代，在模拟时代的索尼和飞利浦的 MD 之争，索尼和松下的 Betamax 和 VCR 之争，索尼联合飞利浦和东芝的 DVD 之争中，我们就看到这一重要性，互联网时代把它又无限地放大了。

《旅程》和《轰鸣》对数字音乐的发展轨迹的描述完全符合《浪潮》的技术发展趋势。在播放程序方面，数字音乐播放器要在竞争中生存和胜出，必定要兼容主要的音乐文件格式；在音乐文件格式方面，它必须从一开始的多种格式并存逐渐走向几种主要的音乐文件格式，而且不能加密，要最大限度地在不同的机器之

① 另见[美]戈斯汀著：《著作权之道：从谷登堡到数字点播机》，金海军译，北京大学出版社 2008 年版，第 175～181 页。以下简称《著作权之道》并随文注明页码。

② “谷歌跟巨鲸分手之后，CEO 陈戈想明白了这些事”，载 http://www.huxiu.com/article/4838/1.html。

③ 吴军著：《浪潮之巅》，人民邮电出版社 2013 年版。以下简称《浪潮》并随文注明页码。

间转移。对于用户来说,这方便了音乐的传播和欣赏,但对于唱片公司而言是巨大的不幸,因为这意味着不断降低复制成本的技术发展趋势与加强著作权保护的技术需求是背道而驰的。

第二点,《浪潮》中揭示的IT产业生态规律对于版权来说是同样致命。第一,摩尔定律。英特尔公司的创始人摩尔最早看到,互联网信息技术的发展速度跟传统工业不同,是呈几何级的。事实证明,平均每18个月,IT产品的性能会翻一番,或者说同样性能的IT产品的价格会掉一半。原因是IT产品所需的原材料极少,它的成本主要在生产线和研发费用上。当新产品收回上述成本后,制造成本就微乎其微了。反之,反摩尔定律意味着只有在较短时间内完成新产品开发的公司能够存活下来。第二,安迪—比尔定律(安迪是原英特尔公司总裁,比尔就是比尔·盖茨)。该定律的意思是硬件性能的提高会马上被更复杂的软件的运行"吃掉",只有这样IT产业才能保证盈利,因为不升级硬件就无法使用新的软件。(《浪潮》,上册,第4章)

在硬件和软件相互催命式的进化和革命大潮中,我们迎来了陈戈所言的"以日计算的互联网生死大战",于是才有了操作界面越来越友好、性能越来越强大的数字音乐播放程序和音频优化程序,才有了高保真程度越来越优异,而"身段"(大小)还保持得很好的数字音乐文件,才有了越来越快的网速、越来越大的硬盘乃至"云端"、越来越出色的声卡和越来越澎湃的音箱。《浪潮》预测,未来10年家庭用户的网速可能提高1000倍,每个家庭可以同时点播三部环绕立体声的高清电影,随停随看。(《浪潮》,上册,第63页)这就意味着数字音乐文件可以彻底摆脱由于网速受到的大小限制,无限制地提高它的音质,可以预见传统音乐较之数字音乐将没有任何视听优势,同时复制的成本却越来越低。因此IT产业的生态规律是传统音乐版权制度的冷血杀手。

笔者放在最后,但同时也是最重要的一点是,以技术对抗技术的困难在于前者只能依靠金钱激励,而后者常常源自人的本性。我们已经看到,数字音乐的最初萌芽和革命性突破,竟然每每来自几位年轻人对音乐和新生事物的热爱。他们在开始时并没有考虑收入,更没有考虑产权,他们只是非常单纯地看到新技术带来的可能,本着对音乐的热爱,萌生了更好地获得和分享音乐的想法,就动手做起来。这就是冯象老师提到的"孔雀尾巴",[①]也就是宣告了以技术对抗技术的反人性。

---

① 黄虚峰:"冯象谈知识产权的终结",载《东方早报·上海书评》2012年7月22日。

三、以法律对抗技术?

以技术对抗技术的路走不通,那以法律对抗技术又如何?早在数字时代来临前的模拟时代,唱片公司就屡屡使用过了。数位美国学者在各自的专著里均有既专业又具可读性的著述,为国内学者所不及,如莱西格教授的《免费文化》,①前面已提及的《著作权之道》和《说话算数》。以下是简单的回顾。1986年,索尼和飞利浦公司推出数字磁带录音机、盒式数字压缩磁带和迷你磁盘(minidisc),便利了 CD 的复制。1992 年美国《家庭录音法》在数年间弥漫着的诉讼硝烟中通过,要求上述设备必须安装防止二次复制的串行复制管理(SCMS)系统。(《说话算数》,第 71 ~ 76 页)在著名的环球公司诉索尼公司的盒式录像机一案中,电影行业尝试谋求法律将索尼的新技术定性为"侵权的辅助工具"。(《著作权之道》,第 118 ~ 135 页)

面对互联网时代盗版的遍地狼烟,既然技术上无能为力,传统音乐行业的巨头们当然秉承它们求助于法律的一贯手法。至少在表面上,以法律对抗技术要比以技术对抗技术乐观得多。在 Napster 等一系列案件中,唱片公司一方都在法院取得了优势。在推动立法方面,美国《千禧数字版权法》也大体可算作唱片公司一方的胜利。但是,若把这些"胜利"联系上传统唱片市场的惊人的萎缩速度和数字盗版的日益猖獗来看,你会顷刻之间明白胜负的易主,原来以法律对抗技术也很难替传统音乐行业的巨头们挽回局面了。为什么?法律失灵了吗?

中国百度模式的成功揭示了答案。巨鲸最初的合作意向不是指向 Google 而是百度。但是据《旅程》的记录,李彦宏当时对推广正版音乐不感兴趣,他强调百度只是提供搜索,不负责内容是否正版。陈戈建议百度未来 5 年投资至少 5000 万美元建设正版的数字音乐产业链也没有得到回应。(《旅程》,第 1 ~ 3 页)书中记录了陈戈合作未果走出百度公司时的心情:"一家大公司和一个人一样,成功与失败的命运都是自己选择的。如果有一天我们成功了,站在 Robin 的角度,我们会怎么想?……无论怎样算,盗版模式的长期投资回报率都很低。我想,我总有一天还要回来,再次寻求他的支持和合作。"(《旅程》,第 3 页)我没去查证,这段话是陈戈在走出百度大楼后的当时感想,还是在得到 Google 的投资后的追忆。但数年后的今天,我们看到巨鲸失败了,——当然有 Google 撤出中国内地等其他原因——而百度 MP3(2012 年与百度 ting、千千静听被整合为百

---

① [美]莱西格著:《免费文化——创意产业的未来》,王师译,中信出版社 2009 年版。

度音乐)成功地做大了。百度模式为什么屹立不倒?2005 年前后,国内外文化公司和唱片公司及其代理纷纷向百度公司发起猛烈的侵权诉讼攻势,尤其是几大唱片公司巨头联合诉讼。双方在交战中互有胜败。当 Google 方的负责人看到国际唱片协会(International Federation of the Phonographic Industry, IFPI)起诉百度又输了,他问陈戈"是不是意味着在中国做音乐搜索不需要唱片产业同意",陈戈分析,诉讼结果"会打破所有人尤其是某些西方人试图仅仅通过起诉方式和法律制度就能在中国建立正版音乐产业的幻想……盗版怕的不是起诉,而是真正在同样游戏规则上(如免费下载等用户体验)竞争的正版商业模式的崛起。"(《旅程》,第 156 页)

陈戈的立场当然是在说服 Google 和唱片公司继续合作提供正版免费服务,同时他距离真理只剩下一层窗户纸了——百度的成功告诉大家,法律无法对抗盗版。首先,全球化格局下的地方政治经济不平衡的存在。互联网是全球的,但不平衡的政治经济状况要求不一样的互联网规则,尽管美国在国际规则的制定上对各国施加了很大的压力,但依然不能掌控一切。Google 与巨鲸合作的先进的免费正版模式,竟然是在被西方视为"法治落后之邦"的中国而不是法治先进之邦的西方率先实现,不是很能发人深省?其次,避风港原则的存在。百度就是利用避风港原则成功地规避了唱片公司的一波又一波的攻击。再次,赢得时间。如同许多新技术设备在历史上也遭遇旧势力的狙击,但只要诉讼时间拖得够长,禁令的下达时间够晚,用户数量会以几何级的速度增长。只要销售市场足够大,司法和立法介入就会非常谨慎或者说更加困难。把数以千万计的公民宣布为违法者或者罪犯,对任何民主法治国家都是难堪。百度从首次被诉到 2012 年最终以和解的方式与四大签约合作提供正版服务,八年"抗战"都过去了。早非吴下阿蒙的百度和其他互联网公司已经有足够的能力影响立法和司法,与唱片公司叫板。在当下进行的中国著作权法修改中,互联网公司展示了他们的肌肉,问题从以前的著作权法要不要给予新兴产业足够保护变为现下的是不是已经向互联网产业倾斜过多。最后,只要盗版足够容易,赔偿金额不高,被惩罚的概率又足够低,违法又如何?即使在美国,如果好几千万人都在下载盗版,唱片公司一次性起诉从 8 岁到 80 岁的几百名用户就吓唬不了人了,反而被嘲讽为谁被起诉真是中了乐透奖。违法只是稍稍增加了盗版过程中的不便罢了。传统盗版都打不垮,何况数字盗版?从互联网公司来看,即使侵权成立,赔偿金额也不会太高,相比之下盗版带来的收益要大得多,增加流量、赢得用户、增加广告收入、扩大网站影响、融资、上市……我相信对于许多网站来说值得干这一票。

况且,类似 Google 对盗版影响企业形象的担心有点“作”,互联网用户没有多少人对正版感冒的,而且忠诚度极低,属于典型的“有奶便是娘”,缺乏产权意识。如果投诉和诉讼都司空见惯了,广告收入也不会受到影响,时间和流量才是生命。《旅程》不是说了吗?当《华尔街日报》报道 Google 将用音乐敲开中国大门后,一位美国的博主评论说:“要是我们这里也有就太酷了!”(《旅程》,第 176 页)事实上,“下载盗版就是盗窃”的观念从来就不受群众待见,在知识产权保护最严密的美国,免费下载照样深入人心,想想以千万计的 Napster 用户吧!乃至有人讥讽“使用文件共享系统的美国人比参加总统投票选举的人还要多。”(《说话算数》,第 111 页)“法盲”们都明白,偷东西不对,可是下载音乐不同,我下载以后你的手里什么都没少。

事实上,当唱片公司的起诉对象从互联网公司转向个别用户时,(《说话算数》,第 113 ~ 115 页)这已经暗示着以法律对抗技术的失败了。

四、资本:权杖的移交?

仅仅是上述以技术对抗技术、以法律对抗技术的困难其实并不足以保证免费数字音乐的发生,充其量是提供了有利的环境。只有本章的主角——资本也来站队了,天平才最终不可逆转地倾斜。

我还从《旅程》说起。前面我说陈戈距离真理只剩一层窗户纸了,意思是他那段话的后半截没有完全说中。“盗版怕的不是起诉,而是真正在同样游戏规则上(如免费下载等用户体验)竞争的正版商业模式的崛起。”但事实上,盗版下载并不惧怕免费正版下载。

难道正版免费还不够吗?

答案在于著作权原有框架下的交易成本太高了。在《旅程》中,我们看到两年多的时间,数以千计的会晤和谈判,巨鲸才跌跌撞撞地得到四大并非无所保留的允许。双方就预付金、收费标准、股票期权进行持久、烦琐、枝节横生的讨价还价。华纳在谈判过程中还提出能不能在 Google 的搜索总流量中分成,因为免费音乐增加了总搜索量。(《旅程》,第 181 页)更麻烦的是,著作权体制发展至今,已经被无孔不入的资本改造成一个巨大的迷宫,它的复杂超乎你的想象。Google 因为生怕牵涉法律纠纷,严格要求巨鲸保证得到所有的词曲授权。陈戈当时就有点崩溃了。因为词曲版权非常复杂,国际上的词曲管理基本是通过集体管理协会和大的国际出版代理公司完成,很少由词曲作者本人完成,音乐版权公司有时不隶属于唱片公司。有的歌曲的词曲版权甚至不止一个所有人,比如两家公司分持50%。(《旅程》,第123页)我很好奇这是怎样一种状况,查阅后发现这叫“共同出版”(copublishing),比较成功的词曲作者还可以自持50%的版权,由他所在的出版公司与一家更大的出版公司分享剩余的50%。[①] 音乐出版在中国尤为复杂,因为国际音乐版权公司没有与中国音著协签订协议。(《旅程》,第124页)另外,索尼BMG没有周杰伦歌曲的免费试听下载的授权,巨鲸还必须另外去解决周杰伦歌曲的授权问题。(《旅程》,第214页、第239页)我再举一个小小的例子,如果涉及数字音乐电视(MV),那也许还涉及要同时与音乐电视制作方、音乐作品版权方谈判并分别支付费用的问题。因此,坚持正版数字音乐,哪怕是免费,交易费用往往高不可攀,歌曲覆盖率和更新速度仍然无法赶上置版权于不顾的盗版音乐。这是巨鲸即使在凭借Google的好风后仍然人气不够旺的一个原因。否则,巨鲸也不会落到Google一撤出就举步维艰的境地。可以看出,当初为了满足资本最大限度获取利润发展出来的复杂的、以掠食为终极目标的现代著作权产权结构,而今却成为阻碍资本赢取最大利润的路障。

除了交易中的困难,巨额的版权许可费更是正版免费下载模式的沉重负担。陈戈在与四大的谈判中算过一笔账,认为每个下载向唱片公司支付3厘人民币比较合适。这个底价意味着,每天1000万个下载、试听,则一天需支付3万元,每月就是90万元,一年就是1095万元。而四大的要价基本超过3分,那就意味着一年是1.095亿元人民币。(《旅程》,第61页)不知道陈戈有没有从这里面看到潜在的危机。现在,陈戈证实了负担的沉重:7年中,巨鲸获得总投资1500万美元,一半是用以支付唱片公司的版权费。[②] 美国最大的数字音乐服务商Spotify,年度版权费用更高达800万美元,直接导致了财政亏损。[③]

相比数字盗版下传统音乐市场的急剧萎缩和数字正版的举步艰难,互联网的广大市场该有多诱惑!仅以《旅程》提到的中国互联网广告来说,2007年,中国互联网广告投放达106亿元人民币,其中搜索广告投放30.7亿元人民币,在线音乐试听下载用户达1.4亿人,中国互联网广告还以超过美日两国的速度在飞速增长。(《旅程》,第165页)要是能一脚踹开这种过气的产权结构,昂首阔步地走在互联网的新长征路上该是令资本多么惬意的事!对于具体的人来讲转

---

① [美]赫尔著:《音像产业管理》,陈星、方芳译,崔保国审校,清华大学出版社2005年版,第60页。以下出现随文注明页码。

② “谷歌跟巨鲸分手之后,CEO陈戈想明白了这些事”,载http://www.huxiu.com/article/4838/1.html。

③ 施南:“[麻烦大了]音乐值多少钱”,载《南方周末》2013年4月11日。

移成本比较高,但是对于非物化的资本而言,流动起来并没有太多困难。非常简单地,一旦看准了该行业已经日落西山,资本就会撤出,转移阵地。不幸的是,资本的这次转移是游向唱片公司的敌对阵营——互联网企业那边去了。

《浪潮》有两章详细地介绍了风险投资、天使投资人、华尔街投资公司在互联网产业中扮演的角色,我们可以从中看到资本流动的高度灵活性。风险投资还有天使投资人在互联网公司早期的发展中非常重要,Google 公司的天使投资人包括前国务卿基辛格、前加州州长施瓦辛格、NBA 明星奥尼尔等人。Google 是最大的风险投资公司 KPCB 和红杉资本唯一同时投资的公司,KPCB 的合伙人就有前副总统戈尔、前国务卿鲍威尔和太阳公司的共同创始人比尔·乔伊。(《浪潮》,下册,第 14 章、第 18 章)而随着互联网公司开始准备上市,华尔街的投资银行开始有力地介入互联网公司的运营。随着风险投资和投资银行的介入,他们就成为互联网公司主要的甚至是最大的股东,他们最关心的当然是盈利。如果一家公司无法达到华尔街的盈利预期,将可能遭受非常恶劣的制裁手段。在资本的驱赶下,互联网公司有时甚至要受制于华尔街而进行绝对有损公司和中小股东长期利益的短期行为。(《浪潮》,下册,第 17 章)人们对于音乐的永不消退的热情自然使得数字音乐成为互联网公司竭力争夺的市场,而资本不可能容忍旧有的著作权体系来碍手碍脚。也就是说,资本不可能容忍利润回报日益浅薄的传统音乐产业来妨碍互联网金矿的开采。传统音乐产业的资本家与整个资本处于对立的位置了,资本只好请他们"边儿去"。看看提到的这些互联网公司的大股东,哪个是好欺负的?因此雅虎音乐对唱片公司的不耐烦完全可以理解:"我不会再让雅虎投资哪怕一分钱在愚蠢地努力去控制用户,而不是为用户提供价值上。人生苦短,我想取悦用户,而不是赶走他们。"(《旅程》,第 153 页)另外,资本也在重组唱片公司。2007 年 8 月 1 日,泰丰资金(Terra Firma)收购 EMI。(《旅程》,第 78 页)2008 年 9 月 20 日,默多克新闻集团下属的 Myspace 音乐公司获 1 亿美元风险投资。默多克新闻集团携手四大共同投资了新的音乐公司。(《旅程》,第 224 页)重组的目的就是重新制订战略。在读到《浪潮》里微软试图并购雅虎但遭到同时持有两家公司的股票的华尔街投资者叫停的案例时,(《浪潮》,下册,第 142 ~ 144 页)我幼稚地设想,如果将来出现同时持有唱片公司和互联网公司的巨额股权的投资者,他将如何处理数字音乐版权的问题?其实,如果把资本看作一个整体时,这个问题不就是现实了吗?

在这种情况下,Google 不敢先行,自有旁人动手。于是,土生土长的百度 MP3 背负着违法的嫌疑,不但生存下来了,还做大做强。这不是偶然性的结果,而是互联网时代的全球格局造成的。在美国,由于文化产业在国民经济中尤其是出口贸易中的重要地位,文化产业巨头在影响国会和政府上举足轻重,形成了强有力的行业组织和立法传统。但中国的情况有所不同,改革中的中国向来有“法律滞后”,法律滞后本来就是改革的一部分。如陈戈指出的,中国的音乐版权制度是极其混乱的,(《旅程》,第125~127页)而作为国际五大音乐出版商代理的源泉公司,还因为频频起诉受到国家版权局的警告,被指为变相从事著作权集体管理活动。(《旅程》,第133页)这种“乱世”反而给了资本更多的活动空间。

同样是免费,没有Google的版权顾虑的百度轻装上阵,它扮演搜索和储存服务提供商的角色,并不主动提供音乐内容,这样内容提供者就无须限定于唱片公司,也就无须与它们进行旷日持久的谈判,其实是发动群众,让广大的小网站和互联网用户来提供音乐文件。百度的模式虽然使它遭受诸多的诉讼麻烦,有人尖刻地概括为“入我门者,先去偷”,[①]但无疑是更符合技术潮流和资本需要的。

现在回头看,其实早在上个世纪通过的美国千禧数字版权法(Digital Millennium Copyright Act)就被称为“一场好莱坞与硅谷之间的战斗”。这部庞大、冗长、粗糙的,篇幅超出美国联邦版权法两倍多的,还充满了模棱两可的条款的法案,就是双方较量的结果。(《说话算数》,第80页)而接着就是我们看到的建立在大规模侵权基础上的不断兴旺的互联网经济。这个现象其实是历史的重演——资本通过破坏产权来前进,因为“知识产权为市场经济‘保驾护航’不力,照顾不了它的首要服务对象即资本的利益,走到头了”。[②]

五、知识产权的终结?

前两天看到《南方都市报》报道,原定2014年3月月底推出的许茹芸新专辑《奇迹》,里面的10首新歌已经全部流出,网上就能下载,据说是移动平台出了岔子。类似事件层出不穷,都组成一个“受害者联盟”了。加密手提箱、指纹识别、保密暗号……不断增加的保密措施让出唱片都像特工行动了。[③] 这不过又一次印证了作为音乐载体的唱片的明日黄花。

---

① 霍炬:“数字化版权:反抗什么,接受什么”,载《南方周末》2011年3月31日。

② 黄虚峰:“冯象谈知识产权的终结”,载《东方早报·上海书评》2012年7月22日;冯象:“知识产权的终结”,李一达译,载《文化纵横》2012年第3期。

③ 黄锐海、文静:“想绝对保密?就得学特工!”,载《南方都市报》2014年3月13日。

另外,由于高保真录音设备的昂贵导致艺人高度依赖于音乐制作公司的局面也随着技术的革新被改变了。20 世纪 80 年代一套花费 5 万美元的设备,今天只要 1000 美元就能达到相同效果,个人录音棚开始普遍。在宣传环节,互联网日益在取代传统的音乐发行渠道。(《说话算数》,第 1 章)唱片公司的衰落,看看事实就足够了。由于唱片销量的锐减,创始于 1971 年的全球唱片连锁店维珍于 2009 年倒闭。(《旅程》,第 119 页)而 EMI 旗下著名的伦敦艾比路录音室,近 10 年来,因为唱片业的衰落,到这里录制的唱片越来越少,主要靠录制电影配乐为生。(《旅程》,第 195 页)事实上,本文一直在讨论的免费下载模式都过时了,今天更流行的是云服务,连下载都太费事,只要把歌曲保存在以自己账号登录的互联网公司提供的云端,我们就可以在能链接到互联网的任何微机和移动设备上畅听音乐。

公司的边界从来不是一成不变的。20 世纪初的电影公司就经历了制作、发行与放映业务的分拆。[①] 即如音乐公司为例,自大萧条时期以来,音乐出版行业的地位陡降,音乐产业的收入构成逐步发生根本性变化。20 世纪 80 年代晚期和 90 年代,如日中天的音乐集团公司并购了一些主要的音乐版权公司。(《音像产业管理》,第 49 页)发展至今天的音乐集团公司通常隶属于一家综合性的母公司,底下整合了从创作、出版、制作、发行到销售的诸多环节,形成了一套垂直管理体系。(《音像产业管理》,第 35 页)那随着数字时代的又一次天翻地覆的变动,谁能保证音乐产业不会像以往那样面临全新的重组呢?事实上,这种重组已经在进行中了。搜狐高调地买断《中国好声音》第 2 季的网络播放权,就是剑指综艺音乐节目产业链上游的内容制作环节,直接参与节目制作、学员征集、导师培训,进而整合整个产业链,实现"三屏合一"(台式电脑、移动手机、移动电脑)的战略意图。[②] 也许有一天,音乐出版、制作和发行的业务将成为互联网公司的一部分,又或者传统音乐版权公司和制作公司仍然存在,但实质上成为受雇的一方。谁知道呢?

一旦互联网巨头像当年的音乐集团公司一样,同时垄断了内容制作和宣传发行的环节,数字音乐还会不会是免费的?互联网巨头为什么不多赚一些?它们会不会先破坏又重建,重新举起版权法的大棒?许多人冷眼看待传统音乐公司的倒霉,因为他们心里都清楚,它们对作者和歌手的盘剥有多深。没有任何逻

① 周黎明著:《好莱坞启示录》,复旦大学出版社 2013 年第 2 版,第 4 页。

② 郑志辉:"搜狐视频启动第二季《中国好声音》",载《民营经济报》2013 年 3 月 1 日。

辑和事实使我们相信互联网公司会更加仁慈,因为它们本是一家。

要说遗产,传统音乐公司倒是留下宝贵的一笔。传统音乐公司在长期的版权保卫战中,是非常有组织有策略的,许多专著(包括本文引用的)都有涉及,这里不赘述了。可以说传统音乐公司在斗争中是建立了组织,锻炼了队伍。假如在新一轮的版权争夺战中,广大的热爱音乐的人们要争得一个合理的利益分配方案,那么向传统音乐公司的学习是必要的。

国际交流

Transformative Use of Copyrighted Works

—A Proposed Fair Dealing Exception for Internet Intermediaries *

Xie Lin**

This article argues that given the social benefits generated by them, certain activities of these internet intermediaries should be justified in China as long as they satisfy some criteria. The first part of this article defines these internet intermediaries by transformative use, and continues to explain that they should still be subject to certain criteria illustrated by the four factors of fair use in the light of promoting the progress of science and useful arts. Secondly, this article examines whether these internet intermediaries are able to develop in China, and employs Chinese copyright theories to show that it is desirable for Chinese copyright law to reserve some space to allow these internet intermediaries to develop. Thirdly, this article proposes a new fair dealing exception to accommodate

* This article is funded by the project "From the Right to the Capital: Study on the Value Actualization Model of Intellectual Property" (GDIP2013 - G02, Soft Science Research Plan Project of Guangdong Intellectual Property Office).

** Lecturer in Law School, Sun Yat-sen University.

these internet intermediaries.

Ⅰ. Transformative Use in the US

A. Case Study on Transformative Use in the US

In the US, the courts determine whether fair use is established by referring to four factors: "(1) the purpose and character of the use, including whether such use is of a commercial nature or is for nonprofit educational purposes; (2) the nature of the copyrighted work; (3) the amount and substantiality of the portion used in relation to the copyrighted work as a whole; and (4) the effect of the use upon the potential market for or value of the copyrighted work."①

Under the first factor "the purpose and character of the use", the central inquiry is to determine whether and to what extent the new work or the use of an original work is "transformative."② It is true that this factor requires a court to take into account that whether such uses is "of a commercial nature or is for nonprofit educational purposes". Nonetheless, a merely commercial nature is not sufficient to end this inquiry. Even the use of copyrighted work is of a commercial nature, the defendant might still prevail in this factor as long as the new use is transformative.③

As it is generally acknowledged, the origin of the ascendancy of transformativeness is a result of Judge Pierre Leval's influential opinion:④

"The use must be productive and must employ the quoted matter in a different manner or for a different purpose from the original. A quotation of copyrighted material that merely repackages or republishes the original is unlikely to pass the test... it would merely 'supersede[ ] the objects' of the original. If, on the other hand, the secondary use adds value to the original—if the quoted matter is used as raw material, transformed in the creation of new information, new aesthetics, new

① 17 U.S.C. § 107 (2000).

② Campbell v. Acuff-Rose Music, Inc., 510 U.S. 569, 579 (1994).

③ Id.

④ Pierre Leval, Toward a Fair Use Standard, 103 *Harv. L. Rev.* 1105, 1111(1990), available at http://heinonline.org/HOL/Page? handle = hein.journals/hlr103&div = 50& g_sent = 1#1129 (last visited June 9, 2010).

insights and understandings—this is the very type of activity that the fair use doctrine intends to protect for the enrichment of society."

Later, as restated by the US Supreme Court, the meaning of "transformative" was established in *Campbell v. Acuff Rose Music Inc.* (*Campbell*) as follows: ①

"[t]he central purpose of this investigation is to see... whether the new work merely 'supersede[s] the objects' of the original creation, or instead adds something new, with a further purpose or different character, altering the first with new expression, meaning, or message; it asks, in other words, whether and to what extent the new work is 'transformative'."

Judge Leval described transformative use as the use either "in a different manner or for a different purpose". In *Campbell*, the Supreme Court restated Judge Leval's test as an inquiry into whether the new work "adds something new, with a further purpose or different character".

Transformative use normally refers to derivative work, but some courts consider it to cover a new form of technology which appropriates copyrighted works in a different function than original works. It means that there is no new work generated, but only using part of original copyrighted works in a different way for the purpose of promoting access to the information. As noted in *Wall Data Inc. v. Los Angeles County Sheriff's Dept.*, "[a] use is considered transformative only when a defendant changes a plaintiff's copyrighted work or uses the plaintiff's copyrighted work in a different context such that the plaintiff's work is transformed into a new creation." ②

The operation of Google Book Search may be one example of transformative use, since Google is a book-finding tool which operates in a different function than original copyrighted books. Google's defence may rest on two cases where the internet intermediaries also operate in a transformative manner. These two cases are *Kelly v. Arriba Soft Corp.* (*Kelly*) ③ and *Perfect* 10, *Inc. v. Amazon.com, Inc.*

---

① Campbell v. Acuff-Rose Music, Inc., 510 U.S. 569, 579 (1994).

② Wall Data Inc. v. Los Angeles County Sheriff's Dept., 447 F.3d 769, 778 (9th Cir. 2006) (citing Campbell v. Acuff-Rose Music, Inc., 510 U.S. 569, 578-79 (1994)).

③ Kelly v. Arriba Soft Corp., 336 F.3d 811 (9th Cir. 2003).

(Perfect 10)[①] in the Ninth Circuit.

1. *Kelly*

In *Kelly*, Arriba Soft operated a search engine for searching images on the internet.[②] In response to a user query, the search engine's web page displayed relevant thumbnails of original images.[③] To provide this service, Arriba developed a computer program which could "crawl" on the internet searching for images.[④] This crawler reproduced full-sized copies of the pictures onto Arriba's server and then generated smaller, lower-resolution thumbnails of the pictures. The server did not permanently store the full-sized images, as the crawler deleted them from the server once the thumbnails were created.[⑤] The thumbnails displayed in the search results of Arriba's web page were of lower resolution and lost clarity in any enlargement.[⑥] If the user clicked on any of the thumbnails, the browser was linked to the full-sized photograph in the context of the Arriba's web page.[⑦] This web page employed the in-line linking technology which meant that the full-sized photograph was still displayed from the original website but could be surrounded by the context of Arriba's web page.[⑧] The district court found that the creation and use of the thumbnails in the search engine was a fair use, and the Ninth Circuit affirmed.[⑨] But with respect to displaying the full-sized pictures by in-line linking in Arriba's website, the Ninth Circuit held that the district court should not decide this issue as it was outside the scope of Kelly's original motion which only asserted that thumbnail images violated his rights.[⑩]

With respect to "whether such use is of a commercial nature",[⑪] the Ninth

---

① Perfect 10, Inc. v. Amazon.com, Inc., 487 F.3d 701 (9th Cir. 2007).

② Kelly v. Arriba Soft Corp., 336 F.3d 811, 815 (9th Cir. 2003).

③ Id.

④ Id.

⑤ Id.

⑥ Id.

⑦ Id. at 816.

⑧ Id.

⑨ Id.

⑩ Id. at 816 – 17.

⑪ 17 U.S.C. § 107 (1) (2000).

Circuit acknowledged that Arriba's search engine was designed for commercial purposes. ① Nevertheless, the Ninth Circuit found that: ②

"[Arriba Soft's use of Kelly's images] was more incidental and less exploitative in nature than more traditional types of commercial use. Arriba was neither using Kelly's images to directly promote its web site nor trying to profit by selling Kelly's images. Instead, Kelly's images were among thousands of images in Arriba's search engine database."

The Ninth Circuit concluded that this type of use was "transformative". The use of thumbnails did not supersede the object of the original pictures, but added a different character or a further purpose. ③ Kelly's "images are artistic works intended to inform and to engage the viewer in an aesthetic experience", but the search engine "functions as a tool to help index and improve access to images on the internet". ④ The court stressed that "Arriba's use of the images serves a different function than Kelly's use-improving access to information on the internet versus artistic expression". ⑤ Regarding the first factor in fair use defence, the court concluded that "[a]rriba's use of Kelly's images promotes the goals of the Copyright Act and the fair use exception." ⑥ This is because the thumbnails "do not supplant the need for the originals" and they "benefit the public by enhancing information-gathering techniques on the internet". ⑦

2. *Perfect* 10

In 2007, the Ninth Circuit revisited its holding of *Kelly*. The operation of the search engine in this case was quite similar to the one in *Kelly*. This search engine, operated by the defendant Google, also showed thumbnail pictures in response to search queries. In contrast, the lower court ruled that the display of thumbnail

---

① 17 U. S. C. § 107 (1) (2001), at 818.

② Kelly v. Arriba Soft Corp., 336 F. 3d 811, 818 (9th Cir. 2003).

③ Id.

④ Id.

⑤ Id. at 819.

⑥ Id. at 820.

⑦ Id.

pictures was not a fair use.[①] Even though the district court still acknowledged that the service was transformative, it found that Google's use of thumbnails was less transformative than Arriba's in *Kelly* for the reason that Google's use superseded Perfect 10's right to sell its reduced-size erotic images for the use on cell phones.[②] The district court pointed out that "mobile users can download and save the thumbnails displayed by Google Image Search onto their phones", and concluded that "to the extent that users may choose to download free images to their phone rather than purchase [Perfect 10's] reduced-size images, Google's use supersedes [Perfect 10's]".[③] However, the Ninth Circuit noted that this superseding use in this case was not significant at present because the district court did not find any evidence to prove that there was any downloading for mobile phones.[④]

The Ninth Circuit ruled that "Google's use of thumbnails is highly transformative",[⑤] reasoning that "[a]lthough an image may have been created originally to serve an entertainment, aesthetic, or informative function, a search engine transforms the image into a pointer directing a user to a source of information".[⑥]

Social benefit is the underpinning. In *Campbell*, the Supreme Court pointed out that a "parody has an obvious claim to transformative value" because "it can provide social benefit, by shedding light on an earlier work, and, in the process, creating a new one".[⑦] The Ninth Circuit referred to *Campbell* and stated that:[⑧]

"[A] search engine provides social benefit by incorporating an original work into a new work, namely, an electronic reference tool. Indeed, a search engine may be more transformative than a parody because a search engine provides an entirely new use for the original work, while a parody typically has the same entertainment

---

① Perfect 10, Inc. v. Google, Inc., 416 F. Supp. 2d 828, 831 - 32 (C. D. Cal. 2006), aff'd in part, rev'd in part, 487 F. 3d 701 (9th Cir. 2007); Id. at 851.

② Perfect 10, Inc. v. Google, Inc., 416 F. Supp. 2d 828, 849 (C. D. Cal. 2006).

③ Id.

④ Id. at 722.

⑤ Id. at 721.

⑥ Id.

⑦ Campbell v. Acuff-Rose Music, Inc., 510 U. S. 569, 579 (1994).

⑧ Perfect 10, Inc. v. Google, Inc., 416 F. Supp. 2d 701, 721 (C. D. Cal. 2006).

purpose as the original work."

The Ninth Circuit applied *Kelly* and found that "so long as the copy serves a different function than the original work", "even making an exact copy of a work may be transformative".①

Kelly and *Perfect* 10 were both sentenced by the Ninth Circuit, rather than the Supreme Court. These two cases appear to support the practice of Google Book Search to some extent, but it has been questioned that whether the Ninth Circuit correctly applied the law.② For instance, some criticized that after *Campbell*, some lower courts treated the transformative use standard as a new bright-line rule, and turned the term "transformative" into "a synonym for fair, and labelled non-transformative use that they thought to be fair transformative in order to justify their holdings. This distortion of the term is visible in *Kelly v. Arriba Soft Corp*".③ But this does not necessarily mean that the application of fair use in *Kelly* is incorrect under *Campbell*.

B. Threshold of Transformative Use in the US

Although the Supreme Court noted that the more transformative the new technology is, the less important the other factors become, including commercial purpose,④ transformative use is not a decisive point in determining the availability of the fair use exemptions. In *Harper & Row Publishers, Inc. v. Nation Enters.*, the Supreme Court pointed out that "[a]ny copyright infringer may claim to benefit the public by increasing public access to the copyrighted work".⑤ The congress has not designed, and the courts see no warrant for judicially imposing, a fair use exemption

---

① Perfect 10, Inc. v. Google, Inc., 416 F. Supp. 2d 701, 721 (C. D. Cal. 2006).

② E. g. James Bongiorno, Fair Use of Copyrighted Images after Perfect 10 v. Amazon. com: Diverging from Constitutional Principles & United States Treaty Obligations, 12 *Touro Int'l L. Rev.* 107 (2009).

③ Matt Williams, Recent Second Circuit Opinions Indicate that Google's Library Project is not Transformative, 25 *Cardozo Arts & Ent. L. J.* 304, 317 (2007), available at http://cardozoaelj.com/wp-content/uploads/Journal%20Issues/Volume%2025/Issue%201/Williams.pdf.

④ Campbell v. Acuff-Rose Music, *Inc.*, 510 U. S. 569, 579 (1994).

⑤ Harper & Row Publishers, Inc. v. Nation Enters., 471 U. S. 539, 569 (1985).

or a compulsory License permitting this kind of use of copyrighted works.①

Transformative use of copyrighted works should still comply with the principle of fairness illustrated by the four factors of fair use defence. In *Campbell*, the Supreme Court pointed out that these four statutory factors should not "be treated in isolation". These four factors "do not represent a score card that promises victory to the winner of the majority"②; rather, "[a]ll are to be explored, and the results weighed together, in light of the purposes of copyright"③ that are "to promote the Progress of Science and useful arts"④ It is the general rule that a party protected by fair use should act in a manner compatible with principles of good faith and fairness.⑤

1. "[T]he purpose and character of the use, including whether such use is of a commercial nature or is for nonprofit educational purposes"⑥

Commercial nature does not by itself determine whether this factor weighs for or against finding fair use,⑦ but if a work is used commercially rather than for a nonprofit purpose, this type of use is less likely to qualify as fair.⑧

In this respect, technology providers should not repeatly and exploitatively usurp the original value of original work in order to save the expense of getting the authorised copies.⑨ In *Kelly*, the Ninth Circuit pointed out that the search engine "was neither using Kelly's images to directly promote its website nor trying to profit by selling Kelly's images. Instead, Kelly's images were among thousands of images in Arriba's search engine database".⑩ "[W]hile such use of Kelly's

---

① Harper & Row Publishers, Inc. v. Nation Enters., 471 U.S. 539, 569 (1985).; Video Pipeline, Inc. v. Buena Vista Home Entertainment, Inc., 342 F.3d 191, 199 (3d Cir. 2003).

② Pierre Leval, Toward a Fair Use Standard, 103 *Harv. L. Rev.* 1105, 1110 (1990).

③ Campbell v. Acuff-Rose Music, Inc., 510 U.S. 569, 578 (1994).

④ U.S. Const. art. I, § 8, cl. 8.

⑤ Harper & Row Publishers, Inc. v. Nation Enters., 471 U.S. 539, 562-63 (1985).

⑥ 17 U.S.C. § 107 (1) (2000).

⑦ Campbell v. Acuff-Rose Music, Inc., 510 U.S. 569, 583-84 (1994).

⑧ Id. at 585.

⑨ A & M Records, Inc. v. Napster, Inc., 239 F.3d 1004, 1015 (9th Cir. 2001) ("[C]ommercial use is demonstrated by a showing that repeated and exploitative unauthorized copies of copyrighted works were made to save the expense of purchasing authorised copies.").

⑩ Kelly v. Arriba Soft Corp., 336 F.3d 811, 818 (9th Cir. 2003).

images was commercial, it was more incidental and less exploitative in nature than more traditional types of commercial use."[①] In *Perfect* 10, Ninth Circuit noted that "the superseding use in this case is not significant at present; the district court did not find that any downloads for mobile phone use had taken place".[②]

Moreover, technology providers should not intentionally misappropriate "the copyright owners' works for the purpose of commercial exploitation."[③] In *Video Pipeline, Inc. v. Buena Vista Home Entertainment, Inc.*,[④] the defendant was a company which provided scenes from copyrighted movies without permission. The Third Circuit held that:[⑤]

"Video Pipeline's database does not, however, serve the same function as did Arriba Soft's search engine. As used with retailers' web sites, VideoPipeline. net does not improve access to authorized previews located on other websites. Rather, it indexes and displays unauthorised copies of copyrighted works. VideoDetective. com does permit viewers to link to legitimate retailers' websites, but a link to a legitimate seller of authorised copies does not here, if it ever would, make prima facie infringement a fair use."

In Perfect 10, the Ninth Circuit held that:[⑥]

"Unlike the alleged infringers in *Video Pipeline* and *Atari Games*, who intentionally misappropriated the copyright owners' works for the purpose of commercial exploitation, Google is operating a comprehensive search engine that only incidentally indexes infringing websites. This incidental impact does not amount to an abuse of the good faith and fair dealing underpinnings of the fair use doctrine. Accordingly, we conclude that Google's inclusion of thumbnail images derived from infringing websites in its Internet-wide search engine activities does not preclude Google from raising a fair use defence."

---

① Kelly v. Arriba Soft Corp., 336 F.3d 811, 818 (9th Cir. 2003).

② Perfect 10, Inc. v. Google, Inc., 416 F. Supp. 2d 701, 722 (C.D. Cal. 2006).

③ Id. at 720.

④ Video Pipeline, Inc. v. Buena Vista Home Entertainment, *Inc.*, 342 F. 3d 191 (3d Cir. 2003).

⑤ Id. at 199.

⑥ Perfect 10, Inc. v. Google, Inc., 416 F. Supp. 2d 701, 720 (C.D. Cal. 2006).

2. "[T]he nature of the copyrighted work"[①]

Published works are given less protection than the unpublished works because a copyright holder has the right to control the first public appearance of the work before its release.[②] Moreover, "[w]orks that are creative in nature are closer to the core of intended copyright protection than are more fact-based works".[③] In both *Kelly* and *Perfect* 10, the Ninth Circuit found that this factor weighed only slightly in favour of the copyright holders.[④]

3. "[T]he amount and substantiality of the portion used in relation to the copyrighted work as a whole"[⑤]

"The third factor asks whether the amount and substantiality of the portion used in relation to the copyrighted work as a whole ... are reasonable in relation to the purpose of the copying."[⑥] The extent of permissible reproduction varies with the purpose and nature of the use.[⑦] If the new use of the work only copies as much as is necessary for the intended use, this factor will not weigh against the defendant, neither weigh against the plaintiff.[⑧]

4. "[T]he effect of the use upon the potential market for or value of the copyrighted work"[⑨]

This factor "requires courts to consider not only the extent of market harm caused by the particular actions of the alleged infringer, but also 'whether unrestricted and widespread conduct of the sort engaged in by the defendant ... would result in a substantially adverse impact on the potential market' for the original".[⑩] But "presumption of market harm applies only when commercial use

---

① 17 U.S.C. § 107 (2) (2000).

② Harper & Row Publishers, Inc. v. Nation Enters., 471 U.S. 539, 564 (1985).

③ A & M Records, Inc. v. Napster, Inc., 239 F.3d 1004, 1016 (9th Cir. 2001) (citing *Campbell* v. Acuff-Rose Music, Inc., 510 U.S. 569, 586 (1994)).

④ Kelly v. Arriba Soft Corp., 336 F.3d 811, 820 (9th Cir. 2003); Perfect 10, Inc. v. Google, Inc., 416 F. Supp. 2d 701, 723–724 (C.D. Cal. 2006).

⑤ 17 U.S.C. § 107 (2000).

⑥ Campbell v. Acuff-Rose Music, Inc., 510 U.S. 569, 586 (1994).

⑦ Id. at 586–87.

⑧ Kelly v. Arriba Soft Corp., 336 F.3d 811, 820–21 (9th Cir. 2003).

⑨ 17 U.S.C. § 107 (4) (2000).

⑩ Campbell v. Acuff-Rose Music, Inc., 510 U.S. 569, 590 (1994).

amounts to mere duplication of entirety of original". ① Normally, if a use of work is transformative, the presumption of market harm does not arise, for the reason that "market substitution is at least less certain, and market harm may not be so readily inferred". ② For example, in *Kelly*, the Ninth Circuit concluded that the use of the thumbnails did not harm the market for the copyright holder's full-size images. ③ The court reasoned that the thumbnails were not the substitute for the full-sized photographs, they did not harm the copyright owner's ability to assign or authorise his full-sized photographs. ④ Similarly, in *Perfect* 10, since the market harm could not be presumed and the copyright holder could not establish any evidence to prove that the thumbnails would harm the existing or potential market of full-sized images, the Ninth Circuit found that there was no market harm for the full-sized images. ⑤ However, in *Perfect 10*, the copyright owner had another market for reduced-size images as people might download nude pictures in their cell phones. ⑥ Because there was no evidence to prove that search engine users had downloaded the thumbnails for cell phone use neither, the market harm remained hypothetical. The Ninth Circuit concluded that this factor favoured neither party. ⑦

Ⅱ. Transformative Use under Chinese Copyright Law

A. Different Theories of Copyright

This kind of transformative use can not be justified in China, because China adopt the exhaustive exception model, which is fair dealing. In general, fair use in the US and fair dealing in the Europe are two main different models. A common definition of exceptions of this sort is that it is "a privilege in others than the owner of copyright to use the copyrighted material in a reasonable manner without his

---

① Campbell v. Acuff-Rose Music, Inc., 510 U. S. 591 (The Supreme Court affirmed the Sixth Circuit's holding 972 F. 2d, at 1438).

② Campbell v. Acuff-Rose Music, *Inc.*, 510 U. S. 569, 591 (1994).

③ Kelly v. Arriba Soft Corp., 336 F. 3d 811, 821 – 22 (9th Cir. 2003).

④ Id.

⑤ Perfect 10, Inc. v. Google, Inc., 416 F. Supp. 2d 701, 724 (C. D. Cal. 2006).

⑥ Id. at 724.

⑦ Id. at 724, 725.

consent, notwithstanding the monopoly granted to the owner by the copyright". ①

Copyright protection is justified by two main theories, the utilitarian theory and natural right theory. The US and Europe respectively adopt different theoretical approaches which locate the copyright regimes of these two countries in rather different positions. It explains why Europe adopts much narrower exceptions than the ones in the US. As Professor Hugenholtz points out that: ②

"The essential difference between the American notion of a 'utilitarian' copyright and Europe's conception of 'natural' author's rights is immediately visible in the way U. S. and continental European law is drafted. As Strowel has observed, in Europe economic rights are generally drafted in flexible and 'open' terms, allowing courts to recognize a wide spectrum of protected forms of exploitation. On the other hand, limitations on copyright will tend to be rigorously defined and 'closed'. The opposite is true for copyright in the United States: the copyright owner's economic rights, generally, are narrowly defined, whereas the exemption for fair use leaves a wide latitude for a variety of unauthorized uses."

In the US, the justification of transformative use in fair use mainly rests on the underlying utilitarian rationale which is "to promote the Progress of Science and useful arts"③ and to serve "'the welfare of the public.'"④ "Information is the essence of material progress."⑤ On one hand, it is axiomatic that if information is not protected from being copied, there is thus no incentive to devise new information which can lead to material progress. On the other hand, "it is virtually impossible to create new information without working on the basis of previously known information... you need a wheel to invent a chariot". ⑥ The ultimate purpose is to

---

① Horace Ball, *The Law of Copyright and Literary Property*, at 260 (1944); New York: M. Bendes & Compamy in corporated, see also Paul Goldstein, *Copyright, Patent, Trademark and Related State Doctrines*, at 628 (1990) Foundation Press.

② Bernt Hugenholtz, Copyright and Freedom of Expression in Europe, in *Innovation Policy in an Information Age* (2000) Oxford University Press.

③ U. S. Const. art. I, § 8, cl. 8.

④ Sony Corp. of America v. Universal City Studios, Inc., 464 U. S. 417, 429 n. 10 (1984) (quoting H. R. Rep. No. 2222, 60th Cong., 2d Sess. 7 (1909)).

⑤ Michael Pendleton and Alice Lee, *Intellectual Property in Hong Kong*, at 4 (2008).

⑥ Id.

foster material progress which we as a society rely on the information for.

Improving access to the information provides the public a better way to make use of the information, thereby enlarging the available information which contributes to creating new information. It is obvious that the public would benefit from a more intellectually vibrant culture, a society with more information. In this regard, improving access to the information may be seen to be in public interests. ①

However, under the natural right model, social benefit provided by transformative use alone is not sufficient to justify a finding of non-infringement, given that natural right theory is primarily against a commercial and competitive use. ② Natural right justification means that an author owns a natural right of his/her property which is most justified since it flows from his/her intellectual creation. ③ Because of the author-oriented model rather than the society-oriented utilitarian model, natural right theory considers public interests less important. ④ However, the justification of transformative use, as mentioned above, is mainly based on public interests, that is, users' right. As a result of the nature right rationale, the nature of the use becomes relatively unimportant. ⑤ The courts make no inquiry into whether the owner's decision to exclude one type of use was proper or not, or whether the defendant's use of the owner's work was harmful or productive. ⑥

In the US, the Constitution explicitly retains the utilitarian model underpinning the copyright. Section 8, Clause 8 of Article I of the Federal Constitution states that the origin of copyright law is "[t]o promote the Progress of Science and useful

① Ben Allgrove and Paul Ganley, Search Engines, Data Aggregators and UK Copyright Law A Proposal, 29 *Eur. Intell. Prop. Rev.* 227, 235 (2007).

② Paula Baron, The Moebius Strip: Private Right and Public Use in Copyright Law, 70 *Alb. L. Rev.* 1227, 1242 (2007).

③ Jane Ginsburg, A Tale of Two Copyrights: Literary Property in Revolutionary France and America, 64 *Tul. L. Rev.* 991, 992 (1990).

④ Id.

⑤ Paula Baron, The Moebius Strip: Private Right and Public Use in Copyright Law, 70 *Alb. L. Rev.* 1227, 1243 (2007).

⑥ Julie Cohen, The Place of the User in Copyright Law, 74 *Fordham L. Rev.* 347, 350 (2005), Professor Cohen observes that the rules on infringement "operate without reference to users or to categories of use; they are triggered, instead, by the mere technical processes of copying or rendering digitally stored information".

Arts, by securing for limited Times to Authors and Inventors the exclusive Right to their respective Writings and Discoveries".① Therefore, even though a strong natural right ethos pervades in the copyright literature in the US,② the wording of the Constitution guarantees the function of utilitarian model in the copyright law.③ The US Supreme Court has been mindful of this objective and serves the public interests.④

Yu argued that the most suitable justification in China was therefore "social planning",⑤ which "is similar to utilitarianism in its teleological orientation, but dissimilar in its willingness to deploy visions of a desirable society richer than the conceptions of 'social welfare' deployed by utilitarians".⑥ Yu points out that:⑦

"This justification therefore fit well with China in the early 1980s, and economic modernization provided the needed 'social planning' justification for a new intellectual property system. Since then, intellectual property reforms have been linked to *the country's rapid economic development and have benefited from the push for continuous economic reforms.* (emphasis added)"

As social planning theory orientates from utilitarianism, this article concludes

---

① U. S. Const. art. I, § 8, cl. 8.

② Jane Ginsburg, Creation and Commercial Value: Copyright Protection of Works of Information, *90 Colum. L. Rev.* 1865 (1990); Paul Goldstein, Copyright, 55 L. & Contemp. Probs. 79 (1992); Jack Hicks, Copyright and Computer Databases: Is Traditional Compilation Law Adequate?, 65 *Tex. L. Rev.* 993 (1987); Christophe Geiger, Copyright and Free Access to Information: For a Fair Balance of Interests in a Globalised World, 28 *Eur. Intell. Prop. Rev.* 366, 367 – 68 (2006) (asserting that the principles of copyright are based on natural law).

③ Even so, critics of the expansion of private rights in copyright law have expressed their concern on the impact of the expansion on the First Amendment rights. See, e. g., Neil Netanel, Locating Copyright Within the First Amendment Skein, 54 *Stan. L. Rev.* 1, 4 (2001).

④ Campbell v. Acuff-Rose Music, Inc., 510 U. S. 569, 579 (1994); Harper & Row Publishers, Inc. v. Nation Enters., 471 U. S. 539, 556 – 57 (1985); Sony Corp. of America v. Universal City Studios, Inc., 464 U. S. 417, 431 – 32 (1984).

⑤ Id.

⑥ William Fisher, Theories of Intellectual Property, in *New Essays in the Legal and Political Theory of Property*, at 172 (2001).

⑦ Peter Yu, Intellectual Property, Foreign Direct Investment and the China Exception, in *The Global Challenge of Intellectual Property Rights* (abridged and adapted from Intellectual Property, Economic Development, and the China Puzzle), at 164 (2008).

that at the very least, utilitarian theory should be the underlying principle guiding the copyright protection in China.

B. Case Study on Transformative Use in China

In China, there are no such exceptions for this type of use, as China adopts the model of fair dealing exceptions. Under section 4 of chapter 2 of Chinese Copyright law, there are two categories of the statutory limitations which are fair dealing and statutory license, and the most prominent exceptions derive from the former. ① The fair dealing model, which Chinese Copyright Law adopts, traditionally follows the one in continental European law. Unlike the open-ended fair use in the US, fair dealing under Article 22 of Chinese Copyright Law is closed, without a catch-all clause which authorizes a court to introduce new exceptions in hard cases.

Weng Xiaoyang could directly click on the categories "Pictures"—"Charming Female Stars"—"Female Stars in Mainland"—"Xu Qing" which were shown by the defendant's website, rather than input "Xu Qing" (许晴) characters to search the involved pictures. This indicates that although Alibaba Company pre-set the approach to find the pictures, it is not a reproduction and edition of the pictures, instead, the pictures were still got through searching. This approach is the same as the one through the search box, both of them is based on the results which are gained by searching content on the third parties' websites. Moreover, the pictures are actually stored in the third parties' website, rather than the defendant's website. The nature of the service provided by Alibaba is search service of the search engine, but not the deep linking reproduction of the involved pictures. The thumbnails generated through searching do not serve as the reproduction and edition of the pictures, and are to provide searching service to the internet users. The essence of the involved service remains searching by the search engine. Search engines are protected by the safe harbors. The plaintiff failed to prove that Alibaba know or should know the infringing pictures in the third parties' websites before deleting the linking. And as Alibaba deleted the linking immediately after receiving the notice, it is not liable for the infringement.

① Wu Handong et al., *Zhishi chanquan fa [Intellectual Property Law]*, at 78 – 84 (2007).

In similar case, *Weng Xiaoyang v. Alibaba*,[①] the court of appeal found that the search engine did not directly reproduce those pictures by itself, and was thus not primarily liable for copyright infringement. The court of appeal, that is Beijing Second Intermediate People's Court, emphasized the nature of displaying thumbnails and held that the thumbnails were not the reproduction of the original pictures because the plaintiff could not prove that Alibaba stored the thumbnails on its server.[②] But the first instance court otherwise stressed the purpose of these activities and held that the purpose of producing thumbnails was not to reproduce or edit photos, but to provide search service for internet users by facilitating them to choose pictures they want.[③] The court of appeal continued to state that the websites which display thumbnails or full-size pictures showed the linking address of the original web page, therefore, internet users had no misunderstanding that the pictures were provided by Alibaba.[④] Obviously, even though this case shares similar fact with the *Perfect* 10, the rulings of the Chinese court are the opposite to the one of the US court. The laws related to direct infringement of copyright are the same in these two jurisdictions.

In my view, the first instance court in this case did not apply the law correctly, because the purpose of these activities can not change the nature of these activities themselves which are reproducing photos, even though these reproduction aim to provide search service. In the court of appeal's opinion, the search engine escaped from being liable for direct infringement because there was no evidence to prove that its server stored the thumbnails. However, in fact, reproducing and storing pictures beforehand is a necessary process, and it is easy to get this evidence which dose not allow search engine to be exempted from liability next time.

Ⅲ. A Proposed Fair Dealing Exception

A better way to achieve this social benefit is to introduce a new fair dealing

---

① Weng Xiaoyang su Beijing Alibaba xin xi ji shu you xian gong si [Weng Xiaoyang v. Beijing Alibaba Information Technology Co. Ltd.] (Beijing Second Intermediate People's Court, 2009) (PRC), available at http://wenku.baidu.com/view/25453c0d844769eae009ed92.html.

② Id.

③ Id.

④ Id.

exception for transformative use which improves access to the information.

A. A Prior Draft Exception

The fair dealing exceptions in the Australian and UK are generally similar, reflecting their shared legislative and common law history. ① Paul Ganley proposed a new draft exception in the UK to exempt internet users from being liable for their personal information purpose: ②

"(1) *Fair dealing with a work by any person for informational purposes does not infringe any copyright in the work provided it is accompanied by a sufficient acknowledgement and provided that the work has been made available to the public.*

(2) For the purposes of sub-section (1) an informational purpose means copying or communicating to the public the essential attributes of the work in question including its subject matter, format, and structure and any other elements that may be necessary given the nature of the work in question and provided that these elements are copied or communicated to the public *in a non-exploitative manner.* [emphasis added]"

"[B]y a sufficient acknowledgement" is "an essential characteristic of the informational purpose itself." ③

The copyrighted work which can be used in this exception should be confined as "the work has been made available to the public". Corresponding to the second factor of fair use "the nature of the copyrighted work", unpublished works should be respected and kept away from being divulged to the public.

"[I]n a non-exploitative manner" means that the use in this exception is to improve access to the information, and help the public to search, identify and find the information they want, other than to exploit the information itself. "[A]s in Kelly, the exception should include non-exploitative representations of the work. Uses of this sort are, however, difficult to predict, and it is submitted that the appropriate balancing act is best performed by the factors typically considered in the

---

① Secretary for Commerce, Industry and Technology, Copyright Protection in the Digital Environment, Consultation paper in Hong Kong, p. 23, para 9.2.

② Paul Ganley, Google Book Search: Fair Use, Fair Dealing and the Case for Intermediary Copying, 10 NO. 5 *J. Internet L.* 1, 22 (2006).

③ Id. at 21.

fairness assessment provided that the ultimate use is non-exploitative." ①

This exception refers to an existing UK exception for "transient" and "incidental" reproductions. ② In Australia, there are similar exceptions, "temporary reproductions made in the course of communication" and "temporary reproductions of works as part of a technical process of use". ③ Under these two exceptions, temporary reproduction of a copyrighted work is produced as part of the technical process of making or receiving a communication or *incidentally made as a necessary part of a technical process of using a copy of a copyrighted work*, and if the ultimate activities are not infringing, these temporary copies should be permitted.

① Paul Ganley, Google Book Search: Fair Use, Fair Dealing and the Case for Intermediary Copying, 10 NO. 5 *J. Internet L.* 21(2006).

② §28A to the Copyright, Designs and Patents Act 1988 reads: "Copyright in a literary work, other than a computer program or a database, or in a dramatic, musical or artistic work, the typographical arrangement of a published edition, a sound recording or a film, is not infringed by the making of a temporary copy which is transient or incidental, which is an integral and essential part of a technological process and the sole purpose of which is to enable—(a) a transmission of the work in a network between third parties by an intermediary; or(b) a lawful use of the work; and which has no independent economic significance."

③ "**43A Temporary reproductions made in the course of communication**

(1) The copyright in a work, or an adaptation of a work, is not infringed by making a temporary reproduction of the work or adaptation as part of the technical process of making or receiving a communication.

(2) Subsection (1) does not apply in relation to the making of a temporary reproduction of a work, or an adaptation of a work, as part of the technical process of making a communication if the making of the communication is an infringement of copyright.

43B Temporary reproductions of works as part of a technical process of use

(1) Subject to subsection (2), the copyright in a work is not infringe by the making of a temporary reproduction of the work if the reproduction is incidentally made as a necessary part of a technical process of using a copy of the work.

(2) Subsection (1) does not apply to:

(a) the making of a temporary reproduction of a work if the reproduction is made from:

(i) an infringing copy of the work; or

(ii) a copy of the work where the copy is made in another country and would be an infringing copy of the work if the person who made the copy had done so in Australia; or

(b) the making of a temporary reproduction of a work as a necessary part of a technical process of using a copy of the work if that use constitutes an infringement of the copyright in the work.

(3) Subsection (1) does not apply to any subsequent use of a temporary reproduction of a work other than as a part of the technical process in which the temporary reproduction was made."

"[I]ncidentally made as a necessary part" reflects the third factor of fair use "the amount and substantiality of the portion used in relation to the copyrighted work as a whole", and help to define the "non-exploitative manner".

B. Introduce a New Exception in China

This article proposes a new fair dealing exception for these internet intermediaries. The second part of this article has explained the meaning of the four factors in the context of transformative use. This exception aims to reduce the transaction costs in getting licensing from every copyright holder. Therefore, it would not mandate copyright holders to opt-in, but simply make this the default until such time as copyright holders expressly opt out. ① Synthesizing these elements above provides a new fair dealing exception for copyright law in China as follows:

"(1) For the purposes of this Act, technology which improves access to the information does not infringe copyright provided that:

a. The original work has been made available to the public;

b. The dealing is accompanied by a sufficient acknowledgement;

c. The dealing should be transformative and serve an entirely different function than the original work;

d. The amount and substantiality of the portion used should not exceed a necessary part for the intended use;

e. The technology should operate in an incidental and non-exploitative manner which neither supplant the need for the original work nor supersede its original object.

(2) Any copyright holder shall reserve the right to opt out this type of use."

Moreover, as this exception aims to reduce the transaction costs in getting licensing from every copyright holder, a similar statutory license is another option. Based on the policy consideration, it is reasonable for copyright holders to claim certain royalties from technology providers. But only on condition that a fair compensation project could work out, a statutory license, instead of a fair dealing exception, could be introduced.

---

① Ben Allgrove and Paul Ganley, Search Engines, Data Aggregators and UK Copyright Law A Proposal, 29 *Eur. Intell. Prop. Rev.* 227, 237 (2007).

Ⅳ. Conclusion

Under the utilitarian theory of copyright protection, internet intermediaries which improve access to the information in a transformative way deserve some space to develop, given social benefits provided by them. While fair use in the United States shows its capacity to promote development of these internet intermediaries as long as they follow certain rules, this sort of intermediaries is presumptively illegal in China. Without the support of the Chinese copyright law, there are no alternatives for these intermediaries to provide a comprehensive and complete search service. In China, a new type of fair dealing exception could be adopted to solve this problem.

图书在版编目(CIP)数据

信息通信法律前沿. 第1辑 / 张永忠主编. —北京:
法律出版社,2015.1
ISBN 978-7-5118-7365-1

Ⅰ.①信… Ⅱ.①张… Ⅲ.①信息管理—法规—中国—
文集 Ⅳ.①D922.164-53

中国版本图书馆 CIP 数据核字(2014)第302943号

责任编辑/陈 妮 **装帧设计**/李 瞻

出版/法律出版社 **编辑统筹**/财税出版分社
总发行/中国法律图书有限公司 **经销**/新华书店
印刷/北京京华虎彩印刷有限公司 **责任印制**/吕亚莉

开本/720毫米×960毫米 1/16 **印张**/16.75 **字数**/266千
版本/2015年1月第1版 **印次**/2015年1月第1次印刷

法律出版社/北京市丰台区莲花池西里7号(100073)
电子邮件/info@lawpress.com.cn **销售热线**/010-63939792/9779
网址/www.lawpress.com.cn **咨询电话**/010-63939796

中国法律图书有限公司/北京市丰台区莲花池西里7号(100073)
全国各地中法图分、子公司电话:
第一法律书店/010-63939781/9782 **西安分公司**/029-85388843 **重庆公司**/023-65382816/2908
上海公司/021-62071010/1636 **北京分公司**/010-62534456 **深圳公司**/0755-83072995

书号:ISBN 978-7-5118-7365-1 **定价**:45.00元

(如有缺页或倒装,中国法律图书有限公司负责退换)